Walters · Marktwiderstände und Marketingplanung

Schriftenreihe

Unternehmensführung und Marketing

Herausgeber:

Prof. Dr. Heribert Meffert, Münster/Westf.
Prof. Dr. Hartwig Steffenhagen, Aachen
Prof. Dr. Hermann Freter, Bayreuth

Band 19

Dr. Michael Walters

Marktwiderstände und Marketingplanung

Strategische und taktische Lösungsansätze
am Beispiel des Textverarbeitungsmarktes

GABLER

CIP-Kurztitelaufnahme der Deutschen Bibliothek

Walters, Michael:
Marktwiderstände und Marketingplanung : strateg.
u. takt. Lösungsansätze am Beispiel d. Text-
verarbeitungsmarktes / Michael Walters. –
Wiesbaden : Gabler, 1984.
  (Schriftenreihe Unternehmensführung und
  Marketing ; Bd. 19)
  ISBN 3-409-13902-8
NE: GT

© Betriebswirtschaftlicher Verlag Dr. Th. Gabler GmbH, Wiesbaden 1984
Gesamtherstellung: Lengericher Handelsdruckerei, Lengerich/Westf.
ISBN 3 409 13902 8

Vorwort

Die strategische Ausrichtung der Marketingplanung sowie eine
stärkere Berücksichtigung von Kontextbedingungen kennzeichnen
die wesentlichen Weiterentwicklungen der Marketingtheorie in
den letzten Jahren. Zunehmend setzt sich in Wissenschaft und
Praxis die Erkenntnis durch, daß die Auswahl der erfolgversprechendsten Marketingstrategie und ihre Verwirklichung durch
detaillierte Aktionsprogramme wesentlich von der Marketingsituation bestimmt wird.

Die vorliegende Arbeit greift den Grundgedanken des situativen
Ansatzes im Marketing auf. Ausgehend von der Überlegung, daß
Mißerfolge im Marketing vielfach auf aus den Absatzmärkten
resultierenden Markthemmnissen zurückzuführen sind, wird nach-
zuweisen versucht, daß eine Identifikation und Antizipation
von Marktwiderständen einen wesentlichen Beitrag zur Verbesserung der Marketingplanung leisten kann. Primäre Zielsetzung
der Arbeit ist es, durch eine systematische Auseinandersetzung
mit dem Marktwiderstandsphänomen eine verbesserte Entscheidungshilfe für strategische und taktische Marktwahl- und
Marktbearbeitungsprobleme zu liefern.

Im Mittelpunkt steht die Entwicklung eines mehrstufigen Marktwiderstandskonzepts sowie dessen beispielhafte Anwendung auf
den Textverarbeitungsmarkt. Mit dem Markt für Textverarbeitung wird ein Analysebereich gewählt, der durch eine hohe
Technologiedynamik gekennzeichnet ist. Wegen der gleichfalls
herrschenden hohen Wettbewerbsintensität sowie der verbreite-
ten Skepsis gegenüber neuen Technologien in der Gesellschaft
sowie zunehmend auch in den Unternehmen stellt der Textverarbeitungsmarkt ein empirisches Untersuchungsfeld dar, in
dem die Anbieter mit vielfältigen und hohen Marktwiderständen
konfrontiert werden.

Die Erstellung dieser Arbeit war nur mit vielfältiger Unterstützung verschiedener Personen möglich. Mein besonderer
Dank gilt an dieser Stelle meinem akademischen Lehrer,

Herrn Professor Dr. Heribert Meffert, der die Anregung für die Themenstellung gab und die Fertigstellung der Arbeit in allen Phasen umfassend förderte.

Die Durchführung der vorliegenden Untersuchung - insbesondere der empirischen Datenerhebung - erfolgte mit finanzieller Unterstützung der Wissenschaftlichen Gesellschaft für Marketing und Unternehmensführung e.V., Münster. Dafür gilt mein weiterer Dank.

Darüber hinaus möchte ich allen Kolleginnen und Kollegen am Institut für Marketing danken, die mich von anderer Arbeit entlastet und vielfältig unterstützt haben. Dies gilt in besonderem Maße für Herrn Dr. Manfred Bruhn, Herrn Dr. Reinhard Katz, M.Sc. und Herrn Dr. Gerd Schnetkamp, die jederzeit zur kritischen Diskussion bereit waren und wertvolle Hinweise gaben. Ganz herzlich danke ich auch Herrn Dipl.-Kfm. Karl-Götz Windhorst, der jederzeit zur Diskussion rechentechnischer Probleme bereitstand. Frau Marga Bürger danke ich für die sorgfältige und reibungslose Durchführung der Schreibarbeiten.

Michael Walters

Inhaltsverzeichnis

X

Abbildungsverzeichnis

XIII

Tabellenverzeichnis

XV

XVI

Abkürzungsverzeichnis

a.a.O.	am angegebenen Ort
Abb.	Abbildung
AFT-Segment(e)	Abnehmer-/Funktions-/ Technologie-Segment(e)
AG	Aktiengesellschaft
AMA	American Marketing Association
Anm. des Verf.	Anmerkung des Verfassers
Art.	Artikel
asw	Absatzwirtschaft
Aufl.	Auflage
Bd.	Band
BddW	Blick durch die Wirtschaft
BFuP	Betriebswirtschaftliche Forschung und Praxis
BH	Business Horizons
bzgl.	bezüglich
bzw.	beziehungsweise
ca.	circa
Cal.	California
c.p.	ceteris paribus
DBW	Die Betriebswirtschaft
d.h.	das heißt
Diss.	Dissertation
DM	Deutsche Mark
DU	Die Unternehmung
EDV	Elektronische Datenverarbeitung
EE	endgültige Entscheidung
EJoM	European Journal of Marketing
et al.	et altera
etc.	et cetera
e.V.	eingetragener Verein
EV	Entscheidungsvorbereitung
evtl.	eventuell
f., ff.	folgende Seite(n)
FAZ	Frankfurter Allgemeine Zeitung
Febr.	Februar

ggfs.	gegebenenfalls
GmbH	Gesellschaft mit beschränkter Haftung
HBR	Harvard Business Review
HBS	Harvard Business School
Hrsg.	Herausgeber
HWA	Handwörterbuch der Absatzwirtschaft
i.d.R.	in der Regel
Ill.	Illinois
IMM	Industrial Marketing Management
insbes.	insbesondere
IO	Industrielle Organisation
Jan.	Januar
Jg.	Jahrgang
JoCR	Journal of Consumer Research
JoM	Journal of Marketing
JoMR	Journal of Marketing Research
jr.	junior
Mass.	Massachusetts
max.	maximal
Mio.	Million(en)
MM	Manager Magazin
n	Stichprobenumfang
N.J.	New Jersey
No., Nr.	Nummer
o.J.	ohne Jahr
o.O.	ohne Ort
o.S.	ohne Seitenangabe
o.V.	ohne Verfasser
PIMS	Profit Impact of Market Strategies
PMS	Produkt-/Markt-Segment
PTV	Programmierte Textverarbeitung
ROI	Return on Investment
RKW	Rationalisierungs-Kuratorium der Deutschen Wirtschaft
S.	Seite
sämtl.	sämtlich(e)
SGE	Strategische Geschäftseinheit

SGF	Strategisches Geschäftsfeld
SMJ	Strategic Management Journal
Sp.	Spalte
SPSS	Statistical Package for the Social Sciences
Tab.	Tabelle
u.a.	und andere; unter anderem
usw.	und so weiter
u.U.	unter Umständen
v.	von
vgl.	vergleiche
Vol.	Volume
V+M	Verkauf + Marketing
WIST	Wirtschaftswissenschaftliches Studium
WISU	Das Wirtschaftsstudium
WW	Wirtschaftswoche
z.B.	zum Beispiel
ZfB	Zeitschrift für Betriebswirtschaft
ZfbF	Zeitschrift für betriebswirtschaftliche Forschung
ZfO; ZO	Zeitschrift für Organisation
z.T.	zum Teil

Marktwiderstände und Marketingplanung
Einführung in den Problemkreis der Untersuchung

Von Prof. Dr. Heribert Meffert

I.

Vor dem Hintergrund einer sich schneller wandelnden und
zunehmend komplexeren Umwelt werden das Problembewußtsein
für Fragestellungen der Marketingplanung geschärft und die
Bemühungen zu ihrer Lösung intensiviert. Insbesondere in
den vergangenen zehn Jahren wurde der wissenschaftlichen
Erforschung und praktischen Anwendung der strategischen
Unternehmens- und Marketingplanung verstärkte Aufmerksamkeit zuteil. Dabei steht zunehmend auch das Problem der
Integration von strategischen und taktischen Marketing-
plänen im Vordergrund. Das Ergebnis der vielfältigen Forschungen ist eine Fülle von Denkmodellen und Konzepten, die
sich inhaltlich in der Bearbeitung spezifischer Schwerpunkte
unterscheiden und teilweise zeitbedingt die Probleme aus
unterschiedlichen Blickwinkeln heraus zu lösen versuchen.
Neuerdings setzt sich die Erkenntnis durch, daß den Bemühungen um eine Übereinstimmung zwischen Umwelt, Strategie
und interner Konfiguration (z.B. Organisation, Führungs-
system, spezifische Kompetenz) eine Schlüsselfunktion für den
Unternehmenserfolg zukommt.

Im Gegensatz zur Ziel- und Aktionsforschung hat die Marketingtheorie den relevanten Situationsvariablen bislang vergleichsweise wenig Aufmerksamkeit geschenkt. Diese Tatsache
ist um so überraschender, als es in einer dynamischen Umwelt
immer wichtiger wird, aufkommende Turbulenzen bzw. Diskonti-
nuitäten frühzeitig zu erkennen und ihnen mit adäquaten Aktivitäten zu begegnen. Es erscheint daher notwendig, die
bisher vor allem auf der Marktformenlehre basierenden Situa-
tionsannahmen zu einer leistungsfähigen Kontexttheorie auszubauen. Im Rahmen einer derartigen Weiterentwicklung der
Marketingtheorie kommt dem Phänomen des Marktwiderstands
eine zentrale Bedeutung zu.

II.

Das Marktwiderstandsproblem ist bislang in der Marketingtheorie nur fragmentarisch untersucht worden. Obwohl der
Marktwiderstandsbegriff in der Marketingliteratur breite
Verwendung findet, fehlt weitgehend der Versuch, sich mit
den Möglichkeiten der Operationalisierung systematisch aus-
einanderzusetzen.

Erste Ansatzpunkte zur Operationalisierung von Marktwiderständen liefert die Akzeptanzproblematik von Innovationen.
Während es oft weniger an schöpferischen Ideen und sorgfäl-
tig geprüften Neuerungsvorschlägen in den Unternehmen man-
gelt, ist der Innovationserfolg häufig in seinem Vollzug
gefährdet. Insbesondere in kritischen Umweltsituationen
(z.B. bei hoher Arbeitslosigkeit, Technologiefeindlichkeit
der Gesellschaft) verlagern sich die Probleme von der Bildung zur Durchsetzung von Innovationen im Markt. Zur Lösung
dieses Problems hat die Marketingwissenschaft die Erkenntnisse der Adoptions- bzw. Diffusionstheorie aufgegriffen.
Beide Forschungsrichtungen untersuchen den Prozeß der Annahme von Neuerungen durch einzelne Individuen oder Organisationen in einer disaggregierten bzw. aggregierten Betrachtungsweise. Demzufolge kann Marktwiderstand mit Nichtadoption einer speziellen Innovation zu einem bestimmten
Zeitpunkt gleichgesetzt werden.

Daneben erfolgt in letzter Zeit vor allem im Bereich technologischer Innovationen eine detaillierte Untersuchung von
Widerständen bei der Durchsetzung von Investitionsgütern
in den Anwenderorganisationen nach der Kaufentscheidung
durch das Management. Die vielfältigen Beiträge zum Problem
der "Benutzerakzeptanz" sind nahezu unübersehbar.

Mit der zunehmenden Konkurrenzorientierung des Marketing
ist darüber hinaus das in der Volkswirtschaftslehre entwickelte Konzept der Markteintrittsbarrieren (barriers to
entry) in den Mittelpunkt strategischer Planungsüberlegungen
gerückt. Markteintrittsbarrieren, verstanden als Summe aller
Faktoren, die es einer Unternehmung erschweren oder unmöglich
machen, Mitglied in einem für sie relevanten Markt zu werden,
liefern vielfach wichtige Hinweise auf zu bearbeitende Märkte
sowie auf die zu wählende Markteintrittsstrategie.

Trotz dieser vielversprechenden Ansätze ist die Marketingtheorie noch weit von einem geschlossenen Marktwiderstandskonzept als Kernstück eines situativen Ansatzes im Marketing
entfernt.

III.

Der Verfasser dieser Schrift hat sich die Aufgabe gestellt,
einen Beitrag zur Entwicklung eines umfassenden Marktwiderstandskonzepts zu leisten. Es ist sein besonderes Anliegen,
die bestehenden Ansatzpunkte zur Operationalisierung des
Marktwiderstands für die Marketingplanung weiterzuentwickeln.
Dabei werden sowohl strategische (Markteintrittsentscheidung,
Geschäftsfeldwahl) als auch taktische (Zielgruppenfeinauswahl und -bearbeitung) Problemstellungen des Marketing einbezogen.

Ausgangspunkt bildet die Überlegung, daß die langfristigen
und kurzfristigen Ziele der Unternehmung um so besser erreicht werden können, je mehr es dem Management durch eine
Berücksichtigung erfolgshemmender Einflußfaktoren in den
Entscheidungsprämissen gelingt, Marktwiderstände zu vermeiden bzw. zu umgehen und/oder durch spezifische Maßnahmen
zu reduzieren bzw. zu überwinden.

Angesichts der komplexen Zielsetzung ist eine Einengung auf
ein konkretes Untersuchungsobjekt vorteilhaft. Mit dem Markt
für Textverarbeitung wählt der Verfasser einen Analysebereich,

der sich durch eine hohe Technologiedynamik und Konkurrenz-
intensität auszeichnet. Ausgehend von einer kurzen Kenn-
zeichnung dieses Marktes wird ein mehrstufiges Marktwiderstandskonzept entwickelt. Dabei wird zwischen Markteintrittswiderstand (Gesamtmarktebene), Segmentwiderstand
(Teilmarktebene) und Kaufwiderstand mit den Subkonzepten
Produkt- und Herstellerwiderstand (Zielgruppenebene) unterschieden.

Die Marktwiderstandsproblematik wird zunächst im Zusammenhang mit der strategischen Geschäftsfeldplanung diskutiert.
Besondere Aufmerksamkeit widmet der Verfasser den Markteintrittsbarrieren im Textverarbeitungsmarkt. Er kommt zu dem
naheliegenden Ergebnis, daß die zentralen Zugangshemmnisse
im notwendigen Kapitalbedarf, im Zugang zu den Vertriebskanälen, der Wirkung von Skaleneffekten sowie in der Produktdifferenzierung liegen. Es folgt eine Untersuchung der Möglichkeiten zum Abbau bzw. zur Vermeidung dieser Markteintrittsbarrieren durch Newcomer, die erstmals im Textverarbeitungsmarkt als Anbieter tätig werden wollen. Dabei
wird aufgezeigt, daß Ansatzpunkte zur Handhabung der bestehenden Barrieren in der Nutzung vorhandener Fähigkeiten
und Ressourcen des Newcomers, der Akquisition eines etablierten Marktanbieters, der Veränderung der Marktstruktur
sowie der Beschränkung der Geschäftsfeldaktivitäten liegen.

Zur Lösung der Frage, welche Teilmärkte der Textverarbeitung
im strategischen Geschäftsfeld einer Unternehmung zusammenzufassen sind, wird das Konzept des Segmentwiderstands verwendet. Der in diesem Zusammenhang entwickelte Operationalisierungsansatz mit Hilfe von Indikatoren sowie deren Verknüpfung zu einem Index des Segmentwiderstands ist Grundlage einer differenzierten Segmentbewertung. Daneben stellt

die Ergänzung von Segmentwiderstandsinformationen um die
Größe des Segmentpotentials und die Integration der Entscheidungskriterien zu einem Segmentpotential/Segmentwider-
stand-Portfolio eine wesentliche Entscheidungshilfe für die
Auswahl der relevanten Teilmärkte dar.

Aufbauend auf den strategischen Fragestellungen erfolgt
eine Analyse des Kaufwiderstands im Rahmen der taktischen
Marketingplanung im Textverarbeitungsmarkt. Hier findet der
Verfasser Anschluß an vorhandene Forschungsansätze zur
Messung der Subkonzepte des Kaufwiderstands, dem Produkt- und
Herstellerwiderstand. Dabei greift er insbesondere auf die
Erkenntnisse der Adoptionsforschung sowie der Einstellungstheorie zurück. Diskutiert werden vor allem solche Widerstandsindikatoren, die die Einschätzung der Wirtschaftlichkeit sowie das wahrgenommene Kaufrisiko von Anwendern und
Nichtanwendern ausgewählter Textverarbeitungsprodukte (elektronische Speicherschreibmaschinen, Textsysteme) bei ausgewählten Anbietern zum Ausdruck bringen.

Mit Hilfe einer empirischen Analyse gelingt es, viele der
in der Literatur für innovative Investitionsgüter als relevant erachteten Kaufhemmnisse im Textverarbeitungsmarkt zu
bestätigen. Ausgehend von einer Systematisierung relevanter
Kaufwiderstandsursachen nach dem Grad ihrer Beeinflußbarkeit durch Anbieterunternehmungen werden darüber hinaus beispielhaft einige Vorschläge zum Abbau des Kaufwiderstands
durch das Instrumentarium der Produkt-, Kontrahierungs- und
Kommunikationspolitik entwickelt.

Insgesamt gesehen leistet der Verfasser einen beachtlichen
Beitrag zur Strukturierung und Analyse eines bislang wenig
bearbeiteten komplexen Problembereichs der Marketingplanung.
Die Arbeit gibt für die Verbesserung der Planung von Markt-

wahl- und Marktbearbeitungsentscheidungen nicht nur im
Bereich von Textverarbeitungssystemen wertvolle Hinweise.
Es ist zu wünschen, daß sie in Theorie und Praxis eine
entsprechende Aufnahme findet.

A. Bedeutung von Marktwiderständen im Rahmen der Marketingplanung

1. Gegenstand und Problembereiche der Marketingplanung

Vor dem Hintergrund einer sich schneller wandelnden und
zunehmend komplexeren Umwelt sowie der daraus resultierenden Probleme der kurz- und langfristigen Unternehmens-
sicherung kommt der Marketingphilosophie der marktorien-
tierten Unternehmensführung eine Schlüsselfunktion zur
Realisierung der Unternehmens- und Marketingziele zu[1].

Standen in den 6oer Jahren als Aufgaben der Marketingplanung im wesentlichen Fragen der optimalen Kombination
der Marketinginstrumente im Vordergrund, zeigte sich angesichts immer umfangreicher werdender Produkt- und Lei-
stungsprogramme sowie eines zunehmenden Konkurrenzdrucks
spätestens Mitte der 7oer Jahre verstärkt die Notwendigkeit einer strategischen Ausrichtung der Unternehmens-
und Marketingaktivitäten[2]. In Erweiterung der bisher vorwiegend taktischen Ausrichtung des Marketing - das im wesentlichen als ein produktbezogenes Marketing verstanden
werden kann - , steht im Rahmen der strategischen Marke-

---

1 Vgl. zu dieser Einschätzung des Marketing z.B. Meffert,
  H., Perspektiven des Marketing in den 8oer Jahren - ein
  Überblick des Herausgebers, in: Marketing im Wandel,
  Hrsg.: Meffert, H., Schriftenreihe Unternehmensführung
  und Marketing, Bd. 13, Hrsg.: Heffert, H., Steffenha-
  gen, H., Freter, H., Wiesbaden 198o, S. 3; derselbe,
  Marketing, 6. Aufl., Wiesbaden 1982, S. 33 ff.; Kotler,
  P., Marketing-Management. Analysis, Planning and Con-
  trol, 4. Aufl., Englewood Cliffs, N.J. 198o, S. 18 ff..

2 Vgl. Kotler, P., a.a.O., S. 64 und S. 8o; Abell, D.F.,
  Hammond, J.S., Strategic Market Planning, Englewood
  Cliffs, N.J. 1979, S. 6 f.; Cravens, D.W., Strategic
  Marketing, Homewood, Ill. 1982, S. 3 ff..

tingplanung als Kernstück der strategischen Unternehmensplanung[1] die Frage im Mittelpunkt, "welche Produkte in
welchen Märkten mit welchen Marketingaktivitäten zu
welchem Zeitpunkt vertrieben werden sollen"[2].

Versteht man die strategische Marketingplanung als Prozeß, ist ausgehend von den Unternehmens- und Marketingzielen

" 1. die Unternehmens- und Umweltsituation zu analysieren,
  2. die Marktwahlentscheidung zu treffen,
  3. als Basisentscheidung das Ausmaß der Abdeckung des
     Marktes und der Differenzierung des Marketingprogramms
     zu bestimmen,
  4. das grundsätzliche Verhalten gegenüber den Marktteil-
     nehmern festzulegen,
  5. die Produkt- und Programmstrategie zu präzisieren und
  6. der Einsatz der Marketinginstrumente festzulegen."[3]

Die aus diesem Prozeß hervorgehende Marketingstrategie,
verstanden als "ein bedingter, globaler Verhaltensplan
zur Erreichung der Unternehmens- und Marketingziele"[4]

---

1 Die strategische Unternehmensplanung befaßt sich mit der
  globalen Analyse der Erfolgsquellen und der Entwicklung langfristig angelegter Konzepte zur Zukunftssicherung. Vgl. dazu Gälweiler, A., Unternehmensplanung,
  Frankfurt, New York 1974, S. 133 ff. und S. 229 ff..

2 Meffert, H., Strategische Planung in gesättigten, rezessiven Märkten, in: asw, Nr. 6, 1980, S. 89 (im folgenden
  zitiert als:Meffert, H., Strategische Planung).

3 Ebenda.

4 Ebenda; vgl. zu einer genaueren Charakterisierung der
  Marketingstrategie Wehrle, F., Strategische Marketing-
  planung in Warenhäusern, Schriften zum Marketing,
  Bd. 1, Hrsg. Meffert, H., Frankfurt, Bern 1981,
  S. 8. .

stellt den Orientierungsrahmen für die taktische Marketingplanung dar. Liegt die grundsätzliche Aufgabe der strategischen Marketingplanung in der Schaffung oder Erhaltung langfristiger Erfolgspotentiale, gilt es im Rahmen der taktischen Marketingplanung, die bestehenden Erfolgspotentiale auszuschöpfen[1]. Dies erfolgt durch eine Entwicklung und Abstimmung konkreter Maßnahmen im Bereich der Produkt- und Preispolitik sowie der Distributions- und Kommunikationspolitik auf das zugrundeliegende strategische Programm[2]. Die detaillierte Vorgehensweise der taktischen Marketingplanung erfordert einen differenzierten Prozeß, der angesichts des ständigen Wandels der Situationsbedingungen flexibel und dynamisch organisiert werden muß[3].

Marketingplanung ist vor allem Kontextplanung[4]. Daraus folgt, daß die Auswahl der erfolgversprechendsten Strategie und ihre Verwirklichung durch detaillierte Aktionsprogramme wesentlich von der Marketingsituation bestimmt wird. Diese ist differenziert zu betrachten und kann grob in die Bereiche der Unternehmens- und Markt- bzw. Umweltsituation aufgeschlüsselt werden. Innerhalb der Gruppe

---

1 Vgl. dazu Gälweiler, A., Unternehmensplanung, a.a.O., S. 135 f..

2 Vgl. Naumann, C., Strategische Steuerung und integrierte Unternehmensplanung, München 1982, S. 197.

3 Vgl. Meissner, H.G., Marketingdurchführung (Elemente des Marketing Mix), in: Marketing, Hrsg. Poth, L.G., Neuwied 1978, Abschnitt 3.2, S. 3.

4 Vgl. zu situations- bzw. kontexttheoretischen Ansätzen in der strategischen Marketingplanung z.B. Wiersema, F.D., Strategic Marketing and the Product Life Cycle, Working Paper, Marketing Science Institute, No. 81-1o3, Cambridge, Mass. 1982; Hinterhuber, H.H., Wettbewerbsstrategie, Berlin, New York 1982, S. 179 ff.; Leontiades, M., A Diagnostic Framework for Planning, in: SMJ, Vol. 4, Nr. 1, 1983, S. 11 ff..

der marktbezogenen Situationsvariablen wurde bislang
vor allem den auf der Marktformenlehre[1] und dem Lebenszykluskonzept[2] basierenden Kontextannahmen breite Aufmerksamkeit geschenkt. Es erscheint jedoch notwendig, solche
globalen Taxonomien durch weitere Variablen zur Beschreibung der Marketingsituation zu verfeinern. Im Rahmen einer
derartigen Weiterentwicklung der Marketingtheorie kommt
dem Phänomen des Marktwiderstands eine besondere Bedeutung
zu.

2. Marktwiderstände als Ursache mangelnder Zielerreichung in der Marketingplanung

Vorliegende Untersuchungen lassen darauf schließen, daß
Mißerfolge in der Marketingplanung vielfach auf das Bestehen von Marktwiderständen zurückzuführen sind. Als wesentliche Ursachen kristallisieren sich dabei ein ablehnen-
des Abnehmerverhalten und ein starker Wettbewerbsdruck
heraus[3]. So kommen beispielsweise empirische Analysen über
gescheiterte Produkteinführungen im Investitionsgüterbe-

---

1 Vgl. zur Marktformenlehre z.B. Meffert, H., Marketing,
  a.a.O., S. 251 ff.; Helmstädter, E., Wirtschaftstheorie,
  Bd. 1, München 1974, S. 223 ff.; Heuss, E., Allgemeine
  Markttheorie, Tübingen, Zürich 1965.

2 Vgl. zum Lebenszykluskonzept z.B. Meffert, H., Interpre-
  tation und Aussagewert des Lebenszyklus-Konzepts, in:
  Neuere Ansätze der Marketingtheorie, Festschrift zum
  8o. Geburtstag von O.R. Schnutenhaus, Hrsg.: Hamman, P. u.a.,
  Berlin 1974, S. 85-134; Dhalla, N.K., Yuspeh, S., Forget
  the Product Life Cycle Concept!, in: HBR, Jan.-Febr. 1976,
  S. 1o2-112; Wasson, C.R., Product management. Product life
  cycles and competitive marketing strategy, St. Charles,
  Ill. 1971; speziell zum Investitionsgütermarketing vgl.
  Wasson, C.R., The Importance of the Product Life Cycle
  to the Industrial Marketer, in: IMM, Vol. 5 (1976),
  S. 299-3o8; Thorelli, H.B., Burnett, S.C., The Nature
  of Product Life Cycles for Industrial Goods Businesses,
  in: JoM, Vol. 45, Fall 1981, S. 97-1o8.

3 Vgl. Webster, jr., F.E., Industrial Marketing Strategy,
  New York u.a. 1979, S. 121 f..

reich zu dem Ergebnis, daß eine falsche Einschätzung
folgender Aspekte der Absatzmarktsituation einen Einführungserfolg verhinderte[1]:

- Unterschätzung der Umstellungskosten bei den Abnehmern
  und des Ausmaßes, in dem durch das neue Produkt bestehende Produktionsverfahren sowie verfügbares Know-how
  obsolet wurden,

- Falsche Einschätzung der bestehenden Bindungen zwischen
  den potentiellen Kunden und den bisherigen Lieferanten,

- Mangelnde Beachtung der Marktstruktur sowie von Restriktionen in den potentiellen Abnehmerbranchen,

- Falsche Definition des Marktsegments, in dem das neue
  Produkt den größten Wert für die Abnehmer aufgewiesen
  hätte,

- Falsche Einschätzung des Konkurrenzverhaltens, insbesondere im Hinblick auf Preiswettbewerb.

Diese Problematik verschärft sich, wenn die Neuprodukteinführungen mit dem Eintritt in neue Märkte verbunden sind.

---

1 Vgl. Webster, jr., F.E., New Product Adoption in Indu-
  strial Markets: A Framework for Analysis, in: JoM,
  Vol. 33, Nr. 3, 1969, S. 35 ff.; Grefermann, K. et al.,
  Patentwesen und technischer Fortschritt, Teil 1:
  Die Wirkung des Patentwesens im Innovationsprozeß,
  Schriftenreihe der Kommission für wirtschaftlichen
  und sozialen Wandel, Bd. 1o/1, Göttingen 1974, S. 125;
  Cooper, R.G., Project NewProd: Factors in New Product
  Success, in: Developments in Industrial Marketing,
  Sonderheft des EJoM, Vol. 14, 198o, S. 277-292; Choffray,
  J.M., Lilien, G.L., Market Planning For New Industrial
  Products, New York u.a. 198o, S. 1o ff. (im folgenden
  zitiert als: Choffray, J.M., Lilien, G.L., Market Plan-
  ning).

Vielfach ergibt sich sogar eine Gefährdung des Unterneh-
mensbestandes, wenn die Entscheidung, mehrere Segmente
eines neuen Marktes mit unterschiedlichen Produkten zu bearbeiten, scheitert oder zu unzureichenden Ergebnissen
führt, die sich vielfach in geringen Marktanteilen und
schlechter Rentabilität widerspiegeln[1].

Die genannten Probleme deuten darauf hin, daß eine systematische Identitifkation und Antizipation von Marktwiderständen einen wesentlichen Beitrag zur Verbesserung der Marketingplanung leisten können. Vor diesem Hintergrund muß es
erstaunen, daß eine wissenschaftliche und praktische
Auseinandersetzung mit dem Problembereich des Marktwiderstands bislang nur in Ansätzen erfolgt ist. Zwar wird der
Begriff "Marktwiderstand" sowohl in der wissenschaftlichen
Literatur[2] als auch in der Umgangssprache vielfach verwendet, jedoch wird seine Bedeutung im jeweiligen Problemzu-
sammenhang nur in seltenen Fällen präzisiert.

3. Begriff und Paradigma des Marktwiderstands

Generell werden mit dem Terminus Marktwiderstand recht unterschiedlich breite Begriffsausprägungen verbunden[3].

---

1 Vgl. Yip, G.S., Barriers to Entry, Lexington, Toronto
  1982, S. 1; derselbe, Gateways to Entry, in: HBR, September-October 1982, S. 86; Porter, M.E., Competitive
  Strategy, New York, London 1980, S. 7.
2 Vgl. dazu auch analoge Begriffsauslegungen wie Durch-
  setzungswiderstände, Diffusionswiderstände, Umweltwider-
  stände oder auch Kaufwiderstände. Vgl. z.B. Gemünden,H.G.,
  Innovationsmarketing. Empirische Theorie der Unternehmung,
  Hrsg., Witte, E., Bd.15, Tübingen 1981, S.55u.S.418 f.;
  Pfeiffer, W., Bischof,P., Produktlebenszyklen als Basis
  der Unternehmensplanung, in: ZfB, 44.Jg.,Nr.1o, 1974,S.659
  (im folgenden zitiert als: Pfeiffer, W., Bischof, P.,
  Produktlebenszyklen); Hallbauer, A., Ansätze zur Verbesserung der Effizienz von Produktinnovationsprozessen,
  Zürich,Frankfurt 1978, S.134; Pfohl, H.C., Zur Operationalisierung des Marketingbegriffs, in: BFuP,25.Jg., Nr. 3,
  1973, S. 163.
3 Darüber hinaus ergeben sich Überschneidungen mit verwandten
  Begriffskonzepten wie Marktattraktivität, Kaufwahrscheinlichkeit und Akzeptanz. Vgl. zur Abgrenzung S. 49 ff.
  dieser Arbeit.

Während Gutenberg Marktwiderstand sehr eng als "Stärke
der Bindung derjenigen Käufer, die bisher bei den Konkurrenzunternehmen kauften, an diese Unternehmen"[1] definiert und damit explizit den Bereich der Erstkäufe ausklam-
mert[2], charakterisiert Scheuing den Marktwiderstandsbegriff als "mangelnder Kaufwille potentieller Käufer"[3]
und bewegt sich damit im Bereich der psychologischen Kaufhemmnisse.

Eine relativ umfassende Definition wurde erstmals von
Pfeiffer und Bischof vorgelegt, die Marktwiderstand verstehen als "Gesamtheit aller Umwelttatbestände ..., die
sich hemmend auf den Absatz eines Produktes auswirken
können"[4] und damit von einem Widerstand ausgehen, "den der
Hersteller auf dem Gesamtmarkt zu überwinden hat."[5]

Die Verwendung der wenig präzisen Begriffe der "Umwelttatbestände" sowie des "Gesamtmarktes" in diesem Definitions-
versuch macht jedoch deutlich, daß es bislang nicht gelungen ist, die vielfältigen Problemschichten des Marktwiderstandsphänomens[6] auf eine theoretisch fundierte Basis
zu stellen.

---

1 Gutenberg, E., Grundlagen der Betriebswirtschaftslehre,
  2. Bd.: Der Absatz, 16. Aufl., Berlin u.a. 1976, S. 485.

2 Die Begriffsverwendung erfolgt im Zusammenhang mit werbe-
  theoretischen Überlegungen, vgl. ebenda, S. 482 ff..

3 Scheuing, E.E., Das Marketing neuer Produkte, Wiesbaden
  1970, S. 25.

4 Pfeiffer, W., Bischof, P., Einflußgrößen von Produkt-
  Marktzyklen, Arbeitspapiere des Betriebswirtschaftlichen
  Instituts der Friedrich-Alexander-Universität Erlangen -
  Nürnberg, Nr. 22, Nürnberg 1974, S. 1o7 (im folgenden
  zitiert als: Pfeiffer, W., Bischof, P., Produkt-Markt-
  zyklen).

5 Ebenda.

6 Im folgenden sollen die Begriffe "Marktwiderstand" und
  "Markthemmnisse" synonym verwendet werden.

Diese Problematik liegt nicht zuletzt darin begründet,
daß keine eindeutigen Kriterien bezüglich der zweckmäßig-
sten Marktdefinition vorliegen[1], so daß eine produktbezogene
Marktabgrenzung ein anderes Marktwiderstandskonzept erfordert als eine konkurrenz- oder abnehmerbezogene Marktklas-
sifikation. Darüber hinaus läßt das Definitionsmerkmal
"Gesamtheit aller Umwelttatbestände" darauf schließen, daß
die Ursachen des Marktwiderstands jeweils situationsspezifisch zu erfassen sind.

Versucht man, die vielschichtigen Problembereiche des
Marktwiderstands in einem _Paradigma_ zu erfassen, treten
folgende Fragestellungen in den Vordergrund (Tabelle 1).

Dimension des Marktwiderstands	Fragestellung	Beispiel
Subjektdimension	Wer entwickelt?	z.B. Abnehmer, Konkurrenz
Objektdimension	Wogegen?	z.B. Marketingaktivitäten eines Anbieters (Produktneueinführung)
Ursachendimension	Warum?	z.B. mangelnde Kaufbereitschaft der Abnehmer
Zeitdimension	Wann und wie lange?	z.B. zum Zeitpunkt der Produktneueinführung, Dauer 12 Monate
Intensitätsdimension	Wie stark?	z.B. hoher Intensitätsgrad
Wirkungsdimension	Mit welchen Auswirkungen Widerstand?	z.B. geringe Kapazitätsauslastung

Tab. 1 : Paradigma des Marktwiderstands

1 Vgl. zu einer Zusammenstellung von Ansätzen zur Marktab-
grenzung z.B. Backhaus, K., Investitionsgüter-Marketing,
München 1982, S. 77 ff.; Meffert, H., Marketing, a.a.O.,
S. 54 ff..

Auf der Basis dieses Paradigmas erscheint es zunächst
zweckmäßig, den Begriff des Marktwiderstands anhand seiner
Auswirkungen zu präzisieren. Im Hinblick auf die Erreichung zentraler wirtschaftlicher Ziele der Unternehmung
(z.B. Gewinn, Rentabilität)[1] dürfte mit einem Wirksam-
werden von Marktwiderstand in aller Regel

- eine Erhöhung des Risikos des Verlustes des eingesetzten
  Kapitals,

- die Notwendigkeit zur Investition zusätzlicher finanzieller Mittel, um einen geplanten Zielerreichungsgrad
  sicherzustellen sowie

- eine Verminderung der Marketingeffizienz im Sinne der
  Verschlechterung der Kosten/Nutzen-Relation der Marktbearbeitung

verbunden sein.

Angesichts dieser negativen Wirkungen des Marktwiderstands
steht das Management vor der Aufgabe, potentielle Markthemmnisse bereits bei der Planung der Marketingaktivitäten
soweit wie möglich zu erkennen und zu antizipieren. Dabei
dürften die verfolgten Zielsetzungen der langfristigen
Zukunftssicherung sowie der kurzfristigen Gewinnerzielung
umso besser realisierbar sein, je mehr es dem Management
durch eine Berücksichtigung erfolgshemmender Einflußfak-

---

1 Angesichts der Vielfalt potentiell relevanter Unternehmensziele erscheint es sinnvoll und notwendig, die vorliegende Analyse auf wichtige wirtschaftliche Zielsetzungen einer Unternehmung zu konzentrieren. Auf die Vielzahl
  denkbarer anderer - insbesondere nicht wirtschaftlicher -
  Ziele soll dabei nicht eingegangen werden. Vgl. zur
  Zielproblematik in Unternehmen z.B. Meffert, H., Unternehmensziele, in: Jahrbuch des Marketing, Hrsq.: Schöttle,
  K.M., Essen 1971, S. 22-34; Kupsch, P. Unternehmensziele,
  Stuttgart, New York 1979; Heinen, E., Grundlagen betriebswirtschaftlicher Entscheidungen, 2.Aufl., Wiesbaden 1971,
  S. 18 ff..

toren in den Entscheidungsprämissen[1] gelingt, <u>Marktwider-</u>
<u>stand</u>

- soweit wie möglich zu <u>vermeiden</u> bzw. zu <u>umgehen</u> und/oder

- durch spezifische Maßnahmen zu <u>reduzieren</u> bzw. zu <u>über-</u>
  <u>winden</u>.

Die negativen Auswirkungen des Marktwiderstands sind letztlich auf bestimmte Ursachen bzw. Erklärungsfaktoren zurückzuführen, die auf der empirischen Ebene durch sog.
Indikatoren zu ermitteln sind[2]. Versteht man Marktwiderstand als situative Kontextvariable, läßt sich nahezu jede
Marktbearbeitungsmaßnahme in bezug auf Marktwiderstandsindikatoren bzw. potentielle Hemmnisse ihrer erfolgreichen
Durchführung analysieren.

Ein Beispiel stellt in diesem Zusammenhang die Analyse des
Marktwiderstands bei der Erhöhung des Marktanteils bestehender Produkte dar. So wird darauf hingewiesen, daß die
Gewinnung von Marktanteilen mit zunehmender Höhe des bestehenden Marktanteils immer schwieriger wird[3] und die
Grenzkosten der Marktanteilssteigerung mit jedem zusätzlichen Marktanteilspunkt überproportional wachsen. Zum
anderen hängt der Marktwiderstand zu einem gegebenen Zeitpunkt auch von dem Ausmaß ab, in dem der Marktanteil erhöht
werden soll, denn ein "großer Teil der mit einer raschen
Marktanteilserhöhung verbundenen Aufwendungen zielt infolge
der Trägheit von Marktreaktionen u.U. ins Leere"[4].

---

1 Unter Entscheidungsprämissen sind "alle jene kognitiven
  Informationen des Individuums zu verstehen, die zu Prä-
  missen einer konkreten Entscheidung werden". Vgl. Kirsch,
  W., Die Handhabung von Entscheidungsproblemen, München
  1978, S. 29.
2 In der Literatur wird in diesem Zusammenhang von der
  Operationalisierung theoretischer Konstrukte gesprochen;
  vgl. Andritzky, K., Die Operationalisierbarkeit von Theorien zum Konsumentenverhalten, Berlin 1976, S. 5; Bruhn, M.,
  Das soziale Bewußtsein von Konsumenten, Schriftenreihe
  Unternehmensführung und Marketing, Hrsg. Meffert, H.,
  Steffenhagen, H., Bd. 11, Wiesbaden 1978, S. 31.
3 Vgl. zum empirischen Nachweis und zur Begründung dieses
  Effektes Buzzell, R.D., Are there "natural" market
  structures?, in: JoM, Vol. 45, Winter 1981, S. 48 f..
4 Kaiser, A., Die Erfolgsträchtigkeit von Märkten, in: Er-
  folgskontrolle im Marketing, Schriften zum Marketing, Bd.
  1, Hrsg.: Böcker,F., Dichtl,E., Berlin 1975, S. 94.

Vor diesem Hintergrund erweist es sich im Rahmen der vorliegenden Arbeit als notwendig, eine Spezifizierung der zu
untersuchenden Marktsituation vorzunehmen. Dieses Erfor-
dernis resultiert vor allem daraus, daß sich die Einflußfaktoren bzw. vermuteten Ursachen des Marktwiderstands
je nach unterstelltem situativen Kontext (z.B. Wachstums-
versus gesättigte Märkte) in Inhalt und Intensität deutlich voneinander unterscheiden und damit die im Paradigma
des Marktwiderstands aufgeführten Fragestellungen

- warum werden
- wie starke Widerstände entwickelt?

nicht unabhängig von der konkreten Marktsituation zu beantworten sind. Den unterstellten Kontextbedingungen kommt
damit ein erheblicher Einfluß auf die Operationalisierung
eines Marktwiderstandskonzepts zu.

4. Der Markt für Textverarbeitung als Untersuchungsbereich

Einen besonders geeigneten Untersuchungsbereich für die
vorliegende Problemstellung bildet der Markt für Textverarbeitung. Zum einen kommt der Textverarbeitung als we-
sentlicher Bestandteil der als "Schlüsseltechnologie" gel-
tenden Bürokommunikation[1] eine erhebliche volkswirtschaft-
liche Bedeutung zu und schafft für die in diesem Markt
tätigen Unternehmen erhebliche Wachstumspotentiale. Zum
anderen erscheint die Realisierung dieser Wachstumspoten-

---

1 Da der Textverarbeitungsmarkt als Teilmarkt des Marktes für integrierte Bürokommunikation nur sehr unscharf
  abzugrenzen ist, stellt er für die im folgenden aufzu-
  greifenden Fragen der strategischen Geschäftsfeldplan-
  nung ein besonders interessantes Untersuchungsobjekt
  dar.

tiale aufgrund

- einer <u>unüberschaubaren Vielfalt</u> neuer Technologien,
- einer <u>Verkürzung der Innovationszyklen</u> sowie
- einer spürbaren <u>Skepsis gegenüber neuen Technikan-</u>
  <u>wendungen</u> in industriellen Abnehmerorganisationen

gefährdet[1].

Die weit verbreitete Skepsis gegenüber neuen Technologien
resultiert dabei nicht zuletzt aus wenig erfolgreichen
Produkteinführungen in der Vergangenheit. So war z.B. der
Computereinsatz in vielen Unternehmen mit nachteiligen
Konsequenzen verbunden (z.B. Verringerung der Flexibilität, Dequalifikation von Arbeitsplätzen), ohne daß die
erwarteten wirtschaftlichen Verbesserungen eingetreten
sind[2]. Viele Anzeichen deuten darauf hin, daß auch im
Bereich der Textverarbeitung ähnliche Entwicklungen wirksam sind[3], die für die anbietenden Firmen zu einem hohen
Marktwiderstand führen[4].

---

1 In diesem Zusammenhang spricht Schönecker vom sog.
  Innovations"trilemma"; vgl. Schönecker, H.G., Akzeptanz-
  forschung als Regulativ bei Entwicklung, Verbreitung
  und Anwendung technischer Innovationen, in: Neue Systeme
  der Bürotechnik, Hrsg.: Reichwald, R., Schriftenreihe
  Mensch und Arbeit im technisch-organisatorischen Wandel,
  Hrsg.: Marr, R., Reichwald, R., Bd. 1, Berlin 1982,
  S. 49 ff.(im folgenden zitiert als: Schönecker, H.G.,
  Akzeptanzforschung).

2 Vgl. dazu Schönecker, H.G., Bedienerakzeptanz und technische Innovationen. Akzeptanzrelevante Aspekte bei der
  Einführung neuer Bürotechniksysteme, München 1980,
  S. 11 (im folgenden zitiert als: Schönecker, H.G., Bedienerakzeptanz).

3 Vgl. z.B. Pabst, H., Rationalisierungssysteme, oder das
  Klagelied eines vergraulten PTV-Anwenders, in: Textautomation, 1979, S. 1o ff..

4 Die folgenden Betrachtungen beziehen sich vorwiegend auf
  den Inlandsmarkt der Bundesrepublik Deutschland. Besonderheiten der Marktwiderstandsanalyse in internationalen
  Märkten sollen damit ausgeklammert werden.

Die Entstehung des Marktes für Textverarbeitung ist eng mit
dem verstärkten Eindringen der <u>Mikroelektronik in das Büro</u>[1]
verbunden[2]. Der Begriff der <u>Textverarbeitung</u> kennzeichnet -
neben der basistechnologischen Festlegung auf die Mikroelektronik - ein breites Spektrum von Funktionen eines umfassenden, schreibbezogenen Vorgangs, der sich grob in
<u>Texterfassungs-</u>, <u>-bearbeitungs-</u>, <u>-speicherungs-</u> und <u>-ausga-</u>
<u>befunktionen</u> klassifizieren läßt[3]. Diese Funktionspalette
macht deutlich, daß das Leistungsspektrum moderner Textverarbeitungsprodukte weit über die Leistungsfähigkeit bisheriger mechanischer und elektrischer Schreibmaschinen
hinausgeht.

Der Versuch, mögliche Teilmärkte bzw. Segmente des Textverarbeitungsmarktes zu klassifizieren, ist angesichts der
<u>hohen Marktkomplexität</u> mit erheblichen Abgrenzungsproblemen
verbunden. Als Abgrenzungskriterien werden häufig Hard-
ware- und Systemsoftwarekonstellationen verwendet. Auf
dieser Grundlage kann zwischen folgenden Produkttypen
unterschieden werden:

---

1 Das Büro soll dabei umfassend definiert werden als
  "Zentrum(s) der Informationsverarbeitung, in dem die
  Steuerung der betrieblichen Realisationsprozesse voll-
  zogen wird." Grochla, E., Das Büro als Zentrum der In-
  formationsverarbeitung im strukturellen Wandel, in:
  Grochla, E. (Hrsg.), Das Büro als Zentrum der Informa-
  tionsverarbeitung - aktuelle Beiträge zur bürowirtschaft-
  lichen Forschung, Schriftenreihe "Betriebswirtschaftliche
  Organisation und Automation", Bd. 1o, Wiesbaden 1971,
  S. 19.

2 Vgl. zur Mikroelektronik und ihre Auswirkungen auf den
  Büro- und Verwaltungsbereich z.B. Gottschall, D., Inva-
  sion aus dem Mikrokosmos, in: manager magazin, Nr. 2,1982,
  S.81-83; Lorenz, G., Automatisierung durch Mikroelektro-
  nik - eine technisch-ökonomische Herausforderung, in:
  Automation in Industrie und Verwaltung, Hrsg.: Biethahn,
  J., Staudt, E., u.a., Schriftenreihe Angewandte Innovations-
  forschung, Hrsg.: Staudt, E., Bd. 2, Berlin 1981, S.35-54.

3 Vgl. Karcher, H.B., Büro der Zukunft. Einflußfaktoren der
  Marktentwicklung für innovative Bürokommunikations-
  Terminals, Diss. München 1982, S. 5 und S. 116.

- elektronische Speicherschreibmaschinen
- Einplatz-Textsysteme
- Mehrplatz-Textsysteme
- Textverarbeitungssoftware für bestehende EDV-Anlagen
- Integrierte Daten- und Textverarbeitungssysteme.[1]

Geht man von den ca. 2o Mio. Briefen und Mitteilungen aus[2],
die arbeitstäglich in der Bundesrepublik Deutschland von
etwa 2,6 Mio. mit Schreibaufgaben betrauten Mitarbeitern[3]
"produziert" werden, ergibt sich ein beträchtliches Markt-
potential für Produkte der Textverarbeitung.

Entsprechend einer Untersuchung des Bundesinstituts für
Berufsbildungsforschung setzen jedoch zur Zeit erst 1o Prozent aller 3o39 befragten Unternehmungen der Bundesrepublik Deutschland moderne Textverarbeitungsprodukte ein.
Auch die zukünftige Bereitschaft zur Investition in die
Textverarbeitung dürfte den Untersuchungsergebnissen zufolge relativ gering ausgeprägt sein, denn in 58 Prozent
der Unternehmen ist die Einführung der Textverarbeitung in den
nächsten 5 Jahren noch nicht vorgesehen[4].

---

1 Vgl. zu einer genaueren Beschreibung und Abgrenzung
  dieser Produkttypen S. 75 f.   dieser Arbeit.
2 Vgl. dazu eine Untersuchung der Standard Elektrik Lorenz
  (SEL), zitiert bei o.V., Textverarbeitung. Daten und
  Text im Gerätemix, in: WW, Nr. 43, 1982, S. 114.
3 Vgl. Diebold, zitiert bei: Leckebusch, N., Das Büro
  der 8oer Jahre, Spiegel-Verlagsreihe: Märkte im Wandel,
  Bd. 1o, Hrsg.: Der Spiegel, Hamburg 1981, S. 161.
4 Vgl. Schuh, P., Die Arbeitsteilung nicht zu weit trei-
  ben, in: BddW v. 14.o3.1983, S. 1.

Der erst marginale Ausschöpfungsgrad des Marktpotentials
der Textverarbeitung sowie die bislang relativ geringen
und aus Anbietersicht als unbefriedigend eingeschätzten
Wachstumsraten der Textsysteme[1] zwingen die aktuellen und
potentiellen Marktanbieter zunehmend zu einer aktiven
Zielgruppen- und Marktbearbeitungsstrategie, um dem bestehenden Marktwiderstand auszuweichen oder diesen durch spezifische Marketingmaßnahmen abzubauen.

Die relativ geringe Potentialausschöpfung resultiert zu
einem erheblichen Teil aus einer psychologisch bedingten
Kauf- und Investitionszurückhaltung potentieller Anwender[2]. Eine wesentliche Ursache dafür ist, daß die Textverarbeitung als Baustein des "Büros der Zukunft"[3] ange-

---

1 Vgl. zu dieser Einschätzung Schuh, P., a.a.O. sowie o.V.,
  Wie Rationalisierung in Schwung kommt, in: Capital, Nr. 2,
  1982, S. 154; Schnellhaas, H., Schönecker, H., u.a.,
  Kommunikationstechnik und Anwender, Forschungsprojekt
  Bürokommunikation, Bd. 1, Hrsg.: Picot, A., Reichwald,
  R., München 1983, S. 27 ff..

2 Vgl. dazu im einzelnen Schellhaas, H., Schönecker, H.G.,
  Informationstechnologische Entwicklung aus Anwendersicht -
  Ein Meinungsbild aus Großorganisationen -, Akzeptanz neuer
  Bürotechnologie, Arbeitsbericht Nr. 17, Hrsg.: Reichwald,
  R., München 1982, S. 1; siehe dazu auch Reichwald, R.,
  Neue Systeme der Bürotechnik und Büroarbeitsgestaltung -
  Problemzusammenhänge, in: Neue Systeme der Bürotechnik,
  Hrsg.: Reichwald, R., Schriftenreihe Mensch und Arbeit
  im technisch-organisatorischen Wandel, Hrsg.: Marr, R.,
  Reichwald, R., Bd. 1, Berlin 1982, S. 13 (im folgenden
  zitiert als: Reichwald, R., Bürotechnik).

3 Vgl. zum "Büro der Zukunft" z.B. Reichwald, R., Bürotechnik, a.a.O., S. 11 ff.; Karcher, H.B., a.a.O.;
  Kinder, K., Bürokommunikation der Zukunft, in: ZfO, Nr. 1,
  1982, S. 11-19; Munter, H., Künftige integrierte Bürokommunikation. Welche Folgen lassen sich bereits übersehen?,
  in: ZfO, Nr. 7, 1982, S. 37o-374; Mertes, L.H., Doing
  your office over-electronically, in: HBR, Vol. 59,
  March-April 1981, S. 127-135; Ahlhauser, J., Compu[ter
  Commu]nications, in: BH, Nr. 1, 1981, S. 44-48; Poppel,
  H.L., Who needs the office of the future?, in: HBR, Vol.
  6o, November-December 1982, S. 146-155; Pfeffermann, K.,
  Reimann, H., Zukünftige Bürokommunikation im Spiegel der
  Technik, in: data report, Nr. 6, 1981, S. 8-9.

sehen wird und von den Herstellern vielfältige Bestrebun-
gen unternommen werden, die Textverarbeitung mit der Datenverarbeitung sowie der Nachrichtentechnik zu verbinden.
Viele Problemlösungen der "integrierten Bürokommunikation"
werden jedoch "erst im Laufe dieses Jahrzehnts anwendungs-
reif und marktfähig sein"[1]. Allerdings führt ihre frühzei-
tige Ankündigung bei den potentiellen Anwendern vielfach
zu einer Tendenz, auf Investitionen in die Textverarbeitung
zu verzichten und die technischen Weiterentwicklungen zunächst einmal abzuwarten.

In Bezug auf die Wettbewerbsintensität im Textverarbeitungsmarkt ist festzustellen, daß sich die Anzahl unterschiedlicher Produkte ständig erhöht. Im Jahre 1982 wurden in der
Bundesrepublik Deutschland von ca. 5o Herstellern und
Vertriebsorganisationen mehr als 12o Geräte aller Preis-
und Leistungsklassen angeboten[2]. Die fünf größten Hersteller von Textverarbeitungsprodukten können jedoch bereits einen mengenmäßigen Marktanteil von mehr als 7o Prozent
(wertmäßig ca. 6o Prozent) auf sich vereinigen[3].

Im Rahmen der vorliegenden Untersuchung wird der Einschätzung gefolgt, daß der Textverarbeitung für die 8oer
Jahre eine starke eigenständige Position in der Bürokommunikation zukommt, die aus Anbietersicht die Bildung eines
eigenständigen Geschäftsfeldes im Textverarbeitungsmarkt
und das Angebot von spezifischen Textverarbeitungsprodukten rechtfertigt[4]. Dies bedeutet aber nicht, daß die be-

---

1 Schnellhaas,H.; Schönecker, H.G., a.a.O., S. 1.

2 Vgl. Reuter, A., Vor der Entscheidung eine praxisnahe
  Demonstration, in: BddW, v. 29.o3.1982, S. 7.

3 Vgl. Diebold Deutschland GmbH, zitiert bei: o.V.,
  Der Markt für Textsysteme expandiert, in: BddW v.
  14.o6.1982, S. 1.

4 Vgl. z.B. o.V., Der Markt für Textsysteme expandiert,
  a.a.O., S. 1; Widmer, E.A., Kommt die Integration Rech-
  ner / Textverarbeitung, in: V+M, Nr. 3, 1983, S. 15 ff..

schriebenen Integrationstendenzen zum "Büro der Zukunft"
in der strategischen Unternehmensplanung zu vernachlässi-
gen sind. Zum heutigen Zeitpunkt dürften derartige Fragestellungen jedoch eher dem Bereich der Forschung und Entwicklung zuzuordnen sein. Auf marketingrelevante Fragestellungen ist daher nur unter dynamischen Aspekten der
Marktwiderstandsanalyse einzugehen[1].

Insgesamt macht die vorstehende Charakterisierung deutlich,
daß der Markt für Textverarbeitung durch einen <u>hohen
Innovationsgrad</u>, d.h. durch einen hohen Neuheitsgrad
der angebotenen Produkte aus Abnehmersicht[2] gekennzeichnet ist und damit verbunden einen <u>hohen Anteil an Erst-</u>

---

1 Vgl. dazu S. 246 ff. dieser Arbeit.

2 Der Innovationsgrad eines Produktmarktes ist dabei
  in seiner Zeitdimension (wie lange neu?) relativ zu
  verstehen. Da Neuerungen mit zunehmender Verbreitung
  bzw. Marktpräsenz ihren innovativen Charakter verlieren,
  kann der Innovationsgrad durch die sog. Adoptionsrate,
  d.h. den Anteil der aktuellen Abnehmer (Adopter) der
  Innovation an der Gesamtzahl potentieller Abnehmer,
  ausgedrückt werden; vgl. dazu Biehl, W., Bestimmungsgründe der Innovationsbereitschaft und des Innovations-
  erfolges. Eine empirische Untersuchung von Investitionsentscheidungen mittelständischer Maschinenbauunternehmen,
  Berlin 1981, S. 31 (im folgenden zitiert als Biehl, W.,
  Bestimmungsgründe).
  Eng mit dieser Betrachtung verbunden ist der subjektive Charakter von Innovationen (für wen neu?). "Für die
  Unternehmung [als Anwender, Anm. d.Verf.] ist eine Innovation dann zu konstatieren, wenn sie eine technische Neuerung erstmalig nutzt, unabhängig davon,
  ob andere Unternehmungen den Schritt vor ihr getan
  haben oder nicht." Witte, E., Organisation für Inno-
  vationsentscheidungen. Das Promotoren Modell, Göttingen
  1973, S. 3. Vgl. zu der hier gewählten subjektiven Be-
  griffsauffassung der Innovation auch Schönecker, H.G.,
  Bedienerakzeptanz, a.a.O., S. 17 f..

käufern sowie eine hohe Komplexität aufweist.

Anhand dieser Merkmale kann der Markt tendenziell der
Wachstumsphase des Lebenszykluskonzepts zugeordnet werden.
Die starke Angebotskonzentration und Wettbewerbsintensität wird jedoch eher für reife Märkte als typisch angesehen. Die Ausprägungen der genannten Situationsvariablen lassen damit darauf schließen, daß im Rahmen der Marketingplanung im Textverarbeitungsmarkt erhebliche Marktwiderstände zu berücksichtigen sind, die im wesentlichen
aus dem Abnehmer- und Konkurrenzverhalten resultieren.

Die Marketingplanung im Textverarbeitungsmarkt beinhaltet eine Vielzahl strategischer und taktischer Entscheidungstatbestände. Deshalb erweist es sich als notwendig,
die Untersuchung des Marktwiderstandsproblems am Beispiel
dieses industriellen Wachstumsmarktes auf solche Planungsbereiche zu konzentrieren, in denen der Handhabung von
Markthemmnissen eine zentrale Bedeutung zukommt.

5. Marktwiderstände als Einflußfaktoren von Marktwahl-
   und Marktbearbeitungsentscheidungen im Textverarbeitungsmarkt

Unterscheidet man die Inhalte der Marketingplanung in
Marktwahl- und Marktbearbeitungsentscheidungen und differenziert zusätzlich nach dem Aggregationsgrad der Planungsebene, läßt sich eine Matrix aufspannen, die vier
zentrale Planungsbereiche enthält (vgl. Abbildung 1).
Die innerhalb dieser Planungsbereiche zu lösenden Problemstellungen können für den Textverarbeitungsmarkt wie
folgt spezifiziert werden:

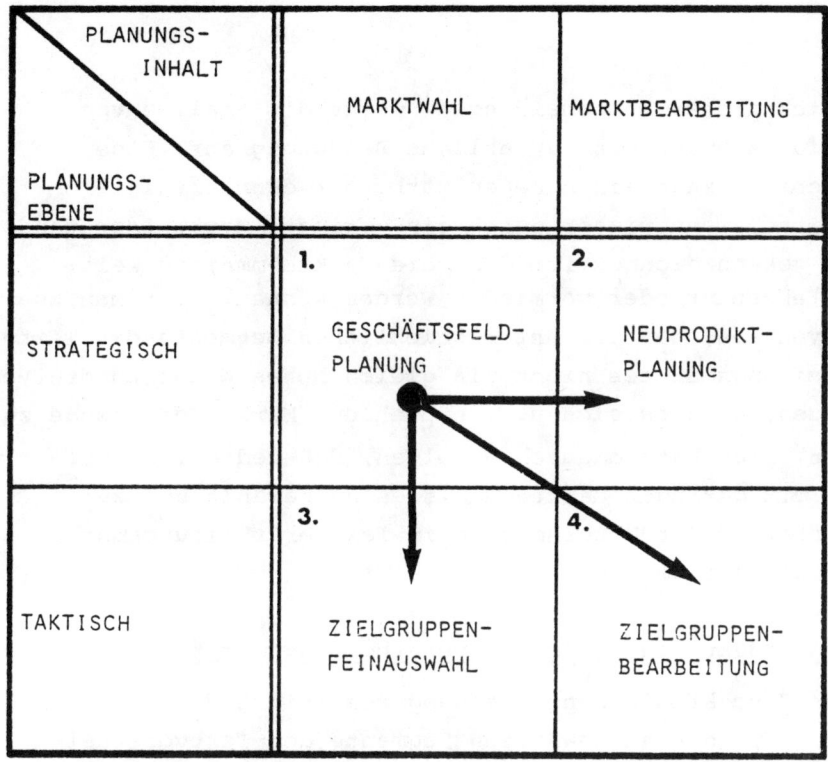

PLANUNGS-INHALT PLANUNGS-EBENE	MARKTWAHL	MARKTBEARBEITUNG
STRATEGISCH	**1.** GESCHÄFTSFELD-PLANUNG	**2.** NEUPRODUKT-PLANUNG
TAKTISCH	**3.** ZIELGRUPPEN-FEINAUSWAHL	**4.** ZIELGRUPPEN-BEARBEITUNG

Abb. 1: Systematik von Grundproblemen der Marketingplanung

(1) Geschäftsfeldplanung im Textverarbeitungsmarkt

Die Geschäftsfeldplanung beinhaltet im wesentlichen zwei
zentrale Entscheidungen. Zum einen muß eine Unternehmung,
die bislang nicht im Textverarbeitungsmarkt als Anbieter auftritt, überprüfen, ob ein Markteintritt mit hinreichenden Erfolgsaussichten verbunden ist. Zum anderen
müssen Entscheidungen darüber getroffen werden, welche
Segmente bzw. Teilbereiche dieses Marktes (z.B. Mehrplatz-
Textsysteme für Industrieunternehmen) mit welchem Differenzierungsgrad zu bearbeiten sind.

Bezüglich dieser Entscheidungen[1] weist die Analyse von
Marktwiderständen eine erhebliche Bedeutung auf. Eine
Unternehmung kann einen neuen Markt nur dann erfolgreich
bearbeiten, wenn dieser durch ein geringes Marktwiderstandsniveau gekennzeichnet ist oder die Markthemmnisse weitgehend abgebaut oder vermieden werden können. Geht man zudem davon aus, daß die unterschiedlichen Segmente des Textverarbeitungsmarktes nicht ein gleich hohes Widerstandsniveau
aufweisen, wird es sich u.U. empfehlen, Marktwiderstände zu
umgehen. Dies kann dadurch erfolgen, daß lediglich Teilmärkte mit geringen Markthemmnissen ausgewählt und zum
Geschäftsfeld der Unternehmung im Textverarbeitungsmarkt
zusammengefaßt werden.

(2) Neuproduktplanung im Textverarbeitungsmarkt

Aus der Geschäftsfeldentscheidung resultiert die Planungsaufgabe, für die ausgewählten Segmente des Textverarbeitungsmarktes spezifische Problemlösungen (Produkte einschließlich des produktbezogenen Marketing-Mix) zu entwickeln und im Markt zu positionieren. Die dabei im Vordergrund stehende Forderung, die unterschiedlichen Problemlösungen der Textverarbeitung (z.B. Textverarbeitungs-
Softwarepakete für EDV-Anlagen bei Banken und Versicherungen) so zu konzipieren, daß die Marketingziele in den
jeweiligen Marktsegmenten bestmöglich erreicht werden, weist
wiederum einen engen Bezug zum Marktwiderstandsproblem auf.

---

1 Diese Fragestellungen bezüglich der generellen Markt-
  entscheidung und der darauf aufbauenden, vertiefenden
  Marktsegmentbetrachtung zur Auswahl des Geschäftsfeldes
  der Unternehmung werden in der amerikanischen Literatur
  seit einiger Zeit unter der Problemstellung "defining
  the business" diskutiert und als "starting point of
  strategic planning" angesehen. Vgl. dazu Abell, D.F.,
  Defining the Business. The Starting Point of Strategic
  Planning, Englewood Cliffs, N.J., 1980; Abell, D.F.,
  Hammond, J.S., a.a.O., S. 389 ff.; Köhler, R., Grund-
  probleme der strategischen Marketingplanung, in: Die
  Führung des Betriebes, Hrsg.: Geist, M., Köhler, R.,
  Stuttgart 1981, S. 272.

Potentielle Markthemmnisse können umso eher vermieden
werden, je mehr es bei der Umsetzung der segmentspezifischen Produktkonzeptionen in marktreife Problemlösungen
der Textverarbeitung gelingt, eine optimale Bedürfnisbefriedigung der jeweiligen Abnehmergruppen bei gleichzeitiger Gewinnung von Konkurrenzvorteilen zu erzielen.

Trotz der Anwendung der relativ weit entwickelten Methoden
der Neuproduktplanung[1] wird ein Anbieter im Textverarbeitungsmarkt vielfach feststellen müssen, daß aufgrund der
den Planungen zugrundeliegenden fehlerhaften oder ungenauen
Prognosen des Verhaltens der Marktteilnehmer die angestreb-
ten Absatzziele nicht oder nur teilweise erreicht werden
können. Aus diesen Gründen sollte versucht werden, im
Rahmen der taktischen Marketingplanung bestehenden Marktwiderständen durch eine Umpositionierung der angebotenen
Produkte, d.h. durch eine Modifizierung der Zielgruppenauswahl sowie der Zielgruppenbearbeitung Rechnung zu tragen.

(3) Zielgruppenfeinauswahl im Textverarbeitungsmarkt

Die Aufgabenstellung der Verbesserung der Zielgruppenauswahl innerhalb eines bearbeiteten Teilmarktes der Textverarbeitung weist einen engen Bezug zur taktischen Marktsegmentierung auf. Die taktische Marktsegmentierung
bzw. Mikrosegmentierung kann definiert werden als Abneh-
merselektion bei gegebenem, weitgehend unveränderbarem
Produkt[2]. Unter der Perspektive der Vermeidung von Markt-

---

1 Vgl. zur Neuproduktplanung z.B. Meffert, H., Marketing,
a.a.O., S. 35o ff.; Schmitt-Grohé, J., Produktinnovation,
Schriftenreihe Unternehmensführung und Marketing, Hrsg.:
Meffert, H., Bd. 3, Wiesbaden 1972; Webster, jr., F.E.,
Industrial Marketing Strategy, a.a.O., S. 9o ff.; Choffray,
J.M., Lilian, G.L., Market Planning, a.a.O., S. 2 ff.;
Backhaus, K., a.a.O., S. 312 ff..

2 Zielsetzung der Unternehmung ist es dabei, "to concentra-
te on those prospective customer groups, that will value
the product the most". Corey, E.R., Key options in market selection and product planning, in: HBR, Vol. 53,
September-October, 1975, S. 122.

widerständen sollte ein Anbieter in einem bearbeiteten
Marktsegment der Textverarbeitung versuchen, die Marketingaktivitäten auf solche potentiellen Abnehmer (bzw.
diejenige Zielgruppe) zu konzentrieren, die gegenüber dem
segmentspezifischen Produktangebot die geringsten Kaufhemmnisse aufweisen.

(4) <u>Zielgruppenbearbeitung im Textverarbeitungsmarkt</u>

Daneben verfügt ein Anbieter von Textverarbeitungsprodukten
i.d.R. über Möglichkeiten zum Abbau der im Bereich der
strategischen und taktischen Marktwahl nicht antizipier-
ten (bzw. nicht antizipierbaren) und/oder bewußt in Kauf
genommenen[1] Marktwiderstände im Rahmen taktischer Marktbearbeitungsmaßnahmen. Durch eine Feineinstellung bzw.
Anpassung der Marketinginstrumente sind dabei nach der
Einführung spezifischer Textverarbeitungsprodukte für die
zu bearbeitenden Marktsegmente unter Berücksichtigung de-
taillierterer Erkenntnisse über die tatsächliche Reaktion
der Marktteilnehmer die noch bestehenden Marktwiderstände
soweit abzubauen, daß die Kaufentscheidung der Abnehmer
für die Problemlösungen der Unternehmung positiv ausfällt.

In der vorliegenden Arbeit sollen die Planungsprobleme 1, 3
und 4 aufgegriffen werden. Dabei wird deutlich, daß diese
Problembereiche einen engen Bezug zur <u>Marktsegmentierung</u>
aufweisen[2].

---

1 Beispielsweise kann ein hohes Gewinnpotential eines
  Marktsegments eine Unternehmung dazu veranlassen, dieses
  Segment trotz hoher Marktwiderstände zu bearbeiten. Der
  Marktwiderstand besitzt als Marktwahlkriterium damit nur
  einen partiellen Aussagewert.

2 Vgl. zur Marktsegmentierung z.B. Frank, R.E., Massy, W.F.,
  Wind, Y., Market Segmentation, Englewood Cliffs, N.J.
  1972; Bauer, E., Markt-Segmentierung als Marketing-Strategie, Berlin 1976; Böhler, H., Methoden und Modelle der
  Marktsegmentierung, Stuttgart 1977; Meffert, H.,
  Marktsegmentierung und Marktwahl im internationalen
  Marketing, in: DBW, 37. Jg., Nr. 3, 1977, S. 433-446
  (im folgenden zitiert als: Meffert, H., Marktsegmentierung).

Im Rahmen der Marktsegmentierung wird ein Gesamtmarkt
unter Verwendung von Segmentierungskriterien in Teilmärkte
zerlegt. Zweck des Vorgehens ist dabei, die Marktsegmente
so zu bilden, daß sie bezüglich ihrer Marktreaktion in
sich homogen, untereinander jedoch heterogen sind. Dabei gilt es, die Marktsegmente unter Berücksichtigung
von Marktwiderständen entweder als Segmentierungskriterium
(Segmentbildungskriterium) oder als Segmentbewertungskri-
terium so zu bestimmen, daß das Kosten-Nutzen-Verhältnis der
Segmentierung optimiert wird. Während die Bewertung und
Auswahl von Marktsegmenten auf der Grundlage identifizier-
ter oder erwarteter Markthemmnisse eine Segmentbildung
nach anderen Segmentierungskriterien (z.B. organisations-
demographische Merkmale potentieller Abnehmer von Textverarbeitungsprodukten) voraussetzt, ist im Zusammenhang
mit der Verwendung von Marktwiderständen als Segmentierungskriterium die Frage zu stellen, ob homogene Abnehmergruppen mit geringem Marktwiderstandsniveau gebildet und iden-
tifiziert werden können.

Die Erfassung und Auswahl von Marktsegmenten auf der Basis bzw. unter Berücksichtigung von Marktwiderständen
stellt jedoch nur einen Ansatzpunkt zur Widerstandshandha-
bung dar. Im Rahmen der entscheidungs- oder managementorien-
tierten Interpretation des Konzepts der Marktsegmentierung[1]
erfolgt die Aufteilung des Gesamtmarktes in einzelne Teilmärkte sowie eine darauf aufbauende, detailliertere Abnehmersegmentierung "von vornherein so, daß auf sie bei
einem .. segmentspezifisch differenzierten Vorgehen der
Marktbearbeitung wieder Bezug genommen werden kann"[2].

---

1 Vgl. dazu Frank, R.E., Massy, W.F., Wind, Y., a.a.O.,
  S. 11 ff.; Groh, G., Marktsegmentierung, in: HWA, Hrsg.:
  Tietz, B., Stuttgart 1974, Sp. 1412 ff.; Gröne, A., Markt-
  segmentierung bei Investitionsgütern, Schriftenreihe
  Unternehmensführung und Marketing, Bd. 9, Hrsg.: Meffert,
  H., Wiesbaden 1977, S. 31; Freter, H., Marktsegmentierung,
  Stuttgart u.a. 1983, S. 15.

2 Gröne, A., a.a.O., S. 31.

Damit wird zugleich deutlich, daß zwischen den Problemen
der Auswahl der Segmente unter Berücksichtigung von Marktwiderständen sowie der Art und Intensität der Segmentbearbeitung und den dadurch gegebenen Möglichkeiten zur Reduzierung bzw. Überwindung von Markthemmnissen starke Interdependenzen bestehen. Theoretisch exakt müßten diese
Probleme simultan gelöst werden[1].

Eine simultane Optimierung dieser Teilentscheidungen muß
jedoch scheitern, weil die zur Lösung des Allokations-
problems erforderlichen - die Stärke der Marktwiderstände widerspiegelnden - Marktreaktionsfunktionen von der Abgrenzung der Marktsegmente abhängen[2]. Aus Gründen der
Praktikabilität ist daher auf eine sukzessive, auf heuristischen Prinzipien basierende Vorgehensweise zurückzugreifen.

Diese sukzessive Betrachtung erlaubt es zudem, unterschiedliche Ausgangssituationen bei der Analyse von Marktwiderständen im Textverarbeitungsmarkt zu berücksichtigen. Abbildung 2 gibt die Perspektive

- eines Newcomers, der erstmalig im Textverarbeitungsmarkt
  tätig werden will,

- eines etablierten Marktanbieters, der bereits Teilbereiche des Textverarbeitungsmarktes abdeckt und entweder
  weitere Marktsegmente bearbeiten oder bislang bearbeitete
  Segmente aufgeben will sowie

- eines Marktanbieters, der lediglich eine Verbesserung bestehender taktischer Marketingprogramme in bestimmten
  Teilbereichen des Textverarbeitungsmarktes anstrebt

---

1 Vgl. zur optimalen Marktsegmentierung Frank, R.E., Massy,
  W.F., Wind, Y., a.a.O., S. 185 ff.; Groh, G., a.a.O.,
  Sp. 1417 ff.; Krautter, J., Zum Problem der optimalen
  Marktsegmentierung, in: ZfB, Nr. 2, 1975, S. 1o9 ff.;
  Bauer, E., Markt-Segmentierung, Stuttgart 1977, S.
  99 ff.; Meffert, H., Marktsegmentierung, a.a.O.,
  S. 435.

2 Vgl. Meffert, H., Marktsegmentierung, a.a.O., S. 435;
  Gröne, A., a.a.O., S. 178 f..

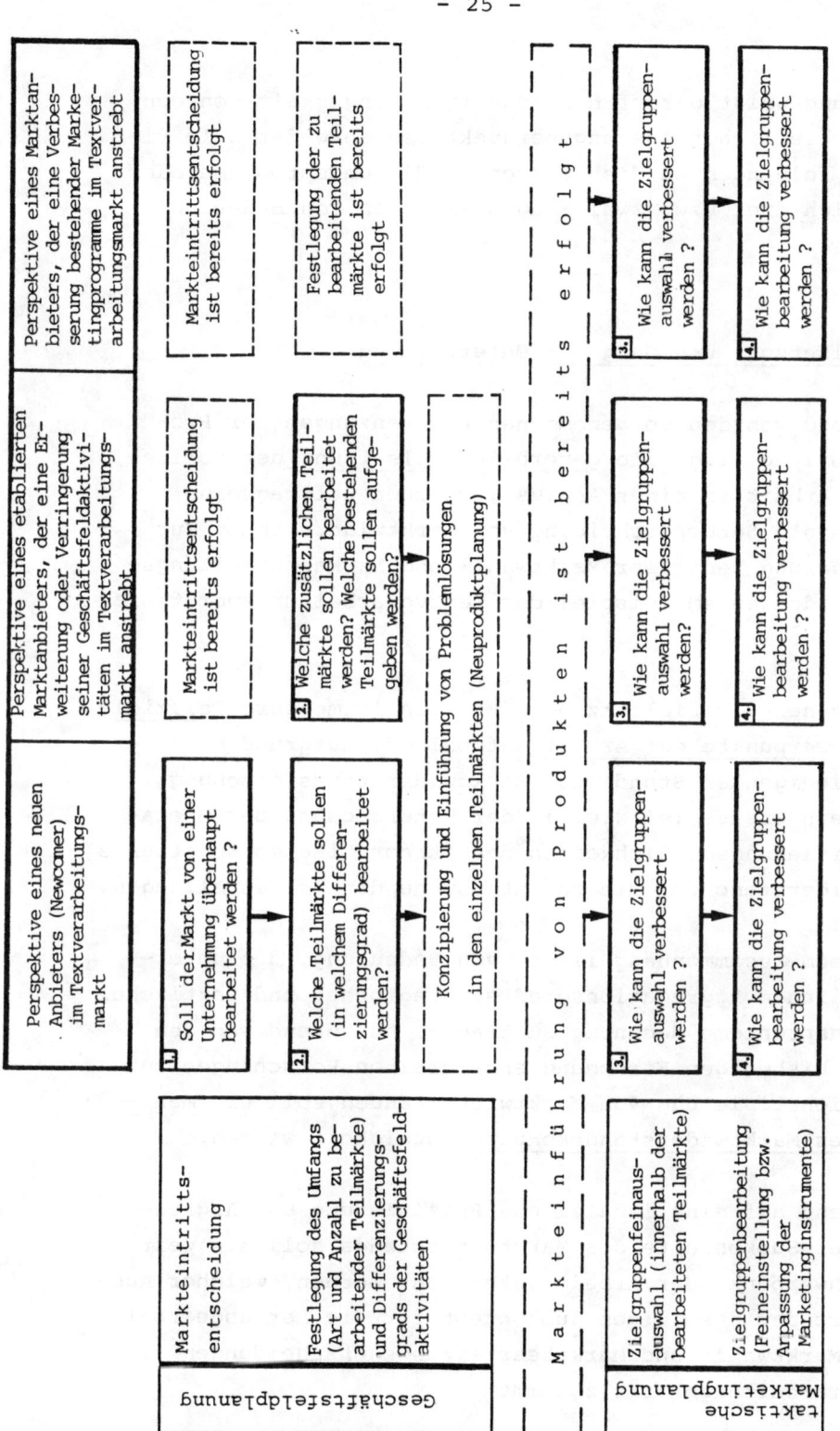

Abb.2 : Abgrenzung der im Rahmen der Marktwiderstandsanalyse zu untersuchenden Fragestellungen der Marketingplanung im Textverarbeitungsmarkt

wieder und weist darauf hin, daß in Abhängigkeit von den
unterschiedlichen Ausgangsperspektiven entweder alle vier
der im folgenden zu diskutierenden Planungsprobleme oder
lediglich drei bzw. zwei Fragestellungen von Bedeutung
sind.

6. Zielsetzung und Gang der Untersuchung

Ausgehend von den vorgenommenen Eingrenzungen der Problemstellung liegt die generelle Zielsetzung der vorliegenden Arbeit in einer Analyse, welchen Beitrag eine
konsequente Berücksichtigung von Marktwiderständen zur
Verbesserung zentraler Marktwahl- und Marktbearbeitungsentscheidungen am Beispiel des Textverarbeitungsmarktes zu
leisten vermag.

Diese generelle Zielsetzung läßt sich in mehrere Teilziele
und Schwerpunkte der Arbeit aufspalten. Aufgrund des
unbefriedigenden Stands der Marktwiderstandsforschung
liegt ein erstes Teilziel in der Untersuchung der Opera-
tionalisierungsmöglichkeiten des "theoretischen Konstrukts"
Marktwiderstand für die zu untersuchenden Fragestellungen.

In diesem Zusammenhang ist es von Bedeutung, dem unterschiedlichen Aggregationsgrad strategischer und taktischer
Planungsprobleme Rechnung zu tragen. Ausgehend von den
in der bisherigen Forschung entwickelten Vorschlägen zur
Operationalisierung von Marktwiderständen soll ein mehrstufiges Marktwiderstandskonzept entwickelt werden.

Aufbauend auf eine inhaltliche Präzisierung und Abgrenzung der Subkonzepte des Marktwiderstands soll als weiterer Schwerpunkt der Arbeit untersucht werden, welcher Aussagewert dem jeweiligen Subkonzept für die herausgearbeiteten Marktwahl- und Marktbearbeitungsentscheidungen im
Textverarbeitungsmarkt zukommt.

Die Aufgaben der strategischen Geschäftsfeldplanung sowie der taktischen Zielgruppenplanung dürfen nicht isoliert und statisch betrachtet werden, sondern stehen in
einem interdependenten, dynamischen Zusammenhang.
So kann ein hoher Marktwiderstand darauf hindeuten, daß
eine Geschäftsfelddefinition geändert werden sollte oder
im Extremfall sogar eine Austrittsentscheidung aus dem
Gesamtmarkt notwendig wird. Aus diesem Grunde soll eine
Analyse der dynamischen Aspekte von Marktwiderständen und
der damit verbundenen Auswirkungen in bezug auf eine Modifizierung der Zielgruppenauswahl und -bearbeitung sowie
der Definition strategischer Geschäftsfelder die mit
der vorliegenden Untersuchung verfolgten Zielsetzungen
vervollständigen.

An diesen Zielen orientiert sich auch der Gang der Untersuchung. In Kapitel B werden zunächst die theoretischen
Grundlagen zur Operationalisierung der Subkonzepte des
Marktwiderstands entwickelt. Im Kapitel C ist auf der
Grundlage der vorliegenden Konzepte der Geschäftsfeldplanung zu analysieren, welche Bedeutung dem Marktwiderstand
im Rahmen der strategischen Markt- bzw. Geschäftsfeldwahl
im Textverarbeitungsmarkt zukommt. Nach der Untersuchung
der strategischen Entscheidungstatbestände steht im Kapitel D die Analyse des Aussagewertes des Marktwiderstands
als Entscheidungshilfe in der taktischen Zielgruppenplanung von Herstellern von Textverarbeitungsprodukten im
Vordergrund. Dabei soll auf der Grundlage einer empirischen
Analyse des Abnehmerverhaltens[1] in bezug auf ausgewählte

---

1 Die empirische Untersuchung basiert auf einer Erhebung,
  die vom Institut für Marketing der Universität Münster
  in Zusammenarbeit mit dem EMNID-Institut, Bielefeld zum
  Thema "Textverarbeitung aus Anwendersicht" im Februar
  1982 durchgeführt wurde. Die Datengewinnung orientierte
  sich dementsprechend an den Zielen dieser Studie,
  wodurch gewisse Beschränkungen in der Verfügbarkeit
  marktwiderstandsrelevanter Informationen auftreten.

Produktbereiche des Textverarbeitungsmarktes ansatzweise
überprüft werden, ob die aus einer theoretischen Analyse
resultierenden Bestimmungsfaktoren des industriellen
Kaufverhaltens empirisch relevante Indikatoren des
Marktwiderstands darstellen. Schließlich ist unter Berücksichtigung dynamischer Aspekte in Kapitel E eine Ge-
samtbeurteilung des entwickelten Marktwiderstandskonzepts
vorzunehmen.

B. Abgrenzung und Operationalisierung des Marktwiderstands

1. Anforderungen an die Operationalisierung des Marktwiderstands

Eine Beurteilung des Aussagewertes des Marktwiderstands als nicht direkt beobachtbare Größe hängt insbesondere von dem gewählten Operationalisierungsansatz ab. Im Rahmen einer Operationalisierung ist grundsätzlich zwischen dem Inhalt (Intention) und dem Umfang (Extension) des Marktwiderstandsbegriffs zu unterscheiden[1]. Während mit dem Begriffsinhalt allgemein hemmende Faktoren marktbezogener Zielerreichung verbunden werden, ist der Begriffsumfang vom jeweiligen Untersuchungszweck abhängig. Ausgehend von der Zielsetzung, eine Entscheidungshilfe für zentrale Marktwahl- und Marktbearbeitungsprobleme im Textverarbeitungsmarkt zu entwickeln, sind an die Begriffsextension und damit die problemspezifische Operationalisierung des Marktwiderstands mehrere materielle und formelle Anforderungen zu stellen.

Bei der Ableitung materieller Anforderungen soll wegen des engen Bezugs der vorliegenden Aufgabenstellung zum Problembereich der Marktsegmentierung weitgehend auf die Anforderungen an Segmentierungskriterien[2] zurückgegriffen werden. Unter Berücksichtigung weiterer problemspezifischer Überlegungen lassen sich die materiellen Anforderungen wie folgt präzisieren.

---

1 Vgl. zu dieser Unterscheidung Heinen, E., Betriebswirtschaftliche Kostenlehre, 3. Aufl., Wiesbaden 197o, S. 43.

2 Vgl. zu einer ausführlichen Diskussion dieser Kriterien z.B. Frank, R.E., Massy, W.F., Wind, Y., a.a.O., S. 27 f.; Gröne, A., a.a.O., S. 43 ff.; Meffert, H., Marktsegmentierung, a.a.O., S. 435; Choffray, J.-M., Lilien, G.L., Industrial Market Segmentation by the Structure of the Purchasing Process, in: IMM, Vol. 9 (198o), S. 331 f.; Freter, H., Marktsegmentierung, a.a.O., S. 43 f..

(1)   Eine wesentliche Anforderung an ein Marktwiderstands-
      konzept zur Verbesserung strategischer und taktischer
      Marketingentscheidungen im Textverarbeitungsmarkt
      liegt in der Erfassung mehrerer Planungsebenen.
      Das zu entwickelnde Marktwiderstandskonzept muß da-
      her sowohl in Bezug auf eine
      - Gesamtmarktbetrachtung (Textverarbeitungsmarkt)
      - Teilmarktbetrachtung (einzelne Segmente des Textver-
        arbeitungsmarktes) als auch auf eine
      - Zielgruppenbetrachtung (spezielle Abnehmergruppen
        innerhalb der Teilmärkte des Textverarbeitungs-
        marktes)
      Aussagefähigkeit besitzen.

(2)   Der Aussagewert eines Marktwiderstandskonzepts ist
      des weiteren davon abhängig, inwieweit die relevanten
      Ursachen des Marktwiderstands erfaßt werden.
      Um die Gefahr der Vernachlässigung wichtiger Indika-
      toren des Marktwiderstands zu vermeiden, wird zum
      Teil die Forderung erhoben, möglichst viele poten-
      tiell relevante Einflußfaktoren in die Analyse einzu-
      beziehen[1]. Da sich jedoch mit wachsender Anzahl be-
      rücksichtigter Faktoren zugleich die internen, wechsel-
      seitigen Wirkungszusammenhänge und inhaltlichen Über-
      schneidungen erhöhen, ist aufgrund der "daraus resul-
      tierenden gesteigerten Zurechnungs-, Mess- und Bewer-
      tungsproblematik ... nicht unbedingt eine höhere Qua-
      lität der Bewertungsergebnisse zu erwarten."[2]

---

1 Vgl. Lange, B., Bestimmung strategischer Erfolgsfaktoren
  und Grenzen ihrer empirischen Fundierung - dargestellt am
  Beispiel der PIMS-Studie, in: DU, 36. Jg., Nr. 1, 1982,
  S. 29; Hadaschik, M., Die Einsatzbedingungen organi-
  sierter langfristiger Unternehmensplanung, Diss. Berlin
  1979, S. 184 u. S.19o; Roventa, P., Müller, G., Marktattraktivität - Ein dialektisches Bewertungskonzept, in:
  DU, 35. Jg., Nr. 4, 1981, S. 231.

2 Lange, B., a.a.O., S. 29.

Demzufolge soll die <u>Anforderung nach Relevanz</u> enger
interpretiert werden. Sie kann als erfüllt angesehen
werden, wenn es gelingt, die wesentlichen Ursachen
bzw. Schlüsselfaktoren ("key issues") des Marktwiderstands im Textverarbeitungsmarkt zu erfassen[1].

(3) Die Ursachen des Marktwiderstands müssen zudem eine
ausreichende <u>Stabilität in zeitlicher Hinsicht</u> besitzen, um zu gewährleisten, daß die Markthemmnisse
nicht nur zum Zeitpunkt der Informationsgewinnung,
sondern auch zum Zeitpunkt der Marktbearbeitung ver-
haltensbestimmend sind.

(4) Der Abbau des Marktwiderstands ist nur dann möglich,
wenn aus den zugrundeliegenden Ursachen konkrete
Hinweise für Marktbearbeitungsmaßnahmen abgeleitet
werden können. Daher stellt der <u>Bezug zur Maßnahmen-
planung</u> eines Anbieters von Textverarbeitungsprodukten
ein wichtiges Kriterium zur Beurteilung des zu ent-
wickelnden Marktwiderstandskonzepts dar.

(5) Im Rahmen der Zwecksetzung, bestehenden Marktwiderständen auszuweichen, ist es erforderlich, Teilmärkte
und Zielgruppen innerhalb des Textverarbeitungsmarktes zu ermitteln, die durch ein unterschiedliches
Marktwiderstandsniveau gekennzeichnet sind. Die daraus resultierende Anforderung nach <u>Abgrenzbarkeit und</u>

---

1 Vgl. zu dieser Einschätzung auch Hofer, C.W., Toward
a Contingency Theory of Business Strategy, in: Strategische Unternehmensplanung - Stand und Entwicklungstendenzen, Hrsg.: Hahn, D., Taylor, B., Würzburg,
Wien 1980, S. 68; Hill, W., Umweltanalyse und Unternehmensplanung, in: DU 31. Jg., Nr. 4, 1977, S. 300;
Hinterhuber, H.H., Strategische Unternehmungsführung,
Berlin, New York 1977, S. 41.

Zugänglichkeit von Marktsegmenten mit geringem Marktwiderstand stellt sicher, daß Marktbearbeitungsmaßnahmen auf solche Bereiche konzentriert werden können,
in denen die Absatzchancen eines Anbieters von Textverarbeitungsprodukten besonders günstig sind.

(6) Das zu entwickelnde Marktwiderstandskonzept ist
letztlich danach zu beurteilen, inwieweit es zu einer
verbesserten Zielerreichung bzw. einer größeren
Effizienz in der Marktbearbeitung beiträgt. Bei der
Forderung nach Wirtschaftlichkeit der Marktwiderstandsanalyse handelt es sich um einen übergeordneten
und übergreifenden Aspekt, dem die zuvor genannten
Anforderungen unterzuordnen sind[1]. Die Beachtung
des Wirtschaftlichkeitskriteriums gewährleistet,
daß der durch das Ausweichen bzw. den Abbau von
Markthemmnissen erzielbare Nutzen nicht durch zunehmende Kosten im Informations- und Aktionsbereich des
Marketing überkompensiert wird.

Die materiellen Anforderungen beziehen sich im wesentlichen auf inhaltliche Fragestellungen des Marktwiderstandsproblems. Eine Operationalisierung des Marktwiderstands als "theoretisches Konstrukt" macht daneben eine
Auseinandersetzung mit methodischen Aspekten erforderlich. An die methodische Vorgehensweise lassen sich folgende formelle Anforderungen stellen, die zugleich als
Operationalisierungsvorschriften zu interpretieren sind:[2]

---

1 Vgl. Gröne, A., a.a.O., S. 49.
2 Vgl. dazu Bruhn, M., a.a.O., S. 51 ff.; Kroeber-Riel, W.,
  Konsumentenverhalten, 2. Aufl., München 1980, S. 38 f.;
  Gabele, E., Die Einführung von Geschäftsbereichsorgani-
  sationen, Tübingen 1981, S. 101 ff.; Szyperski, N.,
  Winand, U., Grundbegriffe der Unternehmensplanung, Stuttgart 1980, S. 171 f.; Müller, G., Roventa, P., Lückerath,
  Th., Die Bewertung der Marktattraktivität. Ein offenes
  Problem der Strategischen Analyse, in: DU, 35.Jg.,Nr. 2,
  1981, S. 106; Wettschureck, G., Indikatoren und Skalen in
  der demoskopischen Marktforschung, in: Handbuch der Marktforschung, Hrsg.: Behrens, K.Chr., Wiesbaden 1974,
  S. 285 ff..

(1)   In einem ersten Schritt sind <u>Indikatoren bzw. Einfluß-</u>
       faktoren[1] zu <u>ermitteln</u> und <u>auszuwählen</u>, mit deren
       Hilfe die Ursachen des Marktwiderstands erfaßt wer-
       den können. Dabei muß auf Hypothesen über deren Wir-
       kungsrichtung und -intensität im Textverarbeitungs-
       markt zurückgegriffen werden, denn bestimmte Einfluß-
       faktoren bzw. Einflußfaktorengruppen können in unter-
       schiedlichen Situationen den Absatz von Textverarbei-
       tungsprodukten sowohl als Widerstand hemmen, eine
       neutrale Wirkung aufweisen als auch im anderen Ex-
       trem eine absatzfördernde Auswirkung entfalten[2].

(2)   Interpretiert man den Marktwiderstand als ordinalen
       Begriff, muß in einem zweiten Schritt <u>eine Bildung</u>
       <u>von Skalen</u> vorgenommen werden. Insbesondere die Ver-
       wendung von Intervallskalen[3] ermöglicht es, durch die
       Angabe von Skalenabständen Unterschiede in der Inten-
       sität bzw. dem Ausmaß festzustellen, mit dem ein
       Indikator als hemmender Einflußfaktor der Zielerrei-
       chung einer Unternehmung wirksam ist.

(3)   Im Anschluß an die Erfassung der relevanten Marktwi-
       derstandsindikatoren und der Messung ihrer Ausprä-
       gungen auf den zugrundegelegten Skalen sieht sich eine
       Unternehmung vielfach einem komplexen Bündel unter-
       schiedlicher Marktwiderstandsursachen mit verschiede-
       nen Intensitätsgraden gegenüber. Die Nutzung dieser
       Marktwiderstandsinformationen zur Bewertung von
       Teilmärkten oder Bildung von Zielgruppen im Textver-
       arbeitungsmarkt ist i.d.R. ohne eine weitere Infor -

---

1 Als erklärende Faktoren des Marktwiderstands werden im
  folgenden die Begriffe Indikator, Einflußfaktor und Determinante synonym verwendet.

2 Vgl. Pfeiffer, W., Bischof, P., Produkt-Marktzyklen, a.a.O.,
  S. 26 und S. 256. So wirken z.B. Mehrplatz-Textsysteme
  mit Personalfreisetzungscharakter in Zeiten hoher Perso-
  nalknappheit stark absatzfördernd, während bei hoher Arbeitslosigkeit u.U. mit einem starken Markthemmnis zu
  rechnen ist.

3 Vgl. zu den einzelnen Skalentypen z.B. Andritzky, K.,
  a.a.O., S. 45 ff.; Bruhn, M., a.a.O., S. 54 f..

mationsverdichtung mit erheblichen Schwierigkeiten
verbunden. Aus diesem Grunde empfiehlt es sich,
einzelne Gruppen von Indikatoren zu eindimensionalen
Marktwiderstandsindizes zu verknüpfen[1].

In der Literatur sind bislang erst wenige Versuche unternommen worden, sich mit den Möglichkeiten der Operationalisierung des Marktwiderstands systematisch auseinanderzu-
setzen. Die vorliegenden Ansätze sind daraufhin zu untersuchen, inwieweit sich aus ihnen konkrete Hinweise für die
Entwicklung eines Marktwiderstandskonzept für Marktwahl-
und Marktbearbeitungsmaßnahmen im situativen Umfeld des
Textverarbeitungsmarktes ableiten lassen.

2. Ansatzpunkte zur Operationalisierung des Marktwider- stands in der Literatur

Angesichts der größtenteils umgangssprachlichen Verwendung
des Marktwiderstandsbegriffs erweist es sich als schwierig, diejenigen Ansätze zu identifizieren, die in "kon-
zeptioneller" Hinsicht einen Beitrag zur Analyse des
Marktwiderstandsphänomens leisten. Im folgenden werden daher lediglich diejenigen Begriffsextensionen bzw. "Marktwiderstandskonzepte" skizziert, die sich zumindest ansatzweise mit der Operationalisierungsproblematik auseinan-
dersetzen.

2.1 Darstellung zentraler Marktwiderstandskonzepte

Die vorliegenden Ansätze können entsprechend dem Aggrega-

---

1 Vgl. dazu auch Müller, G., Roventa, P., Lückerath, Th.,
  a.a.O., S. 1o8. Sofern die Marktwiderstandsinformationen
  nicht zur Marktsegmentierung, sondern ausschließlich
  zur Maßnahmenplanung verwendet werden, kann auf eine Informationsverdichtung im Sinne der vorgeschlagenen Index-
  bildung verzichtet werden.

tionsgrad der Betrachtungsebene sowie der Ausgestaltung
der Subjekt- und Objektdimension des Marktwiderstands
klassifiziert werden. Tabelle 2 zeigt die wichtigsten
"Marktwiderstandskonzepte" unter Angabe der jeweiligen
Autoren sowie der wichtigsten unterstellten Situations-
merkmale im Überblick.

(1) Markteintrittsbarrieren als Marktwiderstand

Entsprechend der Aufgabe der Wettbewerbspolitik, "möglichst
günstige Voraussetzungen für das Zustandekommen von wirksamen Wettbewerb zu schaffen und diesen vor Beschränkungen zu schützen"[1], stellte die Analyse von Markteintritts-
hemmnissen bereits frühzeitig einen wichtigen Forschungs-
bereich in der Volkswirtschaftslehre dar[2]. Sie wird heute
im Bereich der betriebswirtschaftlichen Strategieforschung
verstärkt wieder aufgegriffen[3].

Markteintrittsbarrieren (barriers to entry) können als
Summe aller Faktoren, die es einer Unternehmung erschweren oder unmöglich machen, Mitglied in einem für sie relevanten Markt zu werden[4], definiert werden und charak-
terisieren die Nachteile, die "Newcomer" im Vergleich zu
etablierten Marktanbietern hinzunehmen haben[5]. Sie sind
damit als hemmende Einflußfaktoren eines erfolgreichen
Markteintritts anzusehen, die im wesentlichen aus der
Wettbewerbsstruktur und dem Wettbewerbsverhalten, aber auch

1 Berg, H., Markteintrittsbarrieren, potentielle Konkurrenz
  und wirksamer Wettbewerb, in: WISU, 7.Jg., Nr. 6, 1978,
  S. 282.
2 Vgl. Bain, J.S., Barriers to New Competition, Cambridge,
  Mass. 1956.
3 Vgl. dazu Porter, M.E., Competitive Strategy, New York,
  London 1980, S. 4 ff.; in Anlehnung an Porter: Hinterhuber,
  H.H., Wettbewerbsstrategie, a.a.O., S. 57 ff..
4 Vgl. Wolf, H.D., Wesen und empirische Bedeutung von Marktzugangsbeschränkungen im Einzelhandel unter besonderer Berücksichtigung des Ladeneinzelhandels, Diss. Frankfurt
  1971, S. 36.
5 Vgl. Yip, G.S., Barriers to Entry, a.a.O., S. 17; Meffert,
  H., Ohlsen, G.T., Was Sie beim Marktein- und -austritt beachten müssen, in: asw,Sonderausgabe 1o/1982,S.178 ff..

Marktwiderstandskonzept	Verfasser [1]	Aggregationsgrad der Betrachtungsebene	Subjektdimension (Wer entwickelt Widerstand?)	Objektdimension (Wogegen wird Widerstand entwickelt?)	Unterstellte Marktsituation
Markteintrittsbarrieren als Marktwiderstand	Bain (1956) Wolf (1971) Berg (1978) Porter (1980) Hinterhuber (1982) Yip (1982) Meffert (1982) ...	Gesamtmarktebene	Konkurrenz (Handel, Abnehmer, Staat, Lieferanten)	Markteintritt einer bislang nicht am Markt tätigen Unternehmung	nicht spezifiziert
Diffusions- und konkurrenzbezogener Ansatz der Marktwiderstandsanalyse	Scheuing (1970) Rütschi, Zimmerli (1972) Pfohl (1973) Hallbauer (1978) Grünwald (1980) ...	Zielgruppenebene	Abnehmer Konkurrenz	Herstellerprodukt (im Sinne einer marktschaffenden Innovation)	Konsumgüterbereich; sämtl. Phasen des Produktlebenszyklus; hoher Innovationsgrad des Produkts in der Einführungsphase
Produktnachteilsbezogener Ansatz der Marktwiderstandsanalyse	Pfeiffer/Bischof (1974/1975)	Zielgruppenebene	Abnehmer	Herstellerprodukt	Technologische Investitionsgüter mit hohem Komplexitätsgrad in der Werkzeug- und Textilmaschinenindustrie (z.B. Sulzer-Webmaschinen); Wachstumsphase des Produktlebenszyklus
Benutzerakzeptanz als Marktwiderstand	Witte (1973) Böhnisch (1979) Schönecker (1980) Gemünden (1981) Reichwald (1982)	Zielgruppenebene	Benutzer innerhalb industrieller Abnehmerorganisationen	Produkte (im Sinne technologischer Innovationen)	Investitionsgüterbereich; neue Technologien mit hohem Komplexitätsgrad (z.B. EDV-Anlagen; neue Bürokommunikationstechnologien)

Tab. 2: Übersicht über zentrale Marktwiderstandskonzepte in der Literatur

1 Vgl. zu den einzelnen Quellenangaben die Fußnoten im Rahmen der Darstellung der jeweiligen Marktwiderstandskonzepte

aus dem Verhalten der übrigen Marktteilnehmer resultieren.
Für zutrittswillige Unternehmen manifestieren sich Markteintrittsbarrieren vor allem in ungünstigeren Kostenstruk-
turen und/oder einer Risikoerhöhung.

(2) Diffusions- und konkurrenzbezogener Ansatz der Markt-
    widerstandsanalyse

Zu Beginn der 7oer Jahre erfolgte die Untersuchung von
Marktwiderständen vor allem im Zusammenhang mit dem Konzept
des Produktlebenszyklus. Aus der Perspektive eines Innovators wird dabei in einer dynamischen Betrachtungsweise
analysiert, wie sich Marktwiderstände nach Art und Intensität im Verlauf der Marktperiode[1] eines Produktes entwickeln. Als wesentliche Erkenntnis ist dabei auf eine
Unterscheidung zwischen primärem und sekundärem Marktwiderstand hinzuweisen[2].

Mit dem primären Marktwiderstand sind die adoptions- und
diffusionsbezogenen Aspekte bei der Einführung neuer
Produkte angesprochen. Die Adoptionsforschung untersucht den Prozeß der Übernahme einer Neuerung durch
einzelne Individuen oder Organisationen. Demgegenüber ist
es Aufgabe der Diffusionsforschung, in einer aggregierten
Betrachtung zu analysieren und prognostizieren, mit welcher Geschwindigkeit eine Innovation von einer Zielgruppe aufgenommen wird und welche Einflußfaktoren dafür

---

1 Zum Begriff der Marktperiode siehe Pfeiffer, W., Bischof,
  P., Produktlebenszyklen, a.a.O., S. 641 f..

2 Vgl. dazu vor allem Rütschi, K., Zimmerli, H., Lebenshilfe für neue Produkte, in: asw, Nr. 21/22, 1972,
  S. 14o ff..

relevant sind[1]. Bei disaggregierter Betrachtung (Adoptionsforschung) kann damit der primäre Marktwiderstand, der
von einem einzelnen potentiellen Abnehmer entwickelt wird,
durch die Adoption bzw. Nichtadoption eines speziellen
Produktes zu einem bestimmten Zeitpunkt beschrieben werden.

Demgegenüber wird der <u>sekundäre Marktwiderstand</u> durch kon-
kurrenzbezogene Einflußfaktoren determiniert[2]. Das Auftreten von Wettbewerb bedeutet für den Innovator zunächst
eine Erleichterung insofern, als die Konkurrenten mithel-
fen, den primären Widerstand abzubauen[3]; allerdings ver-

---

1 Vgl. zur Adoptions- und Diffusionsforschung vor allem:
  Rodgers,E.M., Diffusion of Innovations, 6. Aufl., Lon-
  don, New York 1968; Rodgers, E.M., New Product Adoption
  and Diffusion, in: JoCR, Nr. 3, 1976, S. 29o-3o1; Rodgers,
  E.M., Shoemaker, F.F., Communication of Innovations, New
  York, London 1971; Baumberger, H., Gmür, U., Käser, H.,
  Ausbreitung und Übernahme von Neuerungen. Ein Beitrag zur
  Diffusionsforschung, 2 Bände, Bern, Stuttgart 1973;
  Wüstendörffer, W., Die Diffusion von Neuerungen - Aspek-
  te einer Adoptionstheorie und deren paradigmatische Prü-
  fung, Diss. Nürnberg 1974; Bodenstein, G., Der Annahme-
  und Verbreitungsprozess neuer Produkte, Frankfurt-Zürich
  1972; Waack,K.-D., Gegenstand, Aufgaben und Methoden
  der Diffusionsforschung, in: Jahrbuch der Absatz- und
  Verbrauchsforschung, Nr. 4, 1972, S. 3o1-31o; Kaas, K.P.,
  Diffusion und Marketing. Das Konsumentenverhalten bei der
  Einführung neuer Produkte, Stuttgart 1973. Speziell zur
  Investitionsgüterdiffusionsforschung vgl. Mansfield, E.,
  Industrial Research and Technological Innovation, New
  York 1968; Lutschewitz, H., Kutschker, M., Die Diffusion
  von innovativen Investitionsgütern, Theoretische Konzeption und empirische Befunde, München 1977; Brandenburg,
  A.G. u.a., Die Innovationsentscheidung. Bestimmungsgründe
  für die Bereitschaft zur Innovation in neue Technologien,
  Göttingen 1975; Steffenhagen, H., Industrielle Adoptionsprozesse als Probleme der Marketingforschung, in: Marketing heute und morgen. Entwicklungstendenzen in Theorie
  und Praxis, Hrsg. Meffert, H., Wiesbaden 1975, S. 1o9 ff.
  (im folgenden zitiert als: Steffenhagen, H., Adoptionsprozesse).

2 Vgl. Rütschi, K., Zimmerli, H., a.a.O., S. 144.

3 Vgl. ebenda sowie Grünwald, H., Marketing, 2. Aufl.,
  Stuttgart 198o, S. 82 f.; Hallbauer, A., a.a.O., S. 151.

liert der Erstanbieter seine Alleinstellung am Markt. Damit gewinnt der sekundäre Marktwiderstand an Bedeutung, der das Absatzpotential des Innovators beschränkt und durch konkurrenzgerichtete Marketingaktivitäten reduziert werden muß.

(3) Produktnachteilsbezogener Ansatz der Marktwiderstands-analyse

Die bislang umfassendsten Untersuchungen zum Marktwider-standsproblem wurden für den Investitionsgüterbereich von Pfeiffer und Bischof durchgeführt[1]. Die Autoren gehen da-von aus, daß "die Erkennung und Antizipation jener Fakto-ren, die ... bewirken können, daß die Investitionsentschei-dung für ein Investitionsgut negativ ausfällt"[2], eine wesentliche Voraussetzung erfolgreichen Investitionsgüter-absatzes darstellt. Das von ihnen entwickelte Kriterien-system, das das "Spektrum möglicher Marktwiderstände im Rahmen des Bewertungsprozesses von Investitionsgütern"[3] in potentiellen Abnehmerorganisationen widerspiegelt, läßt sich im wesentlichen in drei Komplexe unterteilen:

- Faktoren der wirtschaftlichen Eignung,
- Faktoren der Beurteilung des Vertrauens in den Hersteller,
- Faktoren zur Beurteilung von Konkurrenzangeboten be-züglich wirtschaftlicher Eignung und Vertrauen.

Als zentrales bzw. übergeordnetes Kriterium zur Beurtei-lung von Investitionsalternativen wird ihre "wirtschaft-

---

1 Vgl. Pfeiffer, W., Bischof, P., Produkt-Marktzyklen, a.a.O., S. 256 ff.; dieselben, Produktlebenszyklen, a.a.O., S. 662 ff.; dieselben, Marktwiderstände beim Absatz von Investitionsgütern, in: DU, 28.Jg., Nr. 1, 1975, S. 61 ff. (im folgenden zitiert als: Pfeiffer, W., Bischof, P., Marktwiderstände).

2 Vgl. Pfeiffer, W., Bischof, P., Marktwiderstände, a.a.O., S. 57.

3 Ebenda, S. 65.

liche Eignung" herangezogen. Diese läßt sich zerlegen
in die

- technische Eignung eines Investitionsgutes zur Lösung der gestellten Aufgabe,
- Eignung eines Investitionsgutes zur Integration in
  das sozio-technische System des Verwenders und der Um-
  systeme,
- absatzwirtschaftliche Eignung,
- finanzwirtschaftliche Eignung,
- zeitliche Eignung[1].

Ausgehend von der Einschätzung, daß die systematisierten
Einflußfaktoren nicht generell, sondern lediglich situationsspezifisch als Ursachen von Produktnachteilen bzw.
Marktwiderständen anzusehen sind, wurde eine Validierung
des entwickelten Kriteriensystems für komplexe, relativ neuartige Investitionsgüter im Bereich der Werkzeug-
und Textilmaschinenindustrie vorgenommen[2].

(4) Benutzerakzeptanz als Marktwiderstand

Neben der Untersuchung von Widerständen bei der Beschaffung von Investitionsgütern erfolgt in letzter Zeit vor
allem im Bereich technologischer Innovationen eine intensive Auseinandersetzung mit Widerständen bei der Durchsetzung von Investitionsgütern in der Abnehmerorganisation

---

1 Vgl. dazu sowie zu den im einzelnen herangezogenen Indikatoren Pfeiffer, W., Bischof, P., Marktwiderstände,
  a.a.O., S. 66 f. sowie Bischof, P., Produktlebenszyklen
  im Investitionsgüterbereich, Schriftenreihe Innovative
  Unternehmensführung, Bd. 2, Hrsg.: Pfeiffer, W., Göttingen 1976, S. 1o4 ff..

2 Bezüglich des konkreten Validierungsansatzes liegen jedoch keine Informationen vor. Die Autoren stellen lediglich fest, daß unter dem Aspekt hemmender Faktoren "eine
  weitgehende empirische Absicherung gewährleistet ist".
  Pfeiffer, W., Bischof, P., Marktwiderstände, a.a.O.,
  S. 65.

nach der Kaufentscheidung durch das Management[1]. Der
Benutzerwiderstand bzw. mangelnde Benutzerakzeptanz läßt
sich dadurch kennzeichnen, daß die Bereitschaft des Benut-
zers "in einer konkreten Anwendungssituation das vom Techniksystem angebotene Nutzungspotential aufgabenbezogen ab-
zurufen"[2] nicht bzw. nur bedingt vorhanden ist. In in-
tensitätsmäßiger Hinsicht eröffnet sich dabei "ein Spektrum, das von ... Opposition bis hin zum aktiven Widerstand in Form aggressiver Zerstörung und zum Ausscheiden aus
der Organisation reicht."[3]

Unterstellt   man, daß zu erwartende Widerstände der späteren Benutzer eines neuartigen Textverarbeitungsproduktes

---

1 Vgl. dazu Böhnisch, W., Personelle Widerstände bei der
  Durchsetzung von Innovationen, Stuttgart 1979; Schönecker, H.G., Bedienerakzeptanz, a.a.O., S. 22 und S. 5o;
  Reinhard, M., Scholz, L., Neue Technologien der Textverarbeitung. Bestimmungsgründe und Wirkungen ihres
  Einsatzes in einzel- und gesamtwirtschaftlicher Sicht,
  in: ifo-Schnelldienst, Nr. 1/2, 1983, S. 19 ff. (im
  folgenden zitiert als: Reinhard, M., Scholz, L., Neue
  Technologien); Schönecker, H.G., Akzeptanzchancen von
  Teletex - Eine Impression aus Pilotanwendungen, Arbeitsberichte "Die Akzeptanz neuer Bürotechnologie", Bd.
  15, Hochschule der Bundeswehr München, München 1982;
  Müller, V., Schienstock, G., Der Innovationsprozeß in
  westeuropäischen Industrieländern, Berlin 1978, S. 28;
  Reichwald, R., Zur Notwendigkeit der Akzeptanzforschung
  bei der Entwicklung neuer Systeme der Bürotechnik,
  Arbeitsberichte "Die Akzeptanz neuer Bürotechnologie",
  Bd. 1, Hochschule der Bundeswehr München, München 1978
  (im folgenden zitiert als: Reichwald, R., Akzeptanzforschung); derselbe, Neue Systeme der Bürotechnik und das
  Problem der Akzeptanz, in: Telcom-Report, 1979, S. 3o9 ff..

2 Reichwald, R., Akzeptanzforschung, a.a.O., S. 31 (im
  Original kursiv).

3 Schönecker, H.G., Bedienerakzeptanz, a.a.O., S. 32.

bereits im Kaufentscheidungsprozeß des Managements Berücksichtigung finden[1], insbesondere aber das tatsächliche Be-
nutzerverhalten von erheblicher Bedeutung für die Ausprägung von Kaufhemmnissen bei Ersatz- und/oder Erweiterungs-
investitionen in Anwenderorganisationen ist[2], stellt der
Problembereich der Benutzerakzeptanz einen relevanten
Teilaspekt eines Marktwiderstandskonzepts im Textverarbeitungsmarkt dar.

2.2 Kritische Würdigung

Versucht man, die vorliegenden Ansätze zu bewerten, muß
festgestellt werden, daß bislang kein Marktwiderstandskonzept vorliegt, das den entwickelten Anforderungen an
eine Operationalisierung hinreichend Rechnung trägt (vgl.
Tabelle 3). Die Anforderung nach Erfassung mehrerer Planungsebenen wird von keiner Konzeption erfüllt. Mit dem
Konzept der Markteintrittsbarrieren liegt ein Ansatz zur
Ermittlung des Marktwiderstands auf der Gesamtmarktebene
vor. Während eine Marktwiderstandsanalyse auf der Teilmarktebene bislang völlig vernachlässigt wurde, bestehen auf
der Zielgruppenebene mehrere Ansatzpunkte zur Erfassung hemmender Faktoren, die beim Absatz neuartiger Konsum- und Investitionsgüter auftreten können.

Die Anforderung nach Relevanz der den Konzepten zugrundeliegenden Marktwiderstandsindikatoren ist nur situations-

---

1 So gelangt z.B. Schönecker zu der Einschätzung: "Die
  Unsicherheit vieler potentieller Hersteller und Anwender technischer Innovationen über deren Einführungserfolg
  wird nicht zuletzt hervorgerufen durch die Unsicherheit
  darüber, wie und ob der spätere Benutzer oder Bediener diese Techniken auch tatsächlich anwendet." Schönecker, H.G., Bedienerakzeptanz, a.a.O., S. 5o.

2 Vgl. dazu Pabst, H., a.a.O., S. 12.

Marktwiderstandskonzept \ Anforderungen	materielle Anforderungen						formelle Anforderungen (Operationalisierungsvorschriften)		
	Erfassung mehrerer Planungsebenen	Relevanz	Zeitstabilität	Bezug zur Maßnahmenplanung	Abgrenzbarkeit und Zugänglichkeit von Marktsegmenten mit geringem Marktwiderstand	Wirtschaftlichkeit	Ermittlung und Auswahl von Marktwiderstandsindikatoren	Messung der Ausprägung der Indikatoren durch Skalen	Verknüpfung der Indikatoren zu einem eindimensionalen Marktwiderstandsindex
Markteintrittsbarrieren als Marktwiderstand	Erfassung lediglich einer Planungsebene	wegen mangelndem Situationsbezug nicht beurteilbar	keine Auseinandersetzung mit dem Problem der Zeitstabilität	in globaler Form gegeben	keine Berücksichtigung von Segmentierungsüberlegungen innerhalb des Marktwiderstandskonzepts	keine Auseinandersetzung mit dem Wirtschaftlichkeitsproblem	lediglich Systematisierung globaler Indikatorengruppen	keine Auseinandersetzung mit dem Problem der empirischen Messung	keine Auseinandersetzung mit den Möglichkeiten der Zusammenfassung relevanter Marktwiderstandsindikatoren zu einem Indexwert
Diffusions- und konkurrenzbezogener Ansatz der Marktwiderstandsanalyse		wegen mangelndem Situationsbezug nicht beurteilbar	wegen mangelndem Situationsbezug nicht beurteilbar dem Problem der Zeitstabilität	in globaler Form gegeben			lediglich beispielhafte Aufzählung potentiell relevanter Indikatoren		
Produktnachteilsbezogener Ansatz der Marktwiderstandsanalyse		Relevanz f. innovative Investitionsgüter; teilweise f.d. Textverarbeitungsmarkt		in hohem Maße gegeben			umfassende Systematisierung u.Diskussion von Indikatoren; zudem empirische Validierung		
Benutzerakzeptanz als Marktwiderstand		Relevanz f. technologische Innovationen; teilweise f.d.Textverarbeitungsmarkt		in relativ hohem Maße gegeben			umfangreiche theoretische Auseinandersetzung mit Ursachen/Indikatoren d. Benutzerakzeptanz		

Tab. 3: Beurteilung zentraler Marktwiderstandskonzepte anhand materieller und formeller Anforderungen

spezifisch zu beurteilen. Wegen der mangelnden Konkretisierung der Situationsbedingungen sind Bewertungen in Bezug auf das Konzept der Markteintrittsbarrieren sowie des
diffusions- und konkurrenzbezogenen Ansatzes der Marktwiderstandsanalyse nicht möglich. Demgegenüber beinhalten
der produktvorteilsbezogene Ansatz der Marktwiderstandsanalyse sowie das Konzept der Benutzerakzeptanz relevante
Widerstandsindikatoren für die Situationsbedingungen innovativer Investitionsgüter. Es kann davon ausgegangen werden, daß die berücksichtigten Indikatoren zumindest teilweise auch im Textverarbeitungsmarkt Relevanz besitzen.

Eine ähnliche Beurteilung der Konzepte ergibt sich auch
im Hinblick auf das Bewertungskriterium "Bezug zur Maßnahmenplanung". Angesichts der intensiven Auseinandersetzung
mit dem Problembereich der Benutzerakzeptanz liegen
konkrete Marktbearbeitungsempfehlungen für einzelne Ak-
zeptanzprobleme vor. Einen starken Bezug zur Maßnahmenplanung weist auch der produktnachteilsbezogene Ansatz der
Marktwiderstandsanalyse auf. Allerdings müssen beide Marktwiderstandskonzepte als relativ eng angesehen werden. Die
Analyse konzentriert sich primär auf diejenigen Markthemmnisse, die von den potentiellen Abnehmern bzw. Anwendern eines innovativen Investitionsgutes ausgehen.

Eine Beurteilung von Marktwiderstandskonzepten unter dem
Aspekt der Zeitstabilität ist in der Literatur bislang noch
nicht vorgenommen worden. Da zudem der Marktwiderstand in
den vorliegenden Konzepten nicht für Zwecke der Marktsegmentierung herangezogen wurde, lassen sich über die Abgrenzbarkeit und Zugänglichkeit von Segmenten mit geringem
Marktwiderstand keine Aussagen treffen. Eine Auseinandersetzung mit dem Aspekt der Wirtschaftlichkeit von Marktwiderstandsanalysen ist bislang ebenfalls nicht erfolgt.

Im Hinblick auf die formellen Anforderungen an eine
Operationalisierung des Marktwiderstands konzentrieren sich

die vorliegenden Untersuchungen ausschließlich auf eine
Ermittlung und Systematisierung von Marktwiderstandsindikatoren. Besonders hervorzuheben ist dabei der produktvorteilsbezogene Ansatz der Marktwiderstandsanalyse von
Pfeiffer und Bischof. Neben einer systematischen theoretischen Auseinandersetzung mit einer Vielzahl von Marktwiderstandsindikatoren belegen die Autoren die Bedeutung
der verwendeten Einflußfaktoren an empirischen Beispielen.
Allerdings wird auch in diesem Marktwiderstandskonzept
dem Problem der Messung des Marktwiderstands durch Skalen
keine hinreichende Bedeutung beigemessen.

Zusammenfassend ist festzustellen, daß die vorliegenden
Marktwiderstandskonzepte vor allem wichtige Hinweise für
die Auswahl von Indikatoren liefern, mit denen der Marktwiderstand auf der Gesamtmarktebene sowie der Zielgruppenebene
erfaßt werden kann. Daneben enthalten die vorliegenden Untersuchungen einige grundlegende Überlegungen, die in dem
im folgenden zu operationalisierenden Marktwiderstandskonzept für Marktwahl- und Marktbearbeitungsentscheidungen
im Textverarbeitungsmarkt zu berücksichtigen sind.

3. Mehrstufiges Konzept zur Messung des Marktwiderstands

3.1 Charakterisierung der Subkonzepte

Bei der Konzipierung des mehrere Planungsebenen umfassenden
Marktwiderstandskonzepts muß der unterschiedliche Aggregationsgrad der einbezogenen strategischen und taktischen
Planungsaufgaben berücksichtigt werden. Während auf der
strategischen Planungsebene vornehmlich global gefaßte,
d.h. sachlich und zeitlich sehr umfassende und wenig de-
tailliert definierte Marktvariablen (Globalvariablen) verwendet werden, erfordert die taktische Marketingplanung die
Verfügbarkeit detaillierter Informationen über das Ver-

halten der zentralen Marktteilnehmer (Detailvariablen).[1]
Es erscheint daher zweckmäßig, diesem Tatbestand durch eine
mehrstufige Vorgehensweise sowie durch eine definitorische
Differenzierung des Marktwiderstandsbegriffs Rechnung
zu tragen.

Ausgehend von den zu untersuchenden Problemstellungen der
Marketingplanung im Textverarbeitungsmarkt und unter Heranziehung der Objektdimension des Marktwiderstands (wogegen
wird Widerstand entwickelt?) kann zwischen den Subkonzepten
des

- Markteintrittswiderstands (Widerstand gegen den erfolgreichen Markteintritt eines Newcomers in den Textverarbeitungsmarkt),

- Segmentwiderstands (Widerstand gegen eine erfolgreiche
  Bearbeitung bestimmter Segmente des Textverarbeitungsmarktes) und des

- Kaufwiderstands (Widerstand gegen den Kauf eines speziellen Textverarbeitungsproduktes eines bestimmten
  Anbieters)

unterschieden werden. Bei der Abgrenzung dieser Subkonzepte des Marktwiderstands ist darüber hinaus im einzelnen
festzulegen, wie die übrigen Widerstandsdimensionen jeweils
zu präzisieren sind.

Dazu ist es zunächst erforderlich, die Subjektdimension
des Marktwiderstands einer eingehenderen Untersuchung zu
unterziehen. Bei der Beantwortung der Frage, von wem Widerstände ausgehen können, empfiehlt es sich, von einer

---

1 Vgl. dazu Koch, H., Aufbau der Unternehmensplanung,
  Wiesbaden 1977, S. 42.

Analyse der Transaktionsbeziehungen zwischen der betrachteten Unternehmung und ihren Umweltbeziehungen auszugehen.

Differenziert man zwischen der Makroumwelt (mit ihrer
ökonomischen, technologischen, rechtlichen sowie gesell-
schaftlich-politischen Subumwelt) und der Aufgabenumwelt
einer Unternehmung[1] und folgt der Argumentation, daß neben
den von den Abnehmern, Konkurrenten sowie dem Handel direkt
ausgehenden Widerständen Faktoren der Makroumwelt wie ge-
samtwirtschaftliche Entwicklung (z.B. Rezession) oder
wachsende Technologiefeindlichkeit der Gesellschaft
weitere Ursachen des Marktwiderstands darstellen, die im
Rahmen der Aufgabenumwelt wirksam werden, läßt sich bezüglich der Subjektdimension eine Unterscheidung zwischen

- den Abnehmern,
- den Konkurrenten,
- dem Handel sowie
- sonstigen Marktbeeinflussern (z.B. Staat, Testin-
  stitute, Gewerkschaften)

als Verursacher von Widerständen vornehmen.

Eine Entscheidung darüber, welche Typen von Marktteilnehmern in dem jeweiligen Subkonzept des Marktwiderstands zu
berücksichtigen sind, ist im wesentlichen von der
jeweiligen Planungsaufgabe im Textverarbeitungsmarkt abhängig. Dies gilt auch bezüglich der Spezifizierung der Ur-
sachen-, Intensitäts- und Wirkungsdimension des Marktwi-

---

1 Vgl. Meffert, H., Marketing, a.a.O., S. 46 f.; Raffée,
  H., Marketing und Umwelt, Stuttgart 1979, S. 3 ff.;
  Dunst, K.H., Portfolio Management, Konzeption für die
  strategische Unternehmensplanung, Berlin, New York,
  1979, S. 21 ff.; Kreikebaum, H., Strategische Unternehmensplanung, Stuttgart u.a. 1981, S. 29 ff..

derstands[1]. Im folgenden sind daher die einzelnen Subkonzepte des Marktwiderstands anhand dieser Dimensionen näher
zu präzisieren. Dabei ist auf die zugrundegelegten materiellen[2] und formellen Anforderungen Bezug zu nehmen.

3.11 Markteintrittswiderstand

Der Markteintrittswiderstand kann definiert werden als Gesamtheit hemmender Einflußfaktoren, die es einer Unternehmung erschweren bzw. unmöglich machen, Mitglied in einem
für sie relevanten Markt zu werden[3]. Entsprechend der
Orientierung an gesamtmarktbezogenen Fragestellungen ist
es dabei notwendig und zweckmäßig, die Ursachen des Eintrittswiderstands in den Textverarbeitungsmarkt (Ursachendimension), die von sämtlichen Marktteilnehmern (Subjektdimension) ausgehen, in hochaggregierter Form zu erfassen.
Dabei soll das Konzept der "barriers to entry" aufgegriffen und weiterentwickelt werden, wobei die in der Literatur diskutierten Markteintrittsbarrieren als Indikatoren des
Markteintrittswiderstands interpretiert werden.

---

1 Die Zeitdimension des Marktwiderstands soll zunächst
  ausgeklammert werden. Eine Diskussion dynamischer Aspekte des Marktwiderstands erfolgt in Kapitel E, S. 246 ff.
  dieser Arbeit.

2 Eine Beurteilung des Marktwiderstandskonzepts anhand
  wichtiger materieller Anforderungen (Zeitstabilität, Bezug zur Maßnahmenplanung, Abgrenzbarkeit und Zugänglichkeit von Marktsegmenten mit geringem Marktwiderstand
  sowie Wirtschaftlichkeit) ist im wesentlichen erst nach
  einer konkreten Anwendung der Subkonzepte im Rahmen der
  ausgewählten Marktwahl- und Marktbearbeitungsentscheidungen im Textverarbeitungsmarkt möglich. Auf diese Anforderungen ist daher erst an späterer Stelle dieser Arbeit einzugehen.

3 Vgl. Wolf, H.D., a.a.O., S. 36.

Bei der Auswahl von Indikatoren des Markteintrittswiderstands sowie der Erfassung deren Skalenausprägungen (In-
tensitätsdimension) sollte soweit möglich auf objektive
Methoden der empirischen Marktforschung (Sekundär- und/
oder Primärerhebungen)[1] zurückgegriffen werden. Aufgrund
des hohen Globalitätsgrades der benötigten Planungsinforma-
tionen sowie angesichts der vornehmlich an taktischen
Marketingproblemen ausgerichteten Marktforschung sind jedoch im Bereich der strategischen Planung bislang kaum
leistungsfähige Informationsgewinnungs- und -auswertungs-
verfahren verfügbar. Die Auswahl und Messung von Indikatoren des Eintrittswiderstands in den Textverarbeitungsmarkt muß deshalb weitgehend auf der Grundlage "des intui-
tiven und somit analytisch nicht begründbaren Wissens"[2]
des Managements erfolgen.

3.12 Segmentwiderstand

Der Segmentwiderstand kennzeichnet die Gesamtheit hemmender
Einflußfaktoren, die eine erfolgreiche Bearbeitung eines
Marktsegments (bzw. Teilmarkts) erschweren bzw. unmöglich
machen[3]. In Bezug auf die Subjektdimension des Marktwider-

---

1 Vgl. dazu z.B. Meffert, H., Marketing, a.a.O., S. 157 ff.;
  Berekoven, L., Eckert, W., Ellenrieder, P., Marktforschung,
  Wiesbaden 1977, S. 43 ff..

2 Roventa, P., Müller, G., a.a.O., S. 231.

3 Wegen bestehender Überschneidungen ist eine Abgrenzung
  des Segmentwiderstands zur Marktattraktivität vorzunehmen. Der Begriff Marktattraktivität kennzeichnet das Potential, das einem Markt bzw. Marktsegment zur Zukunftssicherung einer Unternehmung beigemessen werden kann und
  umfaßt alle diejenigen externen Faktoren, die auf dessen
  Erfolgspotential positiv oder negativ einwirken. Vgl.
  Lange, B., a.a.O., S. 27. Entsprechend der vorliegenden
  Zielsetzung, die hemmenden Einflußfaktoren einer erfolgreichen Markttätigkeit zu analysieren, konzentriert sich
  die Analyse des Segmentwiderstands auf einen Teilbereich
  der Marktattraktivitätsanalyse. Der Segmentwiderstand
  unterscheidet sich von der Marktattraktivität im wesentlichen dadurch, daß lediglich absatzmarktbezogene Risiken und Mißerfolgsgefahren zum Ausdruck bringende und
  damit negativ auf die Marktattraktivität einwirkende
  Einflußfaktoren erfaßt werden. (Fortsetzung S.5o)

- 5o -

stands kommt im Textverarbeitungsmarkt den Abnehmern sowie
der Konkurrenz die größte Bedeutung zu. Aufgrund starker
Hemmnisse im Abnehmerverhalten wird die Erschließung des
Potentials einzelner Teilmärkte mit einem hohen Aufwand
verbunden sein. Daneben behindert eine hohe Konkurrenzin-
tensität die Erzielung einer starken Segmentposition.

Auf eine Einbeziehung handelsbedingter Hemmnisse soll im
Rahmen der Operationalisierung des Segmentwiderstands im
Textverarbeitungsmarkt verzichtet werden. Es wird davon
ausgegangen, daß die Wahl der Distributionsstrategie eines
Herstellers erst nach der Festlegung der Geschäftsfeldaktivitäten, d.h. nach der Auswahl zu bearbeitender Segmente des Textverarbeitungsmarktes erfolgt. Berücksichtigt
man zudem, daß der Handel in vielen Teilmärkten der Textverarbeitung (vor allem Mehrplatz-Textsysteme sowie Textverarbeitungs-Softwarepakete für EDV-Anlagen) eine im Vergleich zu direkten Vertriebsstrategien relativ geringe Bedeutung einnimmt, erscheint eine Vernachlässigung handelsbedingter Segmentwiderstandsursachen gerechtfertigt.

Entsprechend dem Relevanzkriterium kann im Textverarbeitungsmarkt ebenfalls auf eine explizite Berücksichtigung
segmentspezifischer Hemmnisse verzichtet werden, die aus
dem Verhalten sonstiger Marktbeeinflusser resultieren. Es
kann unterstellt werden, daß sich derartige Segmentwiderstandsursachen (z.B. gewerkschaftliche Einflüsse) im
Verhalten der Abnehmer widerspiegeln. Ihre Erfassung soll
daher in den abnehmerbedingten Indikatoren des Segmentwiderstands erfolgen.

Fortsetzung Fußnote 3 S. 49

Das Konzept der Marktattraktivität findet i.d.R. auf der
Teilmarktebene Verwendung. Interpretiert man die Marktattraktivität im Sinne einer Gesamtmarktattraktivität (z.B.
Attraktivität des Textverarbeitungsmarktes), läßt sich
auch der Markteintrittswiderstand als Indikator der Marktattraktivität ansehen. Vgl. dazu Rupp, M., Produkt/Markt-
Strategien, Zürich 1980, S. 151 f..

Die Ermittlung und Auswahl der Indikatoren des Segmentwiderstands wird wesentlich von dem relativ hohen Aggregationsgrad beeinflußt, der der Analyse von Teilmärkten
der Textverarbeitung zugrundeliegt. Die Ursachen des Segmentwiderstands lassen sich daher nur anhand relativ globaler Indikatoren erfassen. Detaillierte Fragen bezüglich
des Abnehmerverhaltens können dabei ebensowenig berücksichtigt werden wie Besonderheiten der Segmentbearbeitungs-
strategie einzelner Konkurrenten. Vielmehr gilt es, die
Ursachen des Segmentwiderstands auf der Basis subjektiven
Marktwissens sowie verfügbarer Sekundärinformationen in
relativ grober Form im Rahmen von Segmentdurchschnittsbe-
trachtungen[1] abzuschätzen.

Die Verwendung von Segmentwiderstandsinformationen als Be-
wertungs- und Auswahlkriterium für die verschiedenen Teilmärkte bzw. Segmente der Textverarbeitung wird erheblich
erleichtert, wenn die einzelnen Indikatoren zu einem eindimensionalen Indexwert des Segmentwiderstands verknüpft
werden. Um eine solche Informationsverdichtung zu erreichen, sollen die heuristischen Verknüpfungstechniken des
Polaritätenprofils sowie des Punktbewertungsverfahrens
Verwendung finden[2].

3.13 Kaufwiderstand

Der Kaufwiderstand kann definiert werden als Gesamtheit
hemmender Einflußfaktoren, die den Absatz eines bestimmten

---

1 Steffenhagen spricht in diesem Zusammenhang von Makrodaten.
Während bei Makrodaten ein Personenaggregat hinsichtlich
der Subjektdimension des Marktwiderstands nicht näher aufgeschlüsselt wird, stellen Mikrodaten Informationen dar,
die für jeden individuellen Abnehmer oder Konkurrenten verfügbar sind. Vgl. Steffenhagen, H., Wirkungen absatzpolitischer Instrumente. Theorie und Messung der Marktreaktion, Stuttgart 1978, S. 26 (im folgenden zitiert als:
Steffenhagen, H., Wirkungen).
2 Vgl. zur Verwendung dieser Verfahren im Rahmen der Marktattraktivitätsanalyse z.B. Müller, G., Roventa, P.,
Lückerath, Th., a.a.O., S. 1o8 ff..

Herstellerproduktes negativ beeinflussen[1]. Im Rahmen der
Verwendung des Kaufwiderstands als Segmentbildungs- und
-auswahlkriterium erweist es sich als zweckmäßig,
dieses Subkonzept des Marktwiderstands analytisch in einen
diffusionsbedingten Produktwiderstand sowie einen durch die
Marktpräsenz der Konkurrenz bedingten Herstellerwiderstand
zu zerlegen. Bei Konzentration auf die Abnehmer (Sub-

---

1 Der Begriff des Kaufwiderstands ist damit weitgehend
  identisch mit dem Marktwiderstandsbegriff von Pfeiffer
  und Bischof und weist Parallelen zu den Begriffskonzepten der Akzeptanz und der Kaufwahrscheinlichkeit auf.

  Der in der Literatur vielfach nur sehr unscharf abgegrenzte Akzeptanzbegriff kennzeichnet das Ausmaß, in dem Neuerungen tatsächlich angenommen werden und ist damit wiederum gleichzusetzen mit dem Adoptionsbegriff. Indem
  Müller und Schienstock die Akzeptanz nach der Aufnahme-
  bereitschaft bzw. dem Widerstand beurteilen, der bei der
  Durchsetzung einer Innovation auftritt, wird der Bezug
  zur Definition des Kaufwiderstands deutlich. Hohe Akzeptanz drückt sich somit in einem geringen Kaufwiderstand aus, so daß zwischen den beiden Begriffen eine
  inverse Beziehung zu vermuten ist. Vgl. zu einer detaillierten Analyse des Akzeptanzbegriffs vor allem
  Schönecker, H.G., Bedienerakzeptanz, a.a.O., S. 82 ff. sowie auch Müller, V., Schienstock, G., a.a.O., S. 28;
  Meffert, H., Die Durchsetzung von Innovationen in der Unternehmung und im Markt, in: ZfB, 46. Jg., Nr. 2,
  1976, S. 77 f. und S. 93 (im folgenden zitiert als:
  Meffert, H., Durchsetzung); Bebié, A., Käuferverhalten
  und Marketingentscheidung, Wiesbaden 1978, S. 322 f. und
  S. 350 ff.; Middelhoff, Th., Walters, M., Akzeptanz neuer
  Medien - eine empirische Analyse aus Unternehmersicht,
  Arbeitspapier Nr. 27 des Instituts für Marketing der
  Universität Münster, Hrsg.: Meffert, H., Münster 1981,
  S. 2 ff..

  Eine weitere Begriffsabgrenzung des Kaufwiderstands ist
  schließlich zur Kaufwahrscheinlichkeit vorzunehmen.
  Geht man davon aus, daß sich ein hoher Kaufwiderstand in
  einer geringen Kaufwahrscheinlichkeit widerspiegelt,
  kann auch hier eine inverse Beziehung unterstellt werden.
  Vgl. zu einer umfassenden Zusammenstellung und kritischen
  Würdigung von Kaufwahrscheinlichkeitsmodellen Meffert,
  H., Dahlhoff, H.D., Kollektive Kaufentscheidungen und
  Kaufwahrscheinlichkeiten, G+J Schriftenreihe, Bd. 27,
  Hrsg.: Gruner + Jahr AG & Co, Hamburg 1980, S. 139 ff..

jektdimension des Widerstands) weisen Produkt- und Herstellerwiderstand damit einen unterschiedlichen Objekt-
bezug auf.

Der Produktwiderstand bezieht sich auf die Produktwahlent-
scheidung (z.B. Kauf/Nichtkauf einer elektronischen Speicherschreibmaschine) und wird definiert als Gesamtheit
hemmender Einflußfaktoren auf die Bereitschaft der einzelnen Abnehmer, ein neuartiges Produkt zu adoptieren. Demgegenüber bezieht sich der Herstellerwiderstand auf die
Auswahl eines bestimmten Herstellers zur Lieferung des
infragestehenden Investitionsgutes (z.B. Kauf/Nichtkauf einer
elektronischen Speicherschreibmaschine der Firma IBM)
und kennzeichnet die Gesamtheit hemmender Einflußfaktoren
auf den Kauf eines spezifischen Herstellerproduktes,
wenn die Entscheidung über die generelle Produktbeschaffung (Adoption) positiv ausgefallen ist.

Diese Zerlegung des Abnehmer-Entscheidungsproblems dient
primär analytischen Zwecken und kennzeichnet nicht notwendigerweise eine Zweistufigkeit im Ablauf realer Entscheidungsprozesse beim Kauf von Textverarbeitungsprodukten[1].
Die Trennung von Produkt- und Herstellerwiderstand erfolgt
damit nicht im Sinne einer Erklärung der zeitlichen Ab-
folge des Auftretens der beiden Widerstandstypen, sondern
dient lediglich der sachlogischen Beschreibung von Teil-

---

1 So besteht beispielsweise durchaus die Möglichkeit, daß
  ein Textverarbeitungsprodukt von einer Unternehmung gekauft wird, weil es von einem bestimmten, als leistungs-
  fähig und vertrauenswürdig bekannten Hersteller angeboten
  wird (simultane Entscheidung über Produkt- und Herstellerwahl). Andererseits kann auf die Realisierung einer
  bestehenden Kaufabsicht bezüglich eines bestimmten Textverarbeitungsproduktes verzichtet werden, weil keiner
  der infragekommenden Anbieter den an die gewünschte
  Problemlösung gestellten Anforderungen gerecht werden
  kann.

problemen des Entscheidungsprozesses der Abnehmer[1]. Sie
findet ihre Rechtfertigung in der Zielsetzung, Ursachen
kaufhemmender Faktoren potentieller Abnehmer zu differenzieren und zu systematisieren.

Der geringe Ausschöpfungsgrad des Marktpotentials der
Textverarbeitung sowie die Definition des Kaufwiderstands
(insbesondere des Produktwiderstands) lassen eine Beschränkung auf den Bereich des Erstkaufwiderstands sinnvoll erscheinen. Damit werden der durch Zusatzbedarf oder Er-
satzbedarf ausgelöste Folgekaufwiderstand und dessen Ursachen (z.B. Verfügbarkeit leistungsfähigerer Substitutionsprodukte, Unzufriedenheit der Abnehmer mit der Leistungsfähigkeit des vom betrachteten Hersteller gelieferten Produktes) explizit ausgeklammert.

Die Ermittlung und Auswahl von Indikatoren des Kaufwiderstands soll auf der Basis detaillierter Abnehmerana-
lysen erfolgen. Dazu sind disaggregierte, individuelle
Daten (Mikrodaten) über das textverarbeitungsspezifische
Investitionsverhalten der potentiellen Abnehmer notwendig, die mit Hilfe von Befragungen zu gewinnen sind. Die
Heranziehung des Instruments der Abnehmerbefragung weist
den Vorteil auf, daß neben objektiv bestehenden Kaufwiderstandsursachen auch von einzelnen Abnehmern subjektiv
wahrgenommene Kaufhemmnisse berücksichtigt werden können.
Dieser Vorteil erweist sich für die Operationalisierung
des Herstellerwiderstands als besonders bedeutsam.
Während bei der Messung des Segmentwiderstands der Kon-
kurrenzeinfluß (Größe, Marktanteil, Strategien der Konkurrenz) in aggregierter Form direkt erfaßt werden muß, kann
bei der Erhebung des Herstellerwiderstands eine indirekte
Berücksichtigung des Wettbewerbseinflusses durch Indikatoren
des Bewertungsverhaltens der einzelnen Abnehmer erfolgen.

---

1 Vgl. zu dieser Argumentation auch Witte, E., Phasen-Theo -
  rem und Organisation komplexer Entscheidungsverläufe, in:
  ZfbF, 1968, S. 625 ff..

- 55 -

Im Rahmen einer theoriegestützten Operationalisierung
des Kaufwiderstands und seiner Subkonzepte im Textverarbeitungsmarkt ist es sinnvoll, bei der Auswahl von
Indikatoren bestehende Forschungsansätze der Marketingtheorie zu berücksichtigen. Während zur Operationalisierung des Produktwiderstands vor allem Erkenntnisse der Adoptionsforschung von Bedeutung sind[1],
ist bei der Operationalisierung des Herstellerwiderstands
insbesondere auf Erkenntnisse der Einstellungsforschung
zurückzugreifen[2] (Abbildung 3).

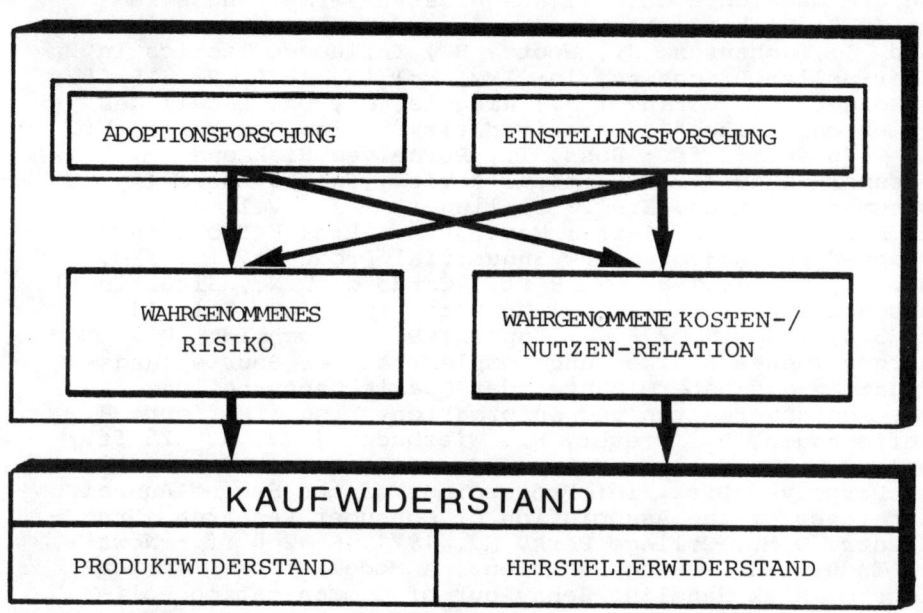

Abb. 3 : Theorieansätze im Rahmen der Operationalisierung
des Kaufwiderstands

1 Einen zusammenfassenden Überblick über die Adoptionsfor-
schung gibt Rodgers, E.M., New Product Adoption and
Diffusion, a.a.O., S. 29o ff.; vgl. dazu auch Fußnote 1,
S. 38 dieser Arbeit.

2 Vgl. zur Einstellungsforschung z.B. Trommsdorff, V., Die
Messung von Produktimages für das Marketing, Köln u.a.,
1975; Meffert, H., Marketing, a.a.O., S. 121 ff.; Kook,
W., Einstellungen zur Universität, Frankfurt, Bern, Cirencester 1981; Andritzky, K., a.a.O., S. 21o ff.; Zinser,
W., Der Absatz von Investitionsgütern. Ein Beitrag zur
Bestimmung von Marktsegmenten mit Hilfe von Einstellungs-
daten, Berlin 1978; Schmidt-Bräkling, R., Zielgruppenbestimmung mit Hilfe von Einstellungsskalen. Ein Beitrag zur Marktsegmentierung, Diss. Münster 1973.

Entsprechend den zentralen Ergebnissen der Adoptionsfor-
schung stellen der relative Vorteil bzw. die Kosten-/Nutzen-
Relation eines neuartigen Produkts sowie das wahrgenommene
Risiko des Produktkaufs[1], d.h. die "subjektiv eingeschätzte
Wahrscheinlichkeit, daß der Kauf des Neuproduktes zu einem
relativen Verlust in der Zielerreichung des Unternehmens
oder einzelner seiner Teilbereiche führt"[2] die wichtigsten
Bewertungsmaßstäbe einer Investitionsentscheidung dar[3].

---

1 Vgl. zum wahrgenommenen Risiko einer Kaufentscheidung
  und dem dadurch eventuell ausgelösten Vermeidungsstre-
  ben (z.B. Nichtadoption einer Innovation) insbes. Håkann-
  sson, H., Johanson, J., Wootz, B., Influence Tactics in
  Buyer-Seller Processes, in: IMM, Vol. 5, 1976, S. 319 ff.;
  Schweiger, G., Mazanec, J., Wiegele, O., Das Modell des
  "erlebten Risikos" ("perceived risk"), in: Der Markt, Nr.
  6o, 1976, S. 93 ff.; Ross, I., Perceived Risk and
  Consumer Behavior. A Critical Review, in: Advances in
  Consumer Research, Hrsg.: Schlinger, M.J., Vol. 2,
  Ann Arbor 1975, S. 1 ff.; More, R.A., Risk Factors in
  Accepted and Rejected New Industrial Products, in: IMM,
  Vol. 11, Nr. 1, 1982, S. 9 ff.; Cardozo, R.N., Situational
  Segmentation of Industrial Markets, in: EJoM, Vol. 14,
  Nr. 5/6, 198o, S. 273 f.; Kupsch, P., Hufschmidt, P.,
  Wahrgenommenes Risiko und Komplexität der Beurteilungs-
  situation als Determinanten der Qualitätsbeurteilung, in:
  Konsumentenverhalten und Information, Hrsg.: Meffert, H.,
  Steffenhagen, H., Freter, H., Wiesbaden 1979, S. 225 ff.;
  Copley, T.P., Callom, F.L., Industrial Search Behavior
  and Perceived Risk, in: Proceedings of the Second Annual
  Conference of the Association of Consumer Research, Hrsg.:
  Gardner, D.M., College Park, Md. 1971, S. 2o8 ff.; Newall,
  J., Industrial Buying Behaviour. A Model of the Implica-
  tions of Risk Handling Behaviour of Communication Poli-
  cies in Industrial Marketing, in: EJoM, Vol. 11 (1977),
  S. 166 ff.; Cunningham, S.M., The Major Dimensions of
  Perceived Risk, in: Risk Taking and Information Hand-
  ling in Consumer Behavior, Hrsg.: Cox, D.F., Boston,
  Mass. 1967, S. 6o4 ff.; Katz, R., Informationsquellen von
  Konsumenten - eine Analyse der Divergenzen zwischen der
  Beurteilung und Nutzung, Schriftenreihe Unternehmensführung und Marketing, Bd. 17, Hrsg.: Meffert, H., Steffen-
  hagen, H., Freter, H., Wiesbaden 1983.

2 Steffenhagen, H., Adoptionsprozesse, a.a.O., S. 114.

3 Vgl. dazu ebenda, S. 113; Pfeiffer, S., Die Akzeptanz von
  Neuprodukten im Handel, Schriftenreihe Unternehmensfüh-
  rung und Marketing, Bd. 14, Hrsg.: Meffert, H., Steffen-
  hagen, H., Freter, H., Wiesbaden 1981, S. 149; Pfeiffer,
  W., Bischof, P., Produkt-Marktzyklen, a.a.O., S. 226 f.;
  Lutschewitz, H., Kutschker, M., a.a.O., S. 16 und S. 122.

- 57 -

Unterstellt man, daß Kosten /Nutzen-Aspekte sowie eine
weitgehende Vermeidung von Investitionsrisiken auch die
Herstellerwahlentscheidung beim Kauf eines spezifischen
Textverarbeitungsproduktes weitgehend determinieren[1],
lassen sich diese zentralen Beurteilungsmaßstäbe zur Ermittlung und Auswahl relevanter Kaufwiderstandsindikatoren
im Textverarbeitungsmarkt heranziehen.

Die Relevanz von Indikatoren des Herstellerwiderstands
leitet sich des weiteren aus den von den potentiellen
Abnehmern verwendeten Entscheidungskriterien ab. Folgt
man der Argumentation, daß zwischen dem Konzept der Entscheidungskriterien und dem Einstellungs- bzw. Imagekon-
strukt ein enger Zusammenhang besteht[2], liefert die Einstellungsforschung ebenfalls eine wertvolle theoretische
Grundlage zur Ermittlung von Widerstandsindikatoren. Aus
der Perspektive der Einstellungsforschung kann der von
einem individuellen Abnehmer ausgehende Herstellerwiderstand als Ergebnis der relativen Beurteilung eines spezifischen Herstellerangebots (z.B. elektronische Speicherschreibmaschinen der Firma IBM) im Vergleich zu Konkurrenzangeboten (z.B. elektronische Speicherschreibmaschinen
der Firmen Olivetti, Olympia oder Triumph-Adler) angesehen werden.

---

1 Das mit der Herstellerwahl verbundene Risiko wird dabei
vielfach unter den Aspekten "Vertrauen in den Hersteller"
oder "Seriösität des Herstellers" diskutiert. Vgl.
dazu z.B. Huppertsberg, B., Kirsch, W., Beschaffungsentscheidungen auf Investitionsgütermärkten. Kriterien
der Auswahlentscheidung beim Kauf von Investitionsgütern, München 1977, S. 94 ff..

2 So kommen z.B. Engel, Kollat, Blackwell zu dem Ergebnis,
daß "from a research point of view, evaluative criteria
provide the dimensions for measurement of attitude".
Engel, J.F., Kollat, D.T., Blackwell, R.D., Consumer Behavior, 2. Aufl., New York 1973, S. 248; siehe zum Konzept der Entscheidungskriterien Gröne, A., a.a.O.,
S. 153 ff.; Huppertsberg, B., Kirsch, W., a.a.O., S.
54 ff. sowie die dort jeweils angegebene Literatur.

Angesichts der nicht mehr überschaubaren Vielfalt bislang
untersuchter adoptionsfördernder und -hemmender Einflußfaktoren[1] und Entscheidungskriterien erweist sich eine
Beschränkung der Analyse auf wenige zentrale Indikatoren
notwendig. Als Auswahlkriterien für die zu analysierenden
Kaufwiderstandsindikatoren werden vor allem die durch bisher
veröffentlichte empirische Studien bestätigte Verhaltensrelevanz sowie der Aussagewert zur Verbesserung bestehender
Marketingprogramme herangezogen. Die Beurteilung der
Relevanz der ausgewählten Indikatoren im Textverarbeitungsmarkt soll auf der Basis einer empirischen Untersuchung
des Kaufverhaltens (Abnehmerbefragung) bei ausgewählten
Textverarbeitungsprodukten erfolgen[2].

Zur Abgrenzung von Zielgruppen mit geringem Kaufwiderstand werden wiederum die heuristischen Verknüpfungstechniken des Polaritätenprofils sowie des Punktbewertungsverfahrens verwendet. Daneben wird ein Ansatz zur Informationsverdichtung vorgestellt, der auf dem methodischen Instrumentarium der Diskriminanzanalyse basiert.

Tabelle 4 zeigt die vorgenommenen Abgrenzungen und Opera-
tionalisierungsansätze der einzelnen Subkonzepte auf der
Basis der zentralen Fragestellungen des Paradigmas des
Marktwiderstands zusammenfassend auf. Auf der Wirkungsdimension ist dabei beispielhaft angegeben, welche konkreten negativen Auswirkungen von Markteintrittswiderstand,
Segmentwiderstand und Kaufwiderstand im Textverarbeitungsmarkt reduziert bzw. vermieden werden sollen.

---

1 Nach einer Zusammenstellung von Rodgers lagen bereits
  bis zum Jahre 1975 über 2.7oo Publikationen über die
  Adoption und Diffusion von Innovationen vor. Vgl. Rodgers, E.M., New Product Adoption and Diffusion, a.a.O.,
  S. 291.

2 Vgl. zum Design der empirischen Untersuchung den Anhang I, S. 259 ff. dieser Arbeit.

Subkonzept des Marktwiderstands	Betrachtungsebene	Subjektdimension (wer?)	Objektdimension (Wogegen?)	Ursachendimension (Warum?)	Intensitätsdimension (Wie stark?)	Wirkungsdimension (Welche Auswirkungen?)
Markteintrittswiderstand	Gesamtmarkt (Textverarbeitungsmarkt)	Abnehmer Konkurrenz Handel Marktbeeinflusser	erfolgreicher Markteintritt eines neuen Anbieters in den Textverarbeitungsmarkt	Ermittlung und Auswahl von Indikatoren des Markteintrittswiderstands im Textverarbeitungsmarkt	Ermittlung der Ausprägungen der Indikatoren	mangelnde Rentabilität der Bearbeitung des Textverarbeitungsmarktes
Segmentwiderstand	Teilmarkt (Segment des Textverarbeitungsmarktes)	Abnehmer Konkurrenz	erfolgreiche Bearbeitung eines Segmentes des Textverarbeitungsmarktes	Ermittlung und Auswahl von Indikatoren des Segmentwiderstands	Ermittlung der Ausprägungen und Verknüpfungen der Indikatoren	unzureichende Ausschöpfung des Segmentpotentials/ Nichterreichen einer starken Position in einem Segment des Textverarbeitungsmarktes
Kaufwiderstand — Produktwiderstand	Zielgruppe (Abnehmergruppe innerhalb eines Teilmarktes der Textverarbeitung)	Abnehmer	Kauf eines speziellen Textverarbeitungsproduktes	Ermittlung und Auswahl von Indikatoren des Produktwiderstands	Ermittlung der Ausprägungen und Verknüpfungen der Indikatoren	Nichtkauf eines speziellen Textverarbeitungsproduktes
Kaufwiderstand — Herstellerwiderstand		Abnehmer	Kauf des Textverarbeitungsproduktes eines bestimmten Herstellers	Ermittlung und Auswahl von Indikatoren des Herstellerwiderstands	Ermittlung der Ausprägungen und Verknüpfungen der Indikatoren	Nichtkauf des Textverarbeitungsproduktes eines bestimmten Herstellers

Tab. 4: Operationalisierungsgrundlagen eines mehrstufigen Marktwiderstandskonzepts für Marktwahl- und Marktbearbeitungsentscheidungen im Textverarbeitungsmarkt

3.2 Zusammenhang der Subkonzepte

Die vorausgegangenen Überlegungen machen deutlich, daß
das dreistufige Marktwiderstandskonzept dem Grundgedanken
der hierarchischen Unternehmensplanung folgt[1]. Aufgrund
der hierarchischen Ordnung marktbezogener Entscheidungstatbestände ist es möglich, die Marketingplanung in Entscheidungen unterschiedlichen Detaillierungsgrades auf-
zuspalten. Dabei lassen sich die Detailvariablen des
Kaufwiderstands als Spezifikationen entsprechender Globalvariablen des Segment- bzw. des Markteintrittswiderstands interpretieren. Entsprechend stellen Indikatoren
des teilmarktbezogenen Segmentwiderstands Spezifikationen
von Einflußfaktoren des gesamtmarktbezogenen Markteintrittswiderstands dar. Eine Aufspaltung eines Marktwiderstands-
indikators auf der höheren Ebene setzt damit auf der nach-
gelagerten Ebene eine Disaggregation in der Subjekt- und
Ursachendimension des Marktwiderstands voraus[2].

Die unterschiedlichen Problemstrukturen und Entscheidungstatbestände der strategischen und taktischen Marketingplanung erfordern jedoch nicht notwendigerweise eine Zerlegung sämtlicher aggregierter Indikatoren des Marktein-
tritts- und Segmentwiderstands in disaggregierte Einflußfaktoren des Kaufwiderstands. Ob und inwieweit eine Disaggregation notwendig ist, muß jeweils für die konkret zu
untersuchenden Fragestellungen unter besonderer Berücksichtigung des Relevanz- und Wirtschaftlichkeitskriteriums
entschieden werden.

---

1 Vgl. dazu und zum folgenden Koch, H., Integrierte Unternehmensplanung, Wiesbaden 1982; derselbe, Aufbau der Unternehmensplanung, a.a.O., S. 42 f..

2 Wird z.B. der Segmentwiderstandsindikator "Kaufbereitschaft der Abnehmer" global und über sämtliche Abnehmer
  eines Teilmarktes der Textverarbeitung aggregiert erfaßt,
  erfolgt eine Spezifizierung dieses Einflußfaktors im
  Rahmen des Kaufwiderstands durch mehrere detaillierte Indikatoren, die zudem disaggregiert, d.h. für einzelne
  individuelle Abnehmer erhoben werden. Vgl. dazu auch
  Steffenhagen, H., Wirkungen, a.a.O., S. 26 ff..

Abbildung 4 verdeutlicht zusammenfassend die hierarchischen
Beziehungen zwischen den Subkonzepten des Marktwiderstands und kennzeichnet die Zusammenhänge zwischen den zu
untersuchenden Problemstellungen der Marketingplanung im
Textverarbeitungsmarkt und den jeweiligen Marktwiderstands-
typen. Sie zeigt zugleich den weiteren Gang der Untersuchung
auf.

Auf der strategischen Planungsebene ist zunächst zu analysieren, welche Bedeutung dem Markteintrittswiderstand
bei der Frage des Ob (Ja/Nein) und Wie (Festlegung des
Umfangs und Differenzierungsgrads der Marktabdeckung)
beim Eintritt in den Textverarbeitungsmarkt zukommt. An-
schließend soll diskutiert werden, inwieweit der Segmentwiderstand eine Entscheidungshilfe bei der Auswahl einzelner Segmente des Textverarbeitungsmarktes liefern kann,
wenn von einem Newcomer eine positive Vorentscheidung
über den Markteintritt getroffen worden ist bzw. wenn
ein bisheriger Marktanbieter von Textverarbeitungsprodukten den Grad der Marktabdeckung erhöhen oder reduzieren
möchte.

Aus der Sicht eines Anbieters von Textverarbeitungsprodukten ist des weiteren auf der taktischen Planungsebene
zu untersuchen, ob und inwieweit der Kaufwiderstand im
Rahmen der Zielgruppenfeinauswahl in ausgewählten Teilmärkten der Textverarbeitung herangezogen werden kann, um
die Effizienz der Marktbearbeitung bei gegebenem Produktangebot zu erhöhen. Schließlich soll geprüft werden,
inwieweit sich aus den Indikatoren des Kaufwiderstands
Ansatzpunkte zur Verbesserung zielgruppengerichteter Marketingprogramme ableiten lassen.

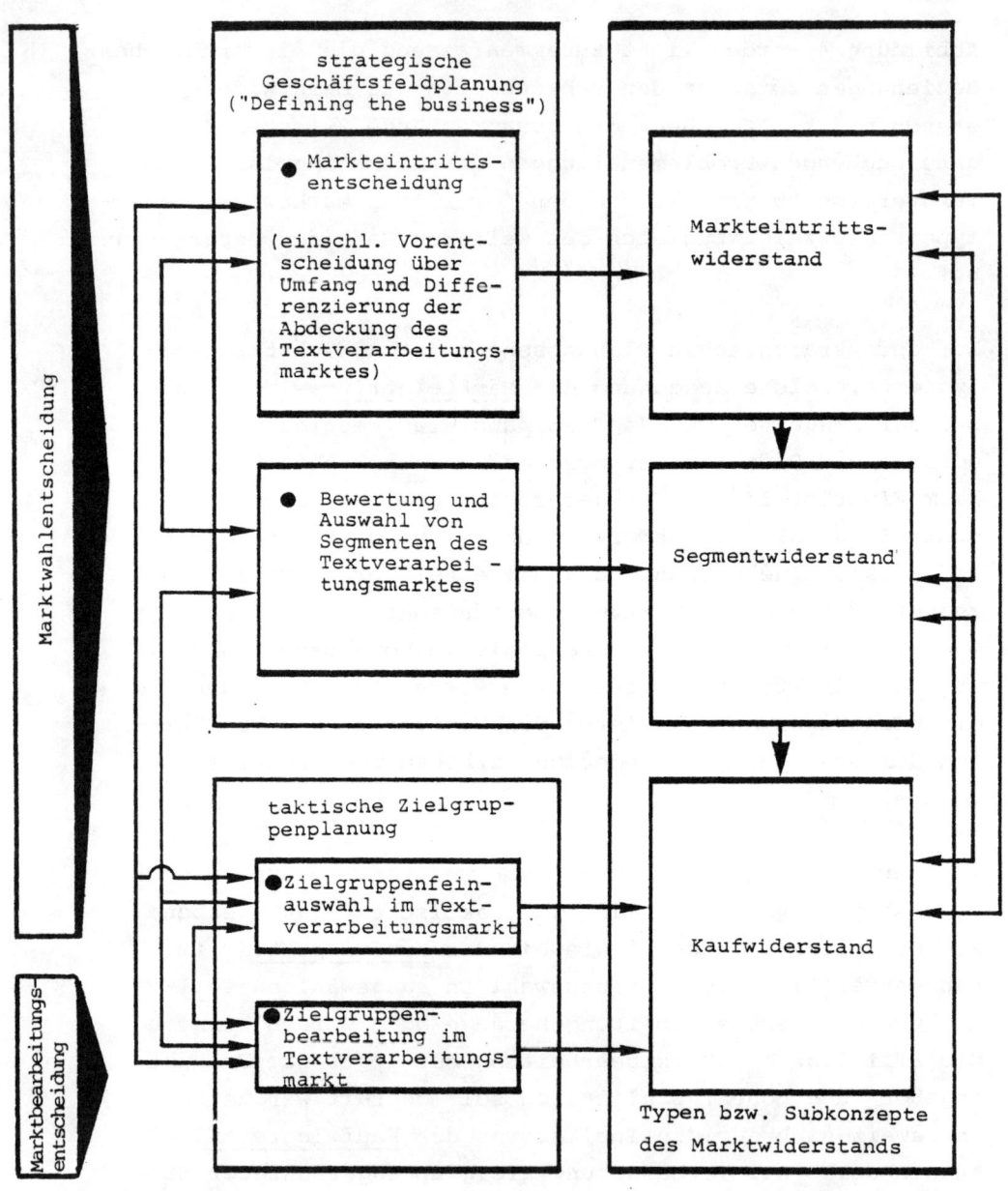

Abb. 4: Analyse von Markteintrittswiderstand, Segmentwiderstand und
        Kaufwiderstand im Rahmen zentraler Fragestellungen der
        Marketingplanung im Textverarbeitungsmarkt

C. Analyse von Marktwiderständen im Rahmen der strategischen Geschäftsfeld- planung im Textverarbeitungsmarkt

1. Geschäftsfeldplanung als Problem der strategischen Marktsegmentierung

Die Untersuchung der Fragestellung, welchen Beitrag die Subkonzepte des Markteintritts- und Segmentwiderstands zur Verbesserung strategischer Marketingentscheidungen im Textverarbeitungsmarkt leisten können, steht in engem Zusammenhang mit dem Problembereich der Geschäftsfeldpla- nung in diesem Markt.

Ausgangspunkt der Geschäftsfeldplanung ist die Überlegung, daß der Textverarbeitungsmarkt mehr Abnehmergruppen und Abnehmerbedürfnisse umfaßt, als eine Unternehmung über- haupt bzw. in überlegener Weise erfüllen kann[1]. Eine explizite Geschäftsfeldwahl schließt daher eine strategische Marktsegmentierung ein, d.h. ein Aufbrechen des Gesamt- marktes in homogene Marktsegmente bzw. Teilmärkte, die sich in ihren abnehmerbezogenen Anforderungen und anderen kritischen Charakteristika, insbesondere der Wettbewerbs- intensität deutlich voneinander unterscheiden[2]. Dabei gilt es, mit Hilfe spezifischer Auswahlverfahren die Unterneh- mensressourcen in die Felder der größten Chancen und re- lativen Wettbewerbsvorteile zu lenken und damit ein mög- lichst geringes Marktwiderstandsniveau zu realisieren.

Geht man davon aus, daß das Marktwiderstandsniveau des Textverarbeitungsmarktes und seiner Teilmärkte wesentlich von den zugrundeliegenden Abgrenzungskriterien abhängig ist, ist der Frage der Bestimmung des für einen Anbieter von Textverarbeitungsprodukten relevanten Marktes und damit der Abgrenzung der einzelnen Segmente der Text-

---

1 Vgl. Kotler, P., a.a.O., S. 82.
2 Vgl. ebenda.

verarbeitung besondere Aufmerksamkeit zu widmen.

Wenngleich in der Literatur weitgehende Übereinstimmung über die zentrale Bedeutung der Geschäftsfeldwahl im Rahmen des strategischen Planungsprozesses besteht[1], wird die Frage, nach welchen Kriterien die Geschäftsfeld-definition erfolgen sollte, sehr unterschiedlich beant-wortet. Es besteht heute jedoch weitgehende Einigkeit da-rüber, daß es aus strategischer Perspektive unzureichend ist, Geschäftsfelder allein durch die Angabe von <u>Produkten</u> zu definieren[2]. Auch eine alleinige Abstellung auf zu bearbeitende Abnehmergruppen[3] ist wenig sinnvoll, da Kun-denselektion und Produktplanung stark interdependent sind und die damit verbundenen Entscheidungen nicht unabhän-gig voneinander getroffen werden können[4].

Demzufolge wird vorgeschlagen, Geschäftsfelder sowohl unter Einbeziehung der Produkt- als auch der Markt- (bzw.

---

1 Vgl. dazu Levitt, Th., Marketing Myopia, in: HBR, July-August 1960, S. 45; Webster, jr., F.E., Industrial Marketing Strategy, a.a.O., S. 73 f.; Cravens, D.W., a.a.O., S. 127; Corey, E.R., a.a.O., S. 121; Abell, D.F., Defining the Business, a.a.O., S. 217.

2 Vgl. Köhler, R., a.a.O., S. 267; Berutz, P., Royston, M., Statt Produkte sind neue Geschäftsgebiete zu finden, in: IO, 46. Jg., Nr. 11, 1977, S. 466 ff.; vgl. zu einem Vorschlag der produktbezogenen Geschäftsfeldabgrenzung jedoch Arbeitskreis "Langfristige Unternehmensplanung" der Schmalenbach Gesellschaft, Strategische Planung, in: Strategische Unternehmensplanung, Hrsg.: Hahn, D., Tay-lor, B., Würzburg, Wien 1980, S. 21 und S. 28.

3 Vgl. dazu Webster, jr., F.E., Industrial Marketing Stra-tegy, a.a.O., S. 73; Corey, E.R., a.a.O., S. 121; Backhaus, K., a.a.O., S. 76.

4 Vgl. Corey, E.R., a.a.O., S. 122; Day, G.S., Shocker, A.D., Srivastava, R.K., Customer-Oriented Approaches to Identifying Product-Markets, in: JoM, Nr. 4, 1979, S. 9.

Abnehmer-) Dimension abzugrenzen. Bei der Suche nach neuen Tätigkeitsfeldern anhand der Produkt-/Markt-Matrix[1] besteht allerdings eine bereits von Th. Levitt im Jahre 196o als "Marketing-Kurzsichtigkeit" (marketing myopia)[2] beschriebene Obsoleszenzgefahr von Marktangeboten, wenn bei der Beschreibung von Geschäftsfeldern durch Produkte und Abnehmergruppen die Technologiedimension vernachlässigt wird. Dieser Dimension kommt angesichts der Entwicklungen im Bereich der Mikroelektronik vor allem auch im Textverarbeitungsmarkt eine zentrale Bedeutung zu[3].

Ein operationaler Vorschlag, die Technologiekomponente im Rahmen der Geschäftsfeldplanung explizit zu berücksichtigen, geht von Abell aus. Dieser schlägt vor, die Geschäftsfelddefinition nicht allein anhand der Angebotsdimension "Produkt" und Nachfragedimension "Markt" vorzunehmen, sondern die drei Dimensionen

---

1 Dieser Lösungsansatz geht auf die klassische Produkt-Markt-Matrix von Ansoff zurück und wurde im wesentlichen von Kotler durch die Einbeziehung von Differenzierungsaspekten weiterentwickelt. Vgl. dazu Ansoff, H.I., Management-Strategie, München 1966, S. 132 ff.; Kotler, P., a.a.O., S. 82 ff..

2 Vgl. Levitt, Th., Marketing Myopia, a.a.O., S. 45 ff..

3 Vgl. Pfeiffer, W., Metze, G., Schneider, W., Amler, R., Technologie - Portfolio zum Management strategischer Zukunftsfelder, Schriftenreihe Innovative Unternehmensführung, Hrsg.: Pfeiffer, W., Bd. 7, Göttingen 1982, S. 13 (im folgenden zitiert als: Pfeiffer, W. u.a., Technologie-Portfolio). So befinden sich u.a. die Olympia-Werke durch ein zu langes Beibehalten der technologisch überholten mechanischen Schreibmaschinenkapazität heute in einer Situation, die das Überleben dieses traditionsreichen deutschen Büromaschinenherstellers erheblich gefährdet. Vgl. dazu Borrmann, W.A., Unternehmensanalyse, in: Praxis der strategischen Unternehmensplanung, Hrsg.: Töpfer, A., Afheldt, H., Frankfurt/M. 1983, S. 214.

- _potentielle Abnehmergruppen_ (customer groups),
- _Abnehmerfunktionen_ (customer functions) und
- _verwendbare Technologien_ (alternative technologies)

getrennt zu berücksichtigen[1].

Aus dieser Perspektive werden "'Märkte' näher nach Nach-
fragesektoren und Merkmalen der bedarfskonstituierenden
Probleme beschrieben, während an die Stelle von 'Produk-
ten' die Angabe des Problembezugs ('Functions') und der
dafür in Frage kommenden Technologien tritt."[2] Beide
Blickwinkel enthalten gleichermaßen den Bedarfs- bzw.
Funktionsaspekt, so daß der Abnehmerfunktionsdimension die
Aufgabe einer Brückenvariablen zukommt.

Abnehmergruppen, Abnehmerfunktionen und Technologien stellen
jedoch lediglich drei "primitive Dimensionen"[3] dar, innerhalb derer die Geschäftsfeldplanung erfolgt. Die konkrete Geschäftsfelddefinition wird zum einen dadurch
präzisiert, daß eine Unternehmung den _Umfang_ (_scope_) der
Funktionen, Technologien und Abnehmergruppen festlegt,
der der Marktbearbeitung zugrundegelegt werden soll. Zum
anderen umfaßt die Geschäftsfeldplanung detaillierte Entscheidungen über den _Differenzierungsgrad der Angebote_
entlang der drei Dimensionen sowie über das Ausmaß der
Differenzierung gegenüber der Konkurrenz[4] und geht damit

---

1 Vgl. Abell, D.F., Defining the Business, a.a.O., S.
  17 ff. u. S. 169 ff.; siehe dazu auch: Abell, D.F.,
  Hammond, J.S., a.a.O., S. 389 ff.; Köhler, R., a.a.O.,
  S. 268 ff.; Hinterhuber, H.H., Wettbewerbsstrategie, a.a.O.,
  S. 4o ff.; Borrmann, W.A., a.a.O., S. 2o7 ff..

2 Köhler, R., a.a.O., S. 268; siehe auch Abell, D.F.,
  Defining the Business, a.a.O., S. 169 f..

3 Vgl. Abell, D.F., Defining the Business, a.a.O.,
  S. 17.

4 Vgl. ebenda, S. 185 ff.; siehe auch dazu Köhler, R.,
  a.a.O., S. 27o.

weit über den relativ engen Bereich der Abnehmersegmentierung hinaus.

Die skizzierten Ansatzpunkte zur Geschäftsfeldplanung befinden sich auf einem hohen Abstraktionsniveau. Es ist
daher zunächst erforderlich, die Anwendbarkeit dieser theoretischen Planungskonzepte für den Bereich der Textverarbeitung zu untersuchen.

2. Geschäftsfeldplanung im Textverarbeitungsmarkt

2.1 Geschäftsfelder als Abnehmer-/Funktions-/Technologie-Kombinationen

2.11 Ansatzpunkte zur Definition dreidimensionaler Geschäftsfelder

Die Suche nach potentiellen Geschäftsfeldern einer Unternehmung erfolgt zunächst durch die Angabe verhältnismäßig
weit definierter Klassen von Abnehmergruppen, Abnehmerfunktionen und Technologien[1]. Für den Textverarbeitungsmarkt läßt sich das Suchfeld beschreiben als ein Problem-
lösungsbereich, in dem Textverarbeitungsfunktionen bei
industriellen Abnehmern auf der Basis der Mikroelektronik
(Technologiedimension) erfüllt werden (Abbildung 5).

Diese grundsätzliche Festlegung des Suchfeldes impliziert
zugleich eine Exklusion anderer Problemlösungsbereiche.
So macht Abbildung 5 deutlich, daß die Bearbeitung priva-
ter Abnehmer (Haushalte) und die Erfüllung anderer Abnehmerfunktionen (z.B. Datenverarbeitung) entweder nicht
Gegenstand der Unternehmenstätigkeit sein soll oder in anderen Geschäftsfeldern der Unternehmung erfolgt bzw. erfolgen soll. Des weiteren werden mechanische und elek-

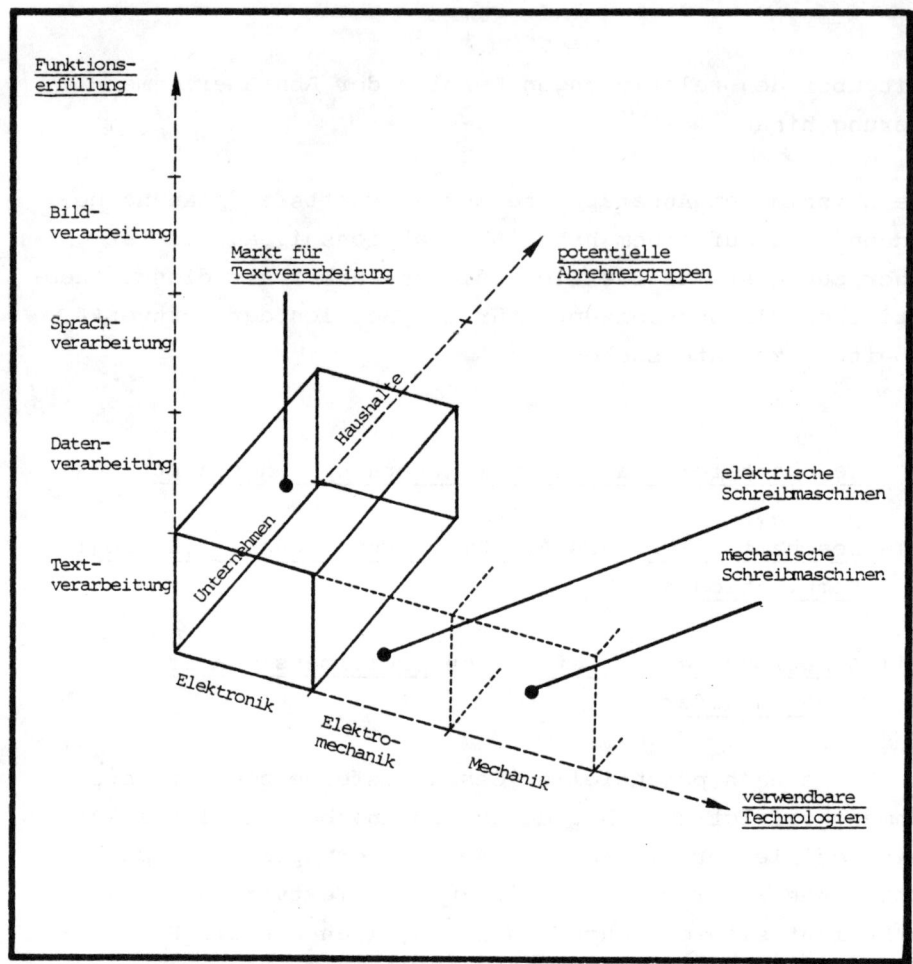

Abb. 5 : Der Markt für Textverarbeitung als Ausgangspunkt
         zur Festlegung eines strategischen Geschäftsfel-
         des anhand der Abnehmer- / Funktions-/ Technolo-
         gie-Dimension

trische Schreibmaschinen als technologische Lösungsmög-
lichkeit der Textverarbeitungsfunktion ausgeschlossen.
Diese Technologien (genauer: auf einer Technologieba-
sis definierte Produkte) gelten als veraltet und werden
durch Problemlösungen auf der Basis der Mikroelektronik
zunehmend verdrängt.

- 69 -

Nach dieser Grobauswahl sind tiefergehende Aufgliederungen
der drei Dimensionen vorzunehmen. Eine innovative und
problemgerechte Beschreibung dieser Dimensionen und eine
mit den Stärken der Unternehmung abgestimmte Auswahl der
sich daraus ergebenden Abnehmer-/ Funktions-/ Technologie-
Segmente (AFT-Segmente) und ihre Zusammenfassung zum
spezifischen Geschäftsfeld der Unternehmung liefert den
Ausgangspunkt für eine optimale Bedürfnisbefriedigung der
ausgewählten Abnehmer bei gleichzeitiger Realisierung
von Konkurrenzvorteilen. Damit ist sichergestellt, daß
sich eine solcherart getroffene Geschäftsfelddefinition
ebenfalls durch ein geringes Marktwiderstandsniveau auszeichnet.

Bei der Konkretisierung der Abnehmerdimension steht die
Frage im Vordergrund, wessen Bedürfnisse befriedigt werden
sollen. Die potentiellen Abnehmergruppen sind dabei zu
Marktsegmenten (Abnehmersegmenten) zusammenzufassen, die
hinsichtlich ihrem Bedarf und voraussichtlichem Kaufverhalten weitgehend homogen sind[1]. Entsprechend dem noch
geringen Informationsstand der Unternehmung bezüglich der
konkreten Merkmale des Kaufverhaltens der Abnehmer empfiehlt
es sich, zunächst direkt beobachtbare, äußere Segmentierungskriterien[2] zur Untergliederung der Abnehmerdimension
heranzuziehen. Im Rahmen dieser als Makrosegmentierung
bezeichneten Vorgehensweise[3], die i.d.R. in späteren Pla-
nungsphasen durch eine detailliertere Aufschlüsselung

1 Vgl. Abell, D.F., Defining the Business, a.a.O., S. 17o;
  Hinterhuber, H.H., Wettbewerbsstrategie, a.a.O., S. 41;
  Köhler, R., a.a.O., S. 271.
2 Vgl. dazu Frank, R.E., Massy, W.F., Wind, Y., a.a.O.,
  S. 94 ff..
3 Vgl. McTavish, R., Maitland, A., Industrial Marketing,
  London u.a. 198o, S. 58.

der Abnehmergruppen (<u>Mikrosegmentierung</u>) zu ergänzen ist[1],
stehen bereits eine Vielzahl von Segmentierungskriterien
zur Auswahl[2], deren Eignung sowohl vom Analysebereich als
auch von der spezifischen Situation des potentiellen Marktanbieters abhängig ist. Zu den am häufigsten vorgeschlagenen Kriterien der Makrosegmentierung zählen vor allem die
organisationsdemographischen Merkmale Unternehmensgröße und
Branche[3].

Bei einer Verwendung der <u>Unternehmensgröße</u>, gemessen durch
Umsatz oder Zahl der Beschäftigten, zur Segmentierung
des Textverarbeitungsmarktes kann z.B. berücksichtigt
werden, daß die Kosten der technisch komplexen Textsysteme eventuell die finanziellen Möglichkeiten kleiner und
mittlerer Unternehmen überschreiten und Großunternehmen,
"bedingt durch ihre breitere Kapitalbasis, eher in der
Lage sind, die vielfach mit der Adoption innovativer und
technisch komplexer Produkte verbundenen Risiken zu tragen als kleinere Unternehmen."[4]

Die alleinige Größenklassifikation bietet jedoch nur wenig
Ansatzpunkte für eine bedarfsadäquate Abnehmersegmentierung. Dies gilt umso mehr, als vielfach Unternehmen mit
wenigen Angestellten - wie z.B. Maklerbüros oder Rechtsanwälte - die gleiche Problemlösung wie Großunternehmen
benötigen.

Demgegenüber erweist sich eine <u>branchenbezogene Unterteilung</u>
der industriellen Nachfrage nach Problemlösungen der Textverarbeitung als trennschärfer, denn unter dem "Merkmal
der Branche werden häufig Unternehmungen mit zahlreichen
Übereinstimmungen in ihrer jeweiligen Umweltkonstellation
und, daraus abgeleitet, ihren Kaufentscheidungsparametern

---

1 Die Unterscheidung zwischen einer Makrosegmentierung und
  der darauf aufbauenden Mikrosegmentierung geht auf Wind
  und Cardozo zurück. Vgl. Wind, Y., Cardozo, R., Industrial Market Segmentation, in: IMM, Vol. 3, 1974,
  S. 153 ff.; siehe dazu auch: Engelhardt, W.H., Günter, B.,
  Investitionsgüter-Marketing, Stuttgart u.a. 1981,
  S. 89 ff.; Webster, jr., F.E., Industrial Marketing Strategy, a.a.O., S. 8o f. und S. 124 f.; Backhaus, K.,
  a.a.O., S. 8o f..
2 Kriterien zur Makrosegmentierung befinden sich z.B. bei
  Gröne, A., a.a.O., S. 51 ff.; Frank, R.E., Massy, W.F.,
  Wind, Y., a.a.O., S. 95; Scheuch, F., Investitionsgüter-
  Märketing, Opladen 1975, S. 67 ff.; Böhler, H., a.a.O.,
  S. 63 ff..
3 Vgl. z.B. Gröne, A., a.a.O., S. 52; Wind, Y., Cardozo,
  R., a.a.O., S. 156 f..
4 Gröne, A., a.a.O., S. 55.

zusammengefaßt."[1] Die Verwendung einer Branchenklassifika-
tion als Segmentierungskriterium erscheint daher geeignet,
um eine Differenzierung und Präzisierung der Bedarfsar-
ten (benötigte Textverarbeitungsfunktionen) und der Kauf-
voraussetzungen zu erreichen und damit die generellen
Verkaufs- und Absatzchancen bzw. die Segmentwiderstände
eines Anbieters von Textverarbeitungsprodukten zu beurteilen[2].

Wenn im folgenden eine Unterscheidung nach Abnehmerbranchen vorgenommen wird, soll dies keineswegs auf eine Überlegenheit einer Branchensegmentierung für den Bereich
der Textverarbeitung hindeuten, sondern ist vielmehr beispielhaft zu verstehen. Alternativ können z.B. Unternehmen,
die bereits ähnliche Investitionsgüter (z.B. EDV-Anlagen)
anbieten, eine Segmentierung der Abnehmer auf der Basis
bestehender regionaler Verkaufsgebiete (z.B. Bundeslän-
der) vornehmen oder eine Unterteilung nach bisherigen und
neuen Kunden wählen. Eine Abnehmerklassifikation nach Län-
dermärkten trägt darüber hinaus dem Umstand Rechnung,
daß die Vermarktung von Produkten auf der Basis der Mikroelektronik unter Kostenaspekten zunehmend im weltweiten
Maßstab erfolgen sollte[3]. Diese Überlegungen machen zudem
deutlich, daß unter Umständen die Verwendung mehrerer
Segmentierungskriterien (z.B. Branche und Unternehmensgröße) zu homogeneren Abnehmersegmenten führt.

In diesem Zusammenhang ist zu betonen, daß eine Vermeidung von Segmentwiderständen im Rahmen der Geschäftsfeldplanung umso weitgehender möglich ist, je besser es mit
Hilfe einer innovativen Segmentierung gelingt, Marktnischen
aufzudecken bzw. durch eine möglichst homogene Zusammenfassung von Abnehmerbedürfnissen die Grundlagen für eine
möglichst bedarfsadäquate, die Kauffähigkeit und -bereit-
schaft der Abnehmer berücksichtigende Gestaltung der Problemlösungen zu schaffen. So stellt z.B. eine Klassifikation

---

1 Gröne, A., a.a.O., S. 53.

2 Vgl. ebenda, S. 18o f..

3 Vgl. Schnorbus, A., Für die Elektronik gilt nur noch der
  Weltmarkt, in: FAZ, Nr. 233, o8.1o.1982, S. 15.

von Abnehmerorganisationen nach der Verfügbarkeit bestimmter Abteilungen (z.B. Forschung und Entwicklung, Marketing, Rechtsabteilung) oder Arbeitsplätzen (z.B. Sekretariat, Schreibpools) einen Ansatzpunkt in Richtung einer innovativen Abnehmersegmentierung dar[1].

Die zweite Dimension der Geschäftsfeldplanung bezieht sich auf die Bestimmung der Abnehmerfunktionen, d.h. auf die Frage, welche Bedürfnisse der potentiellen Abnehmergruppen durch die anzubietenden Produkte erfüllt werden sollen.

Bei detaillierter Betrachtung des Textverarbeitungsmarktes kann zwischen folgenden primären Funktionen differenziert werden:[2]

Texterfassung
- Erfassung eines Textes durch Eingabe über eine Tastatur

Textbearbeitung
- Editierung: inhaltliche Bearbeitung eines Textes
                 (z.B. Korrektur, Verschieben von Textpassagen, Indexgenerierung)
- Formatierung: formale Bearbeitung eines Textes, um diesen in ein bestimmtes Druckformat zu bringen (z.B. Trennen, Zentrieren, Blocksatz, Seitenumbruch)

Bausteinverarbeitung (programmierte Textverarbeitung)
- Erstellung "individueller" Standardbriefe
- Aneinanderkettung von bereits erfaßten und gespeicherten Textbausteinen zu kompletten Texten

---

1 Vgl. zur abteilungs- bzw. arbeitsplatzorientierten Abnehmersegmentierung Karcher, H.B., a.a.O., S. 26o ff..

2 Die Funktionsabgrenzung wird in der Literatur sehr unterschiedlich vorgenommen. Vgl. zu den folgenden Ausführungen sowie zu weiteren Funktionsklassifikationen z.B. Musiol, A., Einheit der Büroarbeit und Vielfalt der Büromaschinen - eine Analyse der heutigen und eine Prognose der künftigen Bürosituation, Teil 2, in: ZfO, Nr. 3, 1981, S. 166 f.; Karcher, H.B., a.a.O., S. 3o f.; Kreifelts, T., Anwenderanforderungen an ein Bürokommunikationssystem, Berichte der Gesellschaft für Mathematik und Datenverarbeitung, Nr. 137, Hrsg.: Gesellschaft für Mathematik und Datenverarbeitung, München, Wien 1982, S. 7; Reuter, A., Trend zur Integration von Text- und Datenverarbeitungsfunktionen, in: BddW v.26.o3.1982, S. 7; derselbe, Die Bausteinverarbeitung führt zu Rationalisierungsvorteilen, in: BddW v.o1.o4.1982, S. 7; Grochla, E. u.a., Handbuch der Textverarbeitung, Landsberg 1981, S. 7 ff.; Gegenfurtner, M., Schreiber, R., Rechnen in der Textverarbeitung, Institut für Textverarbeitung, Stuttgart 1982.

Dateiverarbeitung
- Sortierung und Selektion von Textdateien

Textspeicherung
- Speicherung von Texten auf internen und externen Speicher-
  medien

Textverwaltung
- Aufbau von Textarchiven (z.B. Adressdateien)

Textausgabe
- Ausgabe von Texten mit Hilfe von Druckwerken bzw.
  Druckern.

Des weiteren verfügen einige Problemlösungen der Textverarbeitung über Sonderfunktionen im Zusammenhang mit
textbezogenen Aufgaben wie

Rechnen im Text
- Durchführung von Rechenoperationen bei der Texterstellung
  und

Textkommunikation
- Elektronische Übermittlung von Texten durch Teletexzusatz.

Darüber hinaus erscheint es zweckmäßig, dem Bedarf potentieller Abnehmer nach

Anwendersoftware[1]
- Anwendungsprogramme zur inhaltlichen Unterstützung spezieller Aufgabenbereiche (z.B. Anwendungsprogramme zur
  ereignisabhängigen (z.B. Kontoüberziehung, Geldanlage-
  vorschlag) Kundenansprache im Bankenbereich)

Anwendungsunterstützung
- Organisationsberatung,
- Anbieterhilfe bei der Erstellung von Textdateien durch
  den Kunden sowie nach

Kundendienstleistungen
- technischer Kundendienst (Wartung, Pflege, usw.)

als weitere Sonderfunktionen zu berücksichtigen.

---

1 Die Anwendungssoftware (Anwendungsprogrammsystem) ist zu
  unterscheiden von der Systemsoftware, die für die Steuerung einer Textverarbeitungsanlage unerläßlich ist.
  Hardware und Systemsoftware werden in aller Regel vom
  Hersteller gemeinsam (als Paket) angeboten, während die
  Anwendungsprogramme vom Abnehmer selbst erstellt oder
  von Dritten bezogen werden können. Vgl. dazu z.B.
  Grochla, E., Meller, F., Datenverarbeitung in der Unternehmung, Bd. 1, Reinbek bei Hamburg 1974, S. 212.

Im Hinblick auf die primären Funktionen der Textverarbeitung ist festzustellen, daß diese zum Teil komplementär sind
in dem Sinne, daß die Erfüllung einer Funktion (Texterfassung) die Erfüllung weiterer Funktionen (Textbearbeitung, Textspeicherung) impliziert[1]. In diesen Fällen
können die komplementären Funktionen sowohl durch ein
einziges multifunktionales Produkt als auch durch ein
Produktsystem erfüllt werden[2].

Bezüglich der Geschäftsfeldplanung bedeutet dies, daß
analog zur Abnehmerdimension z.B. durch die Hinzufügung
weiterer Funktionen sowie durch kreative, bisher nicht
angebotene Funktionskombinationen Problemlösungen konzipiert werden können, die der anbietenden Unternehmung
sowohl eine bessere Befriedigung der Abnehmerbedürfnisse
ermöglichen als auch den Konkurrenzprodukten in einer spezifischen Abnehmergruppe überlegen sind[3].

Die dritte Dimension der Geschäftsfeldplanung - die verwend-
baren Technologien - beschreibt alternative Wege, wie die
Abnehmerfunktionen erfüllt werden können. Eine Technologie
kennzeichnet damit eine bestimmte Form der Problemlösung,
wobei die Bewertung der Problemlösungsfähigkeit aus der

---

1 Die Funktionen müssen dabei unterschieden werden von dem
  Nutzen, den der Abnehmer mit der Funktionserfüllung verbindet. So stellt z.B. der Kundendienst eine Abnehmer-
  funktion dar, während der Preis und die Schnelligkeit
  des Kundendienstes Nutzenattribute kennzeichnen, die mit
  der Kaufentscheidung des potentiellen Abnehmers verbunden
  sind. Daraus folgt zugleich, daß denkbare Problemlösungen der Textverarbeitung nicht nur nach dem Umfang der
  anzubietenden Funktionen, sondern auch der Qualität der
  Funktionserfüllung (z.B. Anzahl der speicherbaren Text-
  seiten; automatische versus bedienergesteuerte Silben-
  trennung) unterschieden werden können. Vgl. dazu Abell,
  D.F., Defining the Business, a.a.O., S. 17o.

2 Vgl. ebenda, S. 171.

3 Vgl. ebenda, S. 171 f..

Abnehmerperspektive erfolgen sollte[1]. Entsprechend der
Interpretation unterschiedlicher Hardware- und Software-
konstellationen als "technologische Alternativen" soll
im folgenden zwischen

- elektronischen Speicherschreibmaschinen,
- Einplatz-Textsystemen,
- Mehrplatz-Textsystemen und
- Textverarbeitungssoftware für bestehende EDV-Anlagen

differenziert werden[2].

Die elektronische Speicherschreibmaschine stellt die ein-
fachste technische Alternative der Textverarbeitung dar.
Sie verfügt in der Standardausstattung mindestens über
einen internen Speicher, der die automatische Korrektur
einer begrenzten Menge soeben geschriebener Zeichen erlaubt
und bestimmte Formatierungsfunktionen ermöglicht[3]. Elektronische Speicherschreibmaschinen besitzen i.d.R. keinen
Bildschirm, sind aber vielfach mit zusätzlichen Speichermöglichkeiten auf externen Informationsträgern wie floppy
disks oder Minidisketten ausrüstbar.

Die Einplatz-Textsysteme repräsentieren ein Techniksystem
mit folgenden wesentlichen Merkmalen:
- Bildschirmterminal mit Tastatur
- größerer interner Speicher
- externe Speichermöglichkeiten (Magnetband, Kassette,
  Diskette)
- separater Drucker.

Das Einplatz-Textsystem stellt ein autonomes, voll funk-
tionsfähiges System[4] dar (stand-alone-Terminal), auch wenn
mehrere Einplatzsysteme zu einem Verbund zusammengeschlos-
sen werden.

---

1 Vgl. Abell, D.F., Defining the Business, a.a.O., S. 172.

2 Vgl. dazu und zu den folgenden Ausführungen Reinhard,
  M., Scholz, L., a.a.O., S. 17 f.; Karcher, H.B., a.a.O.,
  S. 29 ff.; o.V., Schreibmaschinen. In Zukunft elektronisch, in: WW, Nr. 43, 1982, S. 112 ff.; o.V., Textverarbeitung. Daten und Text im Gerätemix, a.a.O., S. 114 ff.;
  o.V., Software-Pakete für Textverarbeitung, in: die com-
  puterzeitung, Nr. 24, 1982, S. 2.

3 Vgl. o.V., Schreibmaschinen. In Zukunft elektronisch,
  a.a.O., S. 112.

4 Vgl. zum Systembegriff im Investitionsgütermarketing
  Engelhardt, W.H., Günter, B., a.a.O., S. 94; Backhaus,
  K., a.a.O., S. 1o4 ff..

Unter die Mehrplatz-Textsysteme (shared processor systems
oder auch clustered systems) fallen demgegenüber technische Lösungen, bei denen mehrere Bildschirm-Arbeitsplätze
vorhanden sind, der einzelne Bildschirm-Arbeitsplatz jedoch
kein autonomes System darstellt, sondern auf eine zentrale Logik (shared logic) oder auf einen zentralen Speicher
(shared memory) zugreift. Die Systemsteuerung erfolgt über
anpassungsfähige (teilweise programmierbare) Software.

Bildschirm-Textsysteme (Einplatz- und Mehrplatzsysteme)
weisen die technologischen Voraussetzungen für eine um-
fangreichere und/oder qualitativ bessere Funktionserfüllung auf als die elektronischen Speicherschreibmaschinen
und sind vor allem bei längeren Texten und bei insgesamt
hohem Schreibvolumen besonders geeignet.

Die in vielen Unternehmen mit EDV-Anlage vorhandenen Bild-
schirm-Terminals, Drucker, Speicherkapazitäten, zentralen
Rechen- und Steuereinheiten, Betriebssystem-Software, usw.
können im Prinzip ebenfalls für die Textverarbeitung mit-
genutzt werden. Durch die Konzipierung spezieller Textverarbeitungs-Softwarepakete sind die technischen Voraussetzungen gegeben, viele Textverarbeitungsfunktionen auf
einem Datenverarbeitungssystem abzuwickeln. Die Lösung von
Textverarbeitungsproblemen mit Hilfe von Softwarepaketen
ist vor allem dort von Bedeutung, wo ein hohes Schreibvolumen ohne hohe Anforderungen an die Druckqualität bewäl-
tigt werden muß.

Integrierte Systemlösungen, die aufgrund spezieller Hard-
ware- und Software-Konstellationen zu gleichen Teilen
Textverarbeitungs- und Datenverarbeitungsanwendungen ermöglichen, befinden sich derzeitig überwiegend noch in der
Planungs- und Erprobungsphase. Diese technologische Alternative, die viele der zuvor skizzierten Techniksysteme
zumindest partiell verdrängen dürfte, wird aufgrund erheblicher Softwareprobleme erst in der zweiten Hälfte
der 8oer Jahre eine größere Verbreitung erlangen[1] und soll
daher im folgenden nicht weiter berücksichtigt werden.

In Abbildung 6 ist der Markt für Textverarbeitung als Ausgangspunkt der Geschäftsfeldplanung in der hier vorgenommenen Differenzierung der drei Dimensionen im Überblick dargestellt. Dabei kennzeichnet der schraffierte Bereich

---

1 Vgl. Reinhard, M., Scholz, L., a.a.O., S. 18.

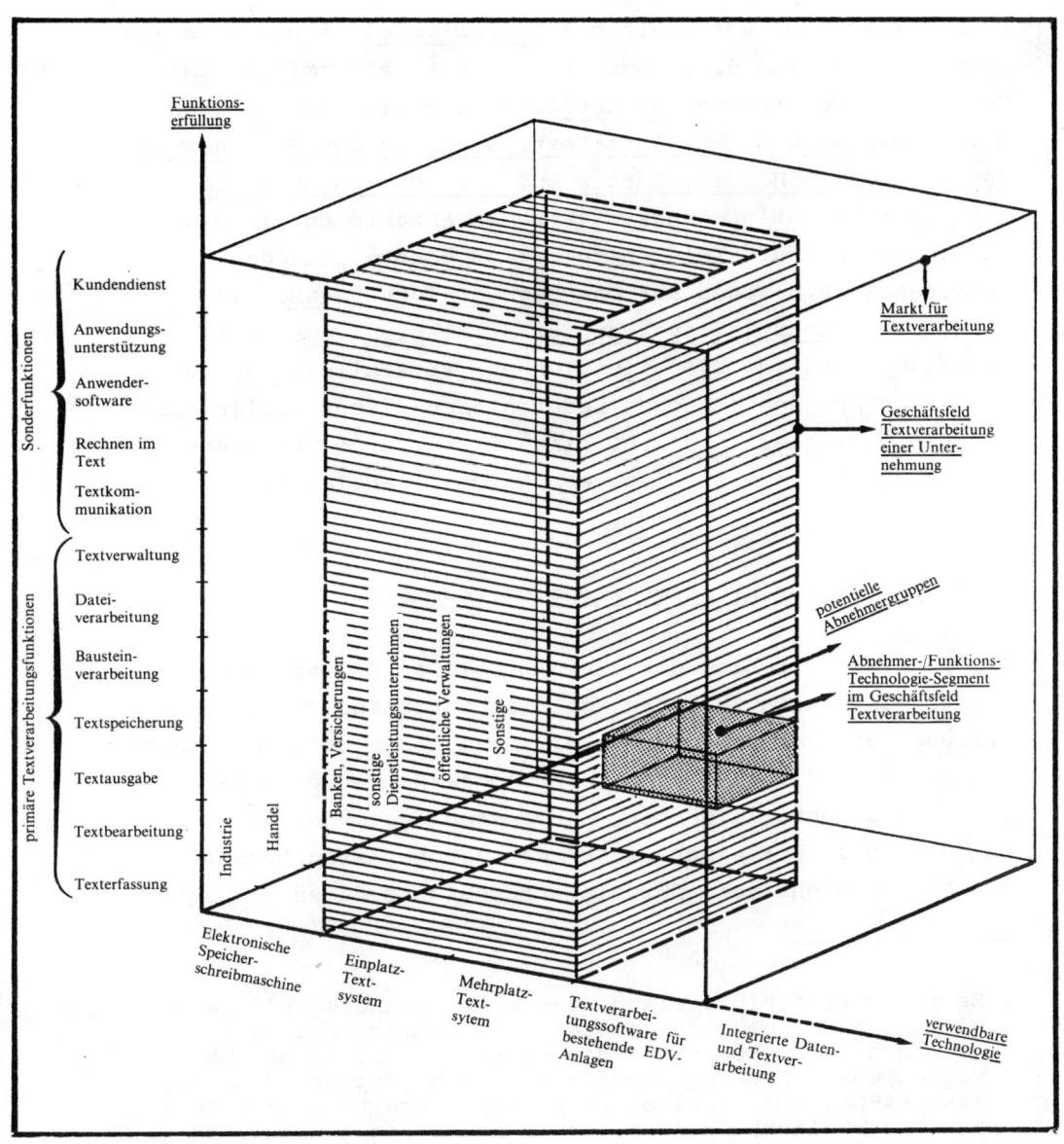

Abb. 6: Detailanalyse des Textverarbeitungsmarktes als
Ausgangspunkt der Geschäftsfeldplanung

der Abbildung beispielhaft das Geschäftsfeld einer Unternehmung, die sich dafür entschieden hat, ein umfassendes
Set an Textverarbeitungsfunktionen über die Technologien
der Einplatz- und Mehrplatz-Textsysteme in den Branchenklas-
sen Industrie, Handel, Banken und Versicherungen sowie
sonstigen Dienstleistungsunternehmen anzubieten. Im Rahmen einer Geschäftsfeldkonzentration könnte sich das
Unternehmen z.B. auch auf das Segment Textausgabe[1] im
Bereich der Mehrplatzsysteme für Steuerberatungsgesell-
schaften (sonstige Dienstleistungen) spezialisieren und
lediglich den spezifischen Bedürfnissen dieser Zielgruppe
angepaßte Drucker (die z.B. einen Textausdruck im Quer-
format zur Bilanzerstellung ermöglichen) anbieten.

2.12 Grenzen der dreidimensionalen Geschäftsfeldplanung

Ein zentrales Problem der dreidimensionalen Geschäftsfeldplanung ist darin zu sehen, daß mit zunehmender Differenzierung der drei Dimensionen die Anzahl der zu untersuchenden Abnehmer-/ Funktions-/ Technologie-Segmente (AFT-Segmente) exponentiell wächst. Dabei steht das Management relativ schnell vor einer nicht mehr handhabbaren Anzahl
von Analyseeinheiten, für die strategische Daten - insbe-

---

1 Es ist darauf hinzuweisen, daß eine Technologiedifferen-
zierung auch bezüglich einzelner Abnehmerfunktionen
erfolgen kann. So könnte die Funktion Textausgabe über
verschiedene Druckertechnologien (z.B. Typenraddrucker,
Ink-Jet-Drucker) realisiert werden. Derartige Differen-
zierungsmöglichkeiten sollen im folgenden jedoch vernachlässigt werden.

sondere über zu erwartende Segmentwiderstände - gesam-
melt und ausgewertet werden müßten[1].

Aus Gründen der Planungsökonomie ist es daher im vorliegenden Fall notwendig, durch den Verzicht auf eine
explizite Analyse einer der Dimensionen eine Komplexitäts-
reduktion vorzunehmen. Dabei erscheint es am zweckmäßig-
sten, auf die Aufschlüsselung der Funktionendimension als
Verbindung zwischen Technologie und Abnehmer zu verzichten, denn der Umfang und die Qualität der Funktionserfüllung hängen zu einem erheblichen Teil von der verwendeten Lösungstechnologie ab. Darüber hinaus haben sich in
diesem jungen Wachstumsmarkt bisher noch keine technolo-
gieunabhängigen Funktionsbündel im Sinne strategisch
relevanter Problemlösungstypen herauskristallisiert. Durch
eine Zusammenfassung von Funktions- und Technologie-Kombi-
nationen zu Produkttypen erfolgt deshalb eine Problemreduktion auf die Betrachtung von Produkten und Märkten
(Abnehmergruppen).

Eine derartige Verkürzung des Problems der Geschäftsfeldplanung erscheint jedoch erst nach einer expliziten Analyse

---

1 Es existieren beispielsweise bei der vorgenommenen Differenzierung des Textverarbeitungsmarktes in 12 Abnehmerfunktionen, 4 Lösungstechnologien und 6 Abnehmergruppen bereits 288 AFT-Segmente. Trotz der Irrelevanz bestimmter Segmente wird sich die Zahl der Analysefelder sogar
noch stark erhöhen, wenn Kombinationsmöglichkeiten im
Sinne der dargestellten Clusterlösungen berücksichtigt
werden. Selbst wenn das Suchfeld Textverarbeitung durch
strategische Vorentscheidungen eingeschränkt wird (z.B.
auf den schraffierten Bereich in Abbildung 6), läßt
sich die Zahl der zu analysierenden AFT-Segmente bzw.
AFT-Segmentkombinationen i.d.R. nicht soweit reduzieren,
daß deren Analyse unter Kosten Nutzen-Aspekten vertretbar ist. So lassen sich im schraffierten Bereich der
Abbildung 6 immer noch 2 x 4 x 9 = 72 AFT-Segmente unterscheiden.

aller drei Dimensionen vertretbar. Zum einen sollte durch
eine explizite Berücksichtigung der Technologiedimension
dem Problem der "Marketing-Kurzsichtigkeit" bzw. der
Technologiesubstitutionsgefahr Rechnung getragen werden.
Zum anderen bedeutet eine technologieorientierte Produkt-
definition nicht einen Verzicht auf eine detaillierte
Abnehmerfunktionsanalyse, sondern lediglich eine Verlage-
rung in die spätere Planungsphase der Produktkonzeption.
Gerade im Bereich der Neuproduktplanung liefert die detaillierte Analyse der Abnehmerfunktionen unter Berücksichtigung
der jeweiligen Abnehmergruppe bei gleichzeitiger Beachtung technologiebedingter Restriktionen einen zentralen
Ansatzpunkt zur Vermeidung von Kaufwiderständen.

2.2 Geschäftsfelder als Produkt-/Markt-Kombinationen

Entsprechend der vorgenommenen Problemreduktion lassen
sich Produkt-/Markt-Segmente definieren als "the set of products judged to be substitutes, within those usage situa-
tions in which similar patterns of benefits are sought,
and the customers for whom such usages are relevant"[1].
Der Markt für Textverarbeitung kann damit unter Bezug-
nahme auf die obige Differenzierung der Abnehmer- und
Technologiedimension gemäß Abbildung 7 dargestellt werden.
Zudem zeigt die Abbildung beispielhaft das Geschäftsfeld
einer Unternehmung, die sich auf lediglich drei der vier
heute realisierbaren (nach technologischen Kriterien be-
schriebenen) Produkttypen konzentriert.
Während Einplatz-Textsysteme allen Branchengruppen angeboten werden sollen, erfolgt bei den Mehrplatz-Textsystemen
eine Eingrenzung auf die Bereiche Industrie, Handel und

---

1 Day, G.S., Shocker, A.D., Srivastava, R.K., a.a.O.,
  S. 1o (im Original teilweise kursiv). Vgl. dazu auch
  Cravens, D.W., a.a.O., S. 128.

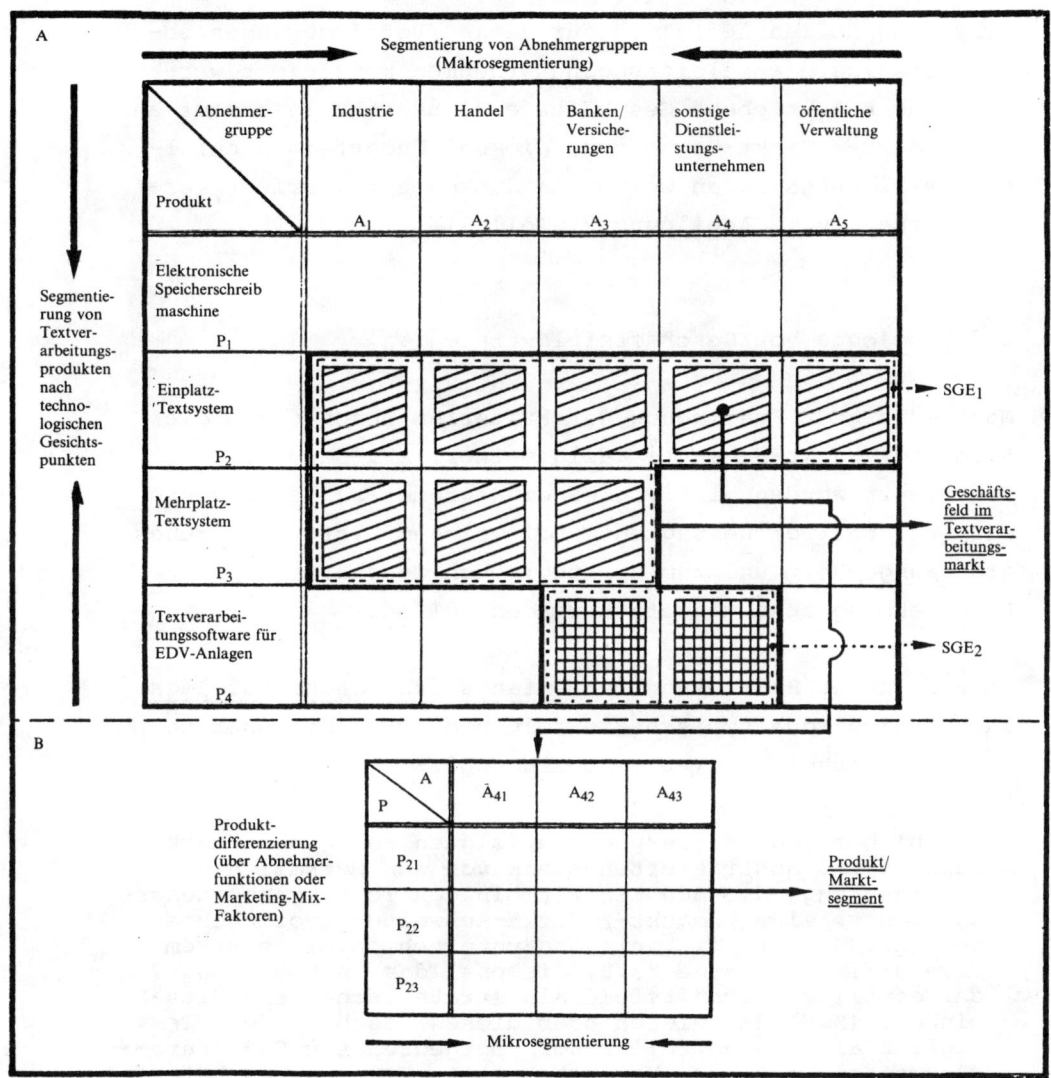

Abb. 7 : Geschäftsfeldplanung durch Festlegung von Produkten und
Abnehmergruppen im Textverarbeitungsmarkt

Banken/Versicherungen. Softwarepakete für die Textverarbeitung sollen lediglich für Banken/Versicherungen sowie sonstige Dienstleistungsunternehmen konzipiert werden. Das beschriebene Geschäftsfeld[1] besteht insgesamt aus
1o Produkt-/ Markt-Segmenten, die bei Bedarf in nachfol-
genden Planungsstufen weiter in Subsegmente zerlegt werden können (vgl. Abbildung 7, Teil B).

2.3 Typologie von Geschäftsfeldstrategien

Nach erfolgter Festlegung der Kriterien, nach denen die
Produkt-/ Markt-Segmente (allgemeiner: AFT-Segmente)
abgegrenzt werden, ist von einem Newcomer zu bestimmen,
wieviele und welche Segmente bei welchem Differenzierungsgrad ausgewählt und zum strategischen Geschäftsfeld der
Unternehmung zusammengefaßt werden sollen.

Im Rahmen der Bestimmung des Umfangs des Geschäftsfeldes
lassen sich idealtypisch die folgenden vier Basisstrategien unterscheiden[2] (vgl. Abbildung 8):

---

1 Die bisherigen Ausführungen erfolgten weitgehend markt-
  bezogen und abstrahierten stark von den Merkmalen der
  Unternehmung, die den Eintritt in den Textverarbeitungsmarkt bzw. eine Produkt-/ Markt-Ausweitung vorzunehmen
  gedenkt. So kann z.B. ein Großunternehmen mit starkem
  Diversifikationsgrad (z.B. Siemens) das in Abbildung 7
  dargestellte Geschäftsfeld als strategische Geschäfts-
  einheit (SGE) definieren oder dieses Geschäftsfeld lediglich als Bestandteil einer übergeordneten SGE "Büroautomation" ansehen. Umgekehrt läßt sich ein Geschäftsfeld
  auch in mehrere SGE zerlegen. In Abbildung 7 ist angedeu-
  tet, daß z.B. ein mittleres Unternehmen mit geringem Diversifikationsgrad (z.B. Nixdorf) das Geschäftsfeld Textverarbeitung in zwei strategische Geschäftseinheiten
  (SGE$_1$ und SGE$_2$) aufteilen könnte. Für einen großen EDV-
  Hersteller (z.B. IBM) können die zur SGE$_2$ zusammenge-
  faßten Produkt-/ Markt-Segmente eventuell lediglich
  Bausteine einer größeren SGE "Datenverarbeitung" darstellen.

2 Vgl. Kotler, P., a.a.O., S. 82 ff..

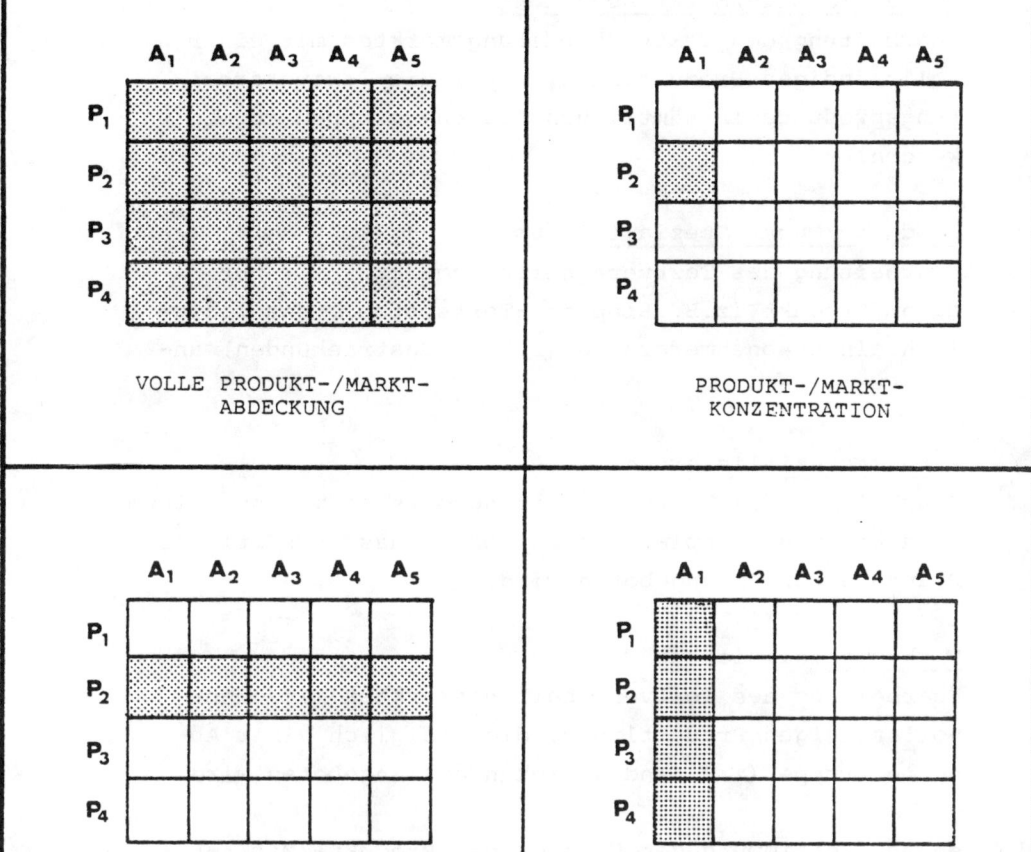

Legende:

P = Produkt

P_1 = elektronische Speicherschreibmaschine

P_2 = Einplatz-Textsystem

P_3 = Mehrplatz- Textsystem

P_4 = Textverarbeitungssoftware für EDV-Anlagen

A = Abnehmergruppe/Marktsegment

A_1= Industrie

A_2= Handel

A_3= Banken, Versicherungen

A_4= sonstige Dienstleistungs- unternehmen

A_5= öffentliche Verwaltung

Abb. 8 : Basisstrategien der Marktabdeckung

Quelle: In Anlehnung an Abell, D.F., Defining the Business, a.a.O., S. 192 ff.; Kotler, P., a.a.O., S. 84.

1. <u>Volle Produkt-/Markt-Abdeckung</u>
   Bearbeitung des Textverarbeitungsmarktes mit einer
   vollständigen Produktlinie, wobei die Textverarbeitungsprodukte in sämtlichen Branchengruppen angeboten
   werden.

2. <u>Produkt-/Markt-Spezialisierung</u>
   Bearbeitung des Textverarbeitungsmarktes mit nur
   einem Produkt (z.B. Einplatz-Textsystem), das lediglich einer Abnehmergruppe (z.B. Industriekunden) angeboten wird.

3. <u>Produktspezialisierung</u>
   Bearbeitung des Textverarbeitungsmarktes mit nur einem
   Produkt (z.B. Einplatz-Textsystem), das in sämtlichen
   Branchengruppen angeboten wird.

4. <u>Marktspezialisierung</u>
   Bearbeitung des Textverarbeitungsmarktes mit einer
   vollständigen Produktlinie, die lediglich einer Abnehmergruppe (z.B. Industriekunden) angeboten wird.

Neben der Bestimmung des Umfangs der Produkt-/Markt-Ab-
deckung erfordert die Definition des Geschäftsfeldes
eine <u>Festlegung des Differenzierungsgrades</u> der Marktbearbeitung. Dabei kann grundsätzlich zwischen einer
Differenzierung

  - <u>zwischen</u> den Produkt-/Markt-Segmenten sowie
  - <u>innerhalb</u> der einzelnen Produkt-/Markt-Segmente

unterschieden werden[1].

---

1 Vgl. Abell, D.F., Defining the Business, a.a.O., S. 17
  u. S. 173 f..

Bei der Verwendung der Produkt-/ Markt-Matrix als Pla-
nungsinstrument erfolgt die Differenzierung zwischen den
Segmenten in der Produktdimension automatisch durch die
Definition der Produkte (z.B. Differenzierung der Textverarbeitungsprodukte in elektronische Speicherschreibmaschinen, Einplatz-Textsysteme, usw.). Dagegen stellt die
Frage der differenzierten oder undifferenzierten Bearbeitung der definierten Abnehmergruppen[1] in Bezug auf das
jeweilige Produkt (z.B. Einplatz-Textsystem) einen zentralen Entscheidungstatbestand dar[2].

Im strategischen Bereich ist im Rahmen der Differenzierung
innerhalb der Produkt-/Markt-Segmente vor allem der an-
gestrebte Differenzierungsgrad der Angebote gegenüber der
Konkurrenz von Bedeutung[3]. Durch eine klare Abgrenzung
von den Problemlösungen der Konkurrenz kann z.B. angestrebt werden, in den einzelnen Segmenten des Textverarbeitungsmarktes einen einzigartigen Konkurrenzvorteil
("unique selling proposition") zu erzielen.

---

1 Die Differenzierung erfolgt damit entlang der Abneh-
  merdimension und ist insbesondere bei den Strategien der
  Produktspezialisierung sowie der vollen Produkt-/
  Markt-Abdeckung von besonderer Bedeutung.

2 Vgl. dazu Kotler, P., a.a.O., S. 2o6 ff.; Meffert, H.,
  Marketing, a.a.O., S. 223 ff.; Gröne, A., a.a.O.,
  S. 37 ff..

3 Weitere Möglichkeiten der differenzierten Marktbearbeitung innerhalb eines Produkt-/Markt-Segmentes, die Fragestellungen der Mikrosegmentierung und der Produktdifferenzierung berühren und bereits in Abbildung 7 Teil B
  dargestellt wurden, betreffen vorwiegend taktische Marketingentscheidungen und sollten zur Reduzierung der
  Problemkomplexität im Rahmen der strategischen Geschäftsfeldplanung zunächst ausgeklammert werden.

Verbindet man die <u>zentralen Entscheidungstatbestände der</u>
<u>strategischen Geschäftsfeldplanung</u>, zeigt Abbildung 9,
daß bei der hier vorgenommenen vereinfachenden Betrachtungsweise 12 unterschiedliche Geschäftsfeldstrategien[1]
zur Verfügung stehen, aus denen ein Newcomer die für ihn
zweckmäßigste Vorgehensweise auswählen muß. Es entspricht
der Basishypothese dieser Arbeit, daß der Berücksichtigung
von Marktwiderstandsinformationen bei der Auswahl der
Geschäftsfeldstrategie im Rahmen der Eintrittsentscheidung
in den Textverarbeitungsmarkt eine hohe Bedeutung zukommt.

3. Der Markteintrittswiderstand als Kriterium der Ge- schäftsfeldplanung im Textverarbeitungsmarkt

Die Analyse des Markteintrittswiderstands stellt ein
erstes grobes Verfahren zur Untersuchung der bei einem
Eintritt in den Textverarbeitungsmarkt auftretenden Hin-
dernisse dar. Im Rahmen der Geschäftsfeldplanung ist vor
allem zu prüfen, inwieweit bestehende Markteintrittsbarrieren die Wahlmöglichkeiten zwischen den einzelnen Geschäftsfeldstrategien beschneiden.

3.1 Messung des Markteintrittswiderstands durch Markt- eintrittsbarrieren

Der Markteintrittswiderstand charakterisiert auf der Gesamtmarktebene diejenigen Nachteile, vor denen Newcomer im
Vergleich zu etablierten Marktanbietern stehen. Diese

---

1 Die Strategien der Produkt-/Markt-Konzentration und der
  Marktspezialisierung sowie der Differenzierung zwischen den Abnehmergruppen schließen sich dabei aus.

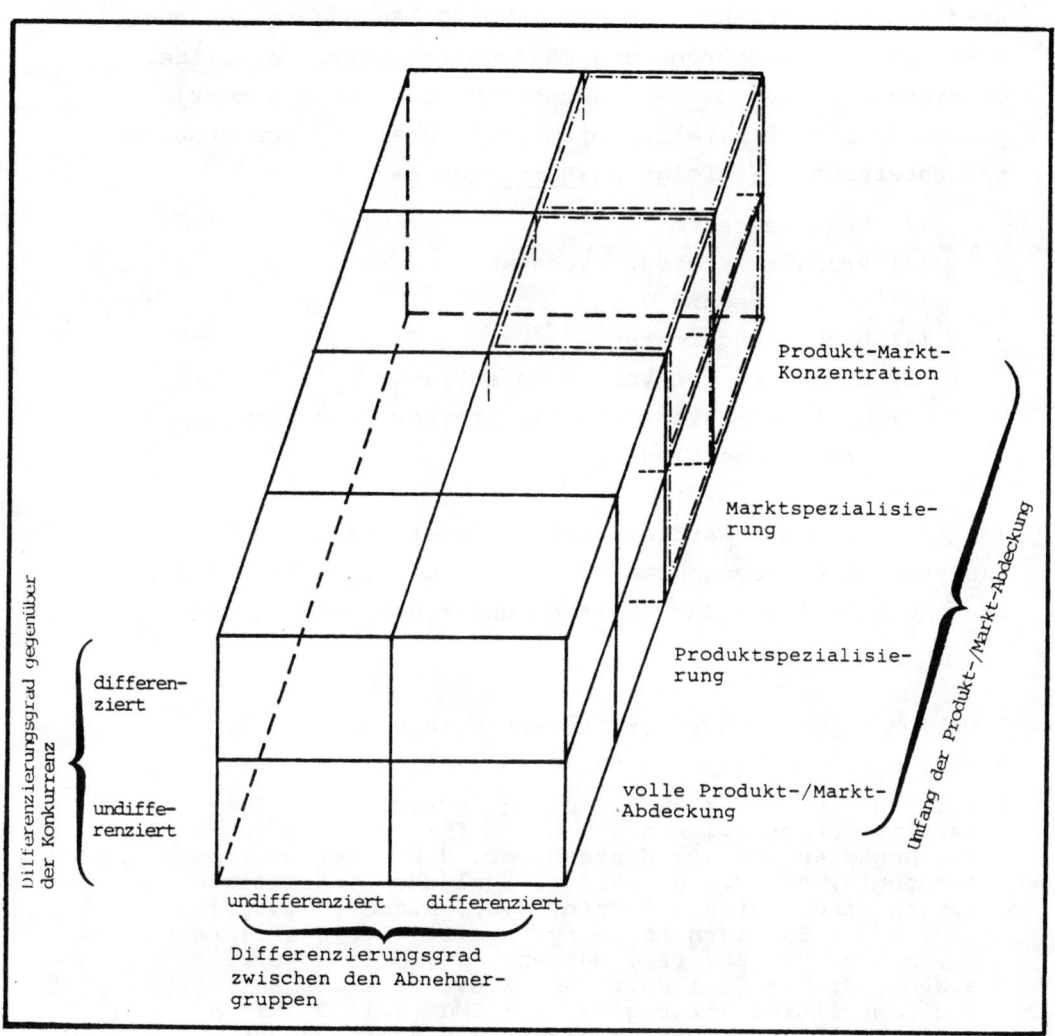

Abb. 9: Systematisierung von Geschäftsfeldstrategien

Nachteile resultieren aus dem Markteintritt selbst und
sind damit zu trennen von möglichen Größennachteilen oder
unterlegenen Ressourcen und Fähigkeiten zutrittswilliger
Unternehmen[1]. Aus dieser Perspektive muß ein Newcomer -
gleichsam als "first line of market defense"[2] der etablierten Unternehmen - folgende Barrieren beachten:

(1) Skaleneffekte

(2) Produktdifferenzierung

(3) Kapitalbedarf

(4) Umstellungskosten

(5) Zugang zu den Vertriebskanälen

(6) Wettbewerbsvorteile etablierter Unternehmen

(7) Staatliche Eingriffe[3].

(1) Eine zentrale Markteintrittsbarriere resultiert aus
Skaleneffekten (economies of scale), die in nahezu jeder
Branche existieren und vielfach unter dem Begriff der

---

1 Vgl. Yip, G.S., Barriers to Entry, a.a.O., S. 17.

2 Yip, G.S., Gateways to Entry, a.a.O., S. 85.

3 Vgl. zu dieser Systematisierung Porter, M.E., Competitive Strategy, a.a.O., S. 7 ff. sowie in enger
Anlehnung an Porter: Hinterhuber, H.H., Wettbewerbsstrategie, a.a.O., S. 59 ff.. Ähnliche Systematisie-
rungen finden sich bei Bain, J.S., a.a.O., S. 3 ff.;
Yip, G.S., Barriers to Entry, a.a.O., S. 18 ff.; Berg,
H., a.a.O., S. 282 ff.; Meffert, H., Ohlsen, G.T.,
a.a.O., S. 178 ff.; Harrigan, K.R., Barriers to Entry
and Competitive Strategies, in: SMJ, Vol. 2, Nr. 4,
1981, S. 395 ff.. Die nachstehenden Ausführungen erfolgen in Anlehnung an die Arbeiten von Porter und
Hinterhuber.

"Erfahrungskurve"[1] diskutiert werden. Der Erfahrungskurven-
effekt besagt, daß mit jeder Verdoppelung der im Zeitablauf kumulierten "Erfahrungen" (Produktionsmengen) eine
potentielle Senkung der (realen, auf die Wertschöpfung
bezogenen) Stückkosten verbunden ist. Dieser Effekt,
der nicht nur im Produktionsbereich sondern auch in den
übrigen Unternehmensfunktionen (z.B. Forschung und Entwicklung, Distribution, Werbung) wirksam ist, ist auf
folgende Einflußfaktoren zurückzuführen, die sich in ihrem
Kostensenkungspotential gegenseitig verstärken:

- Nutzung von Lernkurveneffekten,
- Durchführung von Rationalisierungsmaßnahmen,
- Nutzung des technischen Fortschritts,
- Betriebsgrößen- (Fixkosten-) degression.

Nach Angaben von Biggadike[2] sinken die Kosten elektronischer
Bauteile jeweils um 15 - 3o Prozent bei jeder Verdoppelung
des Produktionsvolumens. Auch im Softwarebereich - zumindest im Bereich der Systemsoftware - sowie in der Markterschließung (z.B. Werbung, Verkaufsförderung)[3] kann von

1 Vgl. zur Darstellung des Erfahrungskurveneffektes
Gälweiler, A., a.a.O., S. 241 ff.; Hinterhuber, H.H.,
Strategische Unternehmungsführung, a.a.O., S. 163 ff.;
Dunst, K.H., a.a.O., S. 68 ff.; Henderson, B.D., Die
Erfahrungskurve in der Unternehmungsstrategie, Frank-
furt, New York 1974; Scheel, F., Neuere Konzepte des
strategischen Portfolio-Managements im diversifizierten
Unternehmen, Diss. Berlin 1981, S. 125 ff.; Wittek, B.F.,
Strategische Unternehmensführung bei Diversifikation,
Berlin, New York 198o, S. 97 ff.; Wacker, P.A., Die Er-
fahrungskurve in der Unternehmensplanung. Analyse und
empirische Überprüfung, Schriftenreihe Wissenschaftliche
Forschung und Entwicklung, Bd. 66, Hrsg.: Aschoff, C.,
Müller-Bader, P., München 198o.

2 Vgl. Biggadike, E.R., The Risky Business of Diversification, in: HBR, May-June 1979, S. 11o.

3 Vgl. zur Fixkostendegression bei Werbung und Verkaufsförderung u.a. Ferguson, J.M., Advertising and Competition. Theory, Measurement, Fact, Cambridge, Mass.
1974, S. 5.

einer erheblichen Fixkostendegression ausgegangen werden.
Daher spricht vieles dafür, daß Skaleneffekte - analog zur
elektronischen Datenverarbeitung - auch im Textverarbeitungsmarkt eine bedeutende Markteintrittsbarriere darstellen.

(2) Unter dem Begriff der Produktdifferenzierung werden
die Nachteile von Newcomern zusammengefaßt, die dadurch
entstehen, daß sich die am Markt angebotenen Produkte aus
Abnehmersicht profiliert haben. Je nach dem Ausmaß, in
dem es den bereits am Markt befindlichen Unternehmen gelungen ist, durch die Qualität ihrer Produkte, das Pro-
duktdesign, den Kundendienst, hohe Werbeaufwendungen
etc. einen hohen Bekanntheitsgrad sowie ein positives
Firmen- und Produktimage zu erzielen und Hersteller- bzw.
Produkttreue aufzubauen, entsteht eine Eintrittsbarriere,
die neue Anbieter zu hohen Marktinvestitionen und i.d.R.
zur Hinnahme hoher Anlaufverluste zwingt.

Angesichts der zum Teil hohen Komplexität und Erklä-
rungsbedürftigkeit der Textverarbeitungsprodukte bei vielfach geringem Informationsgrad der potentiellen Anwender
stellt das Herstellerimage sowie das einem Anbieter ent-
gegengebrachte Vertrauen ein wichtiges Kaufentscheidungskriterium dar. Deshalb kommt der Produktdifferenzierung
als Markteintrittsbarriere eine hohe Bedeutung zu.
Dies gilt umso mehr, als zu den zentralen Anbietern von
Textverarbeitungsprodukten Unternehmen wie IBM, Siemens,
Olivetti, Nixdorf, Rank Xerox oder Hewlett-Packard gehören, die über eine hohe Kompetenz im Büromaschinenbe-
reich und/oder in der elektronischen Datenverarbeitung
verfügen.

(3) Durch einen hohen Kapitalbedarf als Voraussetzung zur
Teilnahme am Wettbewerb wird eine weitere Markteintrittsbarriere geschaffen. Dies gilt insbesondere dann, wenn

neben dem Aufbau von Produktions- und Vertriebskapazitäten
risikoreiche Investitionen in die Produktentwicklung
und Markterschließung (Werbung, Verkaufsförderung, Ab-
nehmerkredite) finanziert werden müssen, wobei von Newcomern vielfach ein höherer, mit einer Risikoprämie ver-
sehener Kapitalzinssatz im Vergleich zu den bereits am
Markt befindlichen Herstellern in Kauf zu nehmen ist.

Dabei ist zu beachten, daß der Kapitalbedarf i.d.R.
langfristig besteht. Nach Untersuchungen auf der Basis
des PIMS-Projektes beträgt der Zeitraum bei einem
Markteintritt im Wege einer Diversifikation, die neue
Produktionsanlagen, neues Personal und neues Know-how
erfordert, durchschnittlich 8 Jahre, bis ein positiver
Cash Flow und Return on Investment erzielt wird[1].

Überträgt man die bestehenden Erfahrungen bezüglich des
notwendigen Kapitalbedarfs aus der elektronischen Datenverarbeitung[2] auf den Bereich der Textverarbeitung, ist
davon auszugehen, daß der Kapitalbedarf auch in diesem
Markt eine kritische Zugangsbarriere darstellt.

---

1 Vgl. Biggadike, E.R., a.a.O., S. 1o3 ff.. Vgl. zur Darstellung und den Anwendungsmöglichkeiten des PIMS-Projektes (Profit Impact of Market Strategies) z.B. Abell,
 D.F., Hammond, J.S., a.a.O., S. 271 ff.; Schöffler, S.,
 Buzzell, R.D., Heany, D.F., Impact of Strategic Planning on Profit Performance, in: HBR, March-April 1974,
 S. 137 ff.; Neubauer, F.F., Das PIMS-Programm und Portfolio Management, in: Strategische Unternehmensplanung -
 Stand und Entwicklungstendenzen, Hrsg.: Hahn, D., Taylor, B., Würzburg, Wien 198o, S. 136 ff.; Lange, B.,
 a.a.O., S. 31 ff..

2 So weist z.B. Fruhan darauf hin, daß im Großcomputerge-
 schäft der notwendige Kapitalbedarf selbst die Finan-
 zierungsmöglichkeiten weltweit tätiger Großunternehmen
 wie z.B. RCA oder General Electric überstieg. Vgl. Fruhan, jr., W.E., "Phyrrhyc Victories in Fights for Market
 Share, in: HBR, September-October 1972, S. 1oo ff..

(4) Umstellungskosten, die den potentiellen Abnehmern ein-
malig bei einem Lieferantenwechsel entstehen und z.B. aus
Personalausbildungs- und -einweisungsmaßnahmen sowie Anlaufschwierigkeiten resultieren, können ebenfalls den Markt-
zugang behindern. Wenn diese Kosten sehr hoch sind, muß
vom Newcomer eine erhebliche Verbesserung im Kosten-
und Leistungsbereich angeboten werden, um mit seinen Produkten gegenüber den etablierten Marktanbietern zum Zuge
zu kommen.

Im Textverarbeitungsmarkt ist mit größeren organisatorischen
Umstellungskosten beim Abnehmer lediglich dort zu rechnen, wo komplexe Systemlösungen der Textverarbeitung bislang eingesetzte herkömmliche, eventuell auch elektronische
Speicherschreibmaschinen ersetzen. In diesem Wachstumsmarkt bestehen zudem vielfältige Möglichkeiten für den
Abschluß von Erstgeschäften. Daher entfalten eventuell
notwendige Umstellungskosten nicht die Wirkung einer
Markteintrittsbarriere im Sinne der zugrundeliegenden wett-
bewerbsorientierten Betrachtungsweise, sondern wirken
sich für Newcomer und etablierte Marktanbieter gleichermaßen ungünstig aus. Während Umstellungskosten als Markteintrittsbarriere im Textverarbeitungsmarkt in der derzeitigen Phase der Marktevolution zumindest bei aggregierter Betrachtung ohne große Bedeutung sind, stellen diese
jedoch ein wesentliches Entscheidungskriterium der Abnehmer bei der Produktwahl dar und sind im Rahmen der
Analyse von Produktwiderständen näher zu analysieren[1].

(5) Der Zugang zu den Vertriebskanälen kann für Newcomer
dann zu einer wirksamen Markteintrittsbarriere werden,
wenn die etablierten Marktanbieter ein effizientes Ab-
satzsystem, basierend auf langfristigen Abnehmerbeziehungen,

---

1 Vgl. dazu S. 155 ff. dieser Arbeit.

einem leistungsfähigen Kundendienst, die Bindung des
Handels über vertragliche Vertriebssysteme etc., aufgebaut haben[1]. Der Absatz von Textverarbeitungsprodukten
erfolgt derzeitig überwiegend im direkten Vertrieb über
herstellereigene Verkaufsbüros und Außendienstorganisa-
tionen, z.T. aber auch im indirekten Vertrieb[2] über bestimmte Betriebsformen des Bürofachhandels[3]. Darüber hinaus
wird auch die Distributionsstrategie eines "gemischten"
Vertriebs von einigen Marktanbietern verfolgt, um ein
flächendeckendes, enges Distributions- und Kundendienst-
netz als wesentliche Voraussetzung zur Kundengewinnung
und -betreuung sicherzustellen.

Ein Markteintritt über den indirekten Vertriebsweg ist
für Newcomer im Textverarbeitungsmarkt weitgehend versperrt.
Angesichts des mangelnden Know-hows, der unzureichenden
Kapitalausstattung sowie der geringen Innovationsbereitschaft vieler Bürofachhändler ist das Potential geeigneter Handelsbetriebe sehr begrenzt. Die meisten Händ-
lerorganisationen, die über hinreichende Fähigkeiten und
Ressourcen zum Vertrieb - insbesondere zur Sicherstellung von Beratung und technischem Kundendienst - von
Textverarbeitungsprodukten verfügen, sind über Exklusivver-
träge an die etablierten Marktanbieter gebunden[4]. Die

---

1 Vgl. Meffert, H., Ohlsen, G.T., a.a.O., S. 184; speziell
  zu vertraglichen Vertriebssystemen vgl. Ahlert, D. (Hrsg.),
  Vertragliche Vertriebssysteme zwischen Industrie und
  Handel, Wiesbaden 1981.

2 Vgl. zu den grundsätzlichen Vertriebsstrategien Meffert,
  H., Marketing, a.a.O., S. 391 ff.; Backhaus, K., a.a.O.,
  S. 288 ff.; speziell zur Vertriebsstrategie im Bereich der
  Büroautomation vgl. Karcher, H.B., a.a.O.,S.184 ff..

3 Zu einer ausführlichen Diskussion über die Bedeutung der
  vielfältigen Betriebsformen des Bürofachhandels im Rahmen der indirekten Vertriebsstrategie vgl. Karcher, H.B.,
  a.a.O., S. 186 ff.; Raue, K.-H., Im Massenmarkt an Laien
  verkaufen, in: asw, Nr. 12, 1982, S. 52 ff..

4 Vgl. Karcher, H.B., a.a.O., S. 19o ff.; Schuh, C.F.,
  Gehört dem Systemgeschäft die Zukunft, in: asw,
  Nr. 12, 1982, S. 54 ff..

Gewinnung geeigneter Handelsunternehmen ist für Newcomer
i.d.R. nur dann möglich, wenn diese durch Maßnahmen
wie die Einräumung hoher Handelsspannen, die Zahlung von
Werbekostenzuschüssen etc. entsprechende Anreize zur
Mitarbeit schaffen, die zu Lasten der Rentabilität gehen.

Eine Umgehung der aus diesen Problemen resultierenden Markteintrittsbarriere durch den Aufbau eines direkten Ver-
triebssystems ist mit erheblichen Investitionen verbunden,
die wiederum die Markteintrittsbarriere des Kapitalbedarfs
erhöht. Erschwerend kommt bei der Wahl dieser Distributionsstrategie hinzu, daß zum einen offensichtlich viele
etablierte Marktanbieter vor Schwierigkeiten stehen,
geeignete Mitarbeiter für den Vertrieb von Textverarbeitungsprodukten zu akquirieren[1]. Zum anderen ist diese
Vertriebsstrategie vielfach wenig rentabel, da nach Erfahrungen von Herstellern und Beratern Direktverkäufe erst
bei Umsätzen ab 4o.ooo - 5o.ooo DM kostendeckend[2] sind,
das Preisniveau vieler Textverarbeitungsprodukte jedoch
unterhalb dieser kritischen Preisschwelle liegt. Insgesamt stellt der Zugang zu den Vertriebskanälen damit eine
erhebliche Eintrittsbarriere in den Textverarbeitungsmarkt
dar.

(6) Etablierte Marktanbieter verfügen des weiteren nicht
selten über Wettbewerbsvorteile, die unabhängig von dem
Bestehen von Skaleneffekten zu Kostenvorteilen und damit
zu einer Barriere für zutrittswillige Unternehmen führen.
Als solche Konkurrenzvorteile werden vor allem ein ge-
schütztes technisches Know-how, Design etc. sowie ein
günstiger Zugang zu den Beschaffungsmärkten genannt[3].

---

1 Darauf deutet zumindest das hohe Personalanzeigenaufkom-
  men in überregionalen Tageszeitungen und Fachzeitschriften hin.
2 Vgl. Schuh, C.F., a.a.O., S. 6o.
3 Vgl. Porter, M.E., Competitive Strategy, a.a.O., S. 11;
  Hinterhuber, H.H., Wettbewerbsstrategie, a.a.O., S. 61.

Die Textverarbeitung ist durch eine hohe Technologiedynamik gekennzeichnet. Bestehende Patente werden schnell entwertet und Engpässe auf den Beschaffungsmärkten der Mikroelektronik (Hardwarekomponenten) sind nicht erkennbar. Daher ist die aus diesen Faktoren resultierende Markteintrittsbarriere als gering anzusehen[1]. Im Gegensatz zur Hardware liegen im Textverarbeitungsmarkt zugangshemmende Faktoren vielmehr im Bereich der Software. Newcomer stehen angesichts großer Personalengpässe[2] vor erheblichen Problemen bei der Akquisition von erfahrenen Softwarespezialisten. Zudem ist die Ausbildung von Programmierern mit hohen Kosten verbunden. Berücksichtigt man, daß die Qualität der Systemsoftware in einem hohen Ausmaß die Produktqualität determiniert[3] und die potentiellen Abnehmer die Verfügbarkeit von spezieller Anwendungssoftware zunehmend als wesentliches Kaufentscheidungskriterium ansehen, stellen Nachteile der Newcomer im Softwarebereich gegenüber etablierten Unternehmen eine erhebliche Markteintrittsbarriere dar.

(7) Schließlich können Markteintrittsbarrieren auch durch Eingriffe des Staates hervorgerufen werden, der durch eine Vielzahl von Maßnahmen den Eintritt von Newcomern in einen neuen Markt z.B. durch Kontingentierungen, das Setzen von Standards zur Produktsicherheit, Arbeitsschutzgesetze sowie durch bürokratische Prüfungsverfahren verwehren, beschränken oder zumindest verzögern kann. Zudem

---

1 Dem Verfasser lagen nach Auswertung der verfügbaren Literatur keine Hinweise dafür vor, nach denen die angeführten Faktoren Eintrittshemmnisse in den Textverarbeitungsmarkt schaffen.

2 Vgl.Karcher, H.B., a.a.O., S. 175 f..

3 Vgl. ebenda, S. 169.

führen derartige Maßnahmen vielfach zu einer Erhöhung des
Kapitalbedarfs sowie der Umstellungskosten der Abnehmer
und beeinflussen damit auch andere Indikatoren des Markteintrittswiderstands.

Im Textverarbeitungsmarkt kommt den staatlichen Gesetzen
und Bestimmungen eine vergleichsweise geringe Bedeutung
zu. Sieht man von den allgemeinen Vorschriften des Be-
triebsverfassungsgesetzes sowie zu beachtender DIN- und
VDE-Normen ab[1], stellen staatliche Einflüsse bei der Betrachtung des bundesdeutschen Textverarbeitungsmarktes
keine wesentliche Markteintrittsbarriere dar.

Die auf theoretischen Überlegungen und der Auswertung
von Sekundärinformationen basierende Analyse ist durch
subjektives Wissen von Marktexperten zu ergänzen. Abbildung 1o zeigt die Ergebnisse eines Expertenratings[2]
über die tendenzielle Bedeutung der skizzierten Markteintrittsbarrieren im Textverarbeitungsmarkt. Sie macht
deutlich, daß die zentralen Zugangshemmnisse im notwendigen Kapitalbedarf, im Zugang zu den Vertriebskanälen,
in der Wirkung von Skaleneffekten sowie in der Produktdifferenzierung liegen. Damit bestätigt die Befragung
weitgehend die Ergebnisse der theoretischen Analyse.

---

1 Vgl. dazu Grochla, E. u.a., Handbuch der Textverarbeitung, a.a.O., S. 72 ff. und S. 567 ff..

2 Die Ergebnisse basieren auf Gesprächen, die der Verfasser mit dem verantwortlichen Management des Geschäfts-
  bereichs Textverarbeitung eines bedeutenden EDV-Her-
  stellers im September 1982 führte. Dabei wurden die
  Gesprächspartner um eine Einschätzung der Bedeutung der
  Markteintrittsbarrieren auf den in Abbildung 1o dargestellten Skalen gebeten. Auf eine namentliche Nennung
  der Gesprächspartner soll verzichtet werden, weil im
  Rahmen der in Teil D dieser Arbeit ausgewerteten Abnehmerbefragung vertrauliche und daher zu anonymisieren-
  de Imagedaten verwendet wurden.

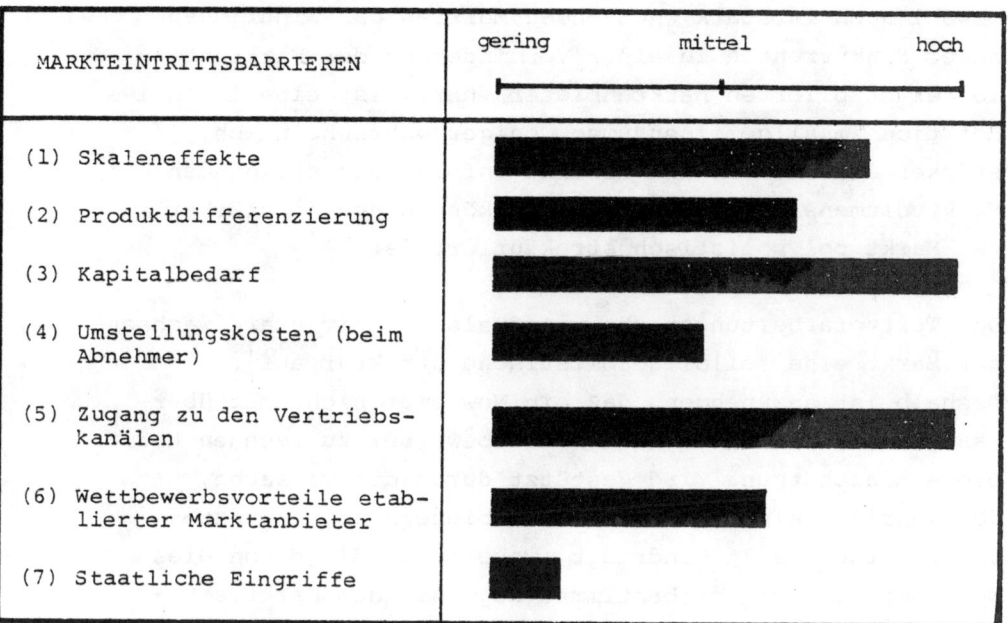

MARKTEINTRITTSBARRIEREN	gering	mittel	hoch
(1) Skaleneffekte			
(2) Produktdifferenzierung			
(3) Kapitalbedarf			
(4) Umstellungskosten (beim Abnehmer)			
(5) Zugang zu den Vertriebs- kanälen			
(6) Wettbewerbsvorteile etab- lierter Marktanbieter			
(7) Staatliche Eingriffe			

Abb. 1o: Art und Höhe von Markteintrittsbarrieren im
Textverarbeitungsmarkt

Neben diesen strukturellen Markteintrittsbarrieren beeinflußt die Erwartung des Newcomers über die Reaktion der
etablierten Wettbewerber ebenfalls dessen Markteintritt[1].
Je größer die Wahrscheinlichkeit einzuschätzen ist, daß
die etablierten Marktanbieter bereit sind, kurz- bis mit-
telfristige Gewinneinbußen in Kauf zu nehmen und drasti-
sche Preissenkungen, intensive Werbung etc. als Maßnahmen
zur Abwehr unerwünschter Konkurrenz einzusetzen, desto
höher ist das Mißerfolgsrisiko eines Markteintritts[2].

---

1 Vgl. Porter, M.E., Competitive Strategy, a.a.O., S. 14
  und S. 34o.

2 Vgl. ebenda, S. 14; Yip, G.S., Barriers to Entry, a.a.O.,
  S. 21; Hinterhuber, H.H., Wettbewerbsstrategie, a.a.O.,
  S. 63 f..

- 98 -

Obwohl auch in stark wachsenden Märkten das Eindringen
neuer Konkurrenten zu einer Verminderung der Marktanteile der etablierten Marktanbieter führt, ist eine intensive
Reaktion im allgemeinen umso weniger wahrscheinlich, je
stärker die Umsätze und Gewinne infolge des steigenden
Marktvolumens ausgeweitet werden können und je stärker
der Markt polypolistisch strukturiert ist.

Der Textverarbeitungsmarkt weist als relativ stark wachsen-
der Markt eine teiloligopolistische Struktur auf[1].
Deshalb ist anzunehmen, daß ein Newcomer nicht mit über-
mäßig starken Reaktionen der Wettbewerber zu rechnen hat.
Diese Einschätzung wird gestützt durch die Tatsache,
daß jährlich eine Vielzahl von Anbietern in den Textverarbeitungsmarkt eindringt, wobei allerdings von diesen
Newcomern i.d.R. nur bestimmte Segmente des Marktes be-
setzt werden (können)[2].

Insgesamt liefert die Analyse der Markteintrittsbarrieren erste Hinweise auf die zentralen, aus der Marktstruktur resultierenden Anforderungen an neue Wettbewerber und
kennzeichnet neben der Höhe der durch das Management einzu-

---

1 Das Teiloligopol kennzeichnet eine Marktstruktur, bei
  der einige Oligopolisten (im Textverarbeitungsmarkt
  IBM, Olivetti und Triumph-Adler) und viele kleine Mit-
  anbieter im Wettbewerb stehen. Vgl. dazu z.B. Meffert,
  H., Marketing, a.a.O., S. 251 ff.; Helmstädter, E.,
  a.a.O., S. 223 ff..
2 Die Wirkung der erwarteten Konkurrenzreaktion als Markteintrittsbarriere wird wesentlich durch die Risiko-
  wahrnehmung des Managements in der "Newcomerunternehmung"
  bestimmt. Daher soll auf eine Quantifizierung dieses
  Indikators des Markteintrittswiderstands verzichtet
  werden.

gehenden Risiken[1] die für den Markteintritt erforderlichen
bzw. vorteilhaften Fähigkeiten und Ressourcen. Die durch
die Art und Höhe der Markteintrittsbarrieren zum Ausdruck kommenden Anforderungen eines Marktes lassen jedoch
keine Aussagen darüber zu, ob und inwieweit es einer
marktzutrittswilligen Unternehmung möglich ist, diese
Anforderungen zu erfüllen und/oder zu umgehen.

3.2 Ansatzpunkte zur Reduzierung und Vermeidung von Markteintrittsbarrieren

Die Reduzierung oder Vermeidung von Markteintrittsbarrieren kann zum einen durch eine Markteintrittsstrategie
erfolgen, die mit der Wettbewerbsstrategie der etablierten
Marktanbieter weitgehend identisch ist[2]. Abgesehen von mar-

---

1 Das Risiko des Markteintritts wird darüber hinaus von
der Höhe der Marktaustrittsbarrieren bestimmt. Hohe
Austrittsbarrieren, die es nicht oder wenig erfolgreichen Unternehmen erschweren, aus dem Markt auszuschei-
den, führen häufig zu einer Hinnahme langfristiger Ver-
luste durch das Management. Marktaustrittsbarrieren resultieren z.B. aus spezialisierten Anlagen mit niedri-
gem Liquidationswert, vertraglichen Bindungen zu Mitarbeitern, hohen Kosten von Sozialplänen, der Notwendigkeit
zur Sicherstellung des Kundendienstes sowie der Gefahr
von Imageverlusten, die insbesondere dann von hoher
Bedeutung ist, wenn die Firmenmarke oder eine starke
Dachmarke der austretenden Unternehmung geschädigt
wird. Vgl. zu einer ausführlichen Darstellung und Bedeutung von Marktaustrittsbarrieren im Rahmen der
strategischen Unternehmensplanung Meffert, H.,
Ohlsen, G.T., a.a.O., S. 178 ff.; Probst, H., Theorie
des Marktaustritts, Diss. Mainz 1977; Porter, M.E.,
Competitive Strategy, a.a.O., S. 2o f. und S. 259 ff.;
Hinterhuber, H.H., Wettbewerbsstrategie, a.a.O., S.
71 f.; Harrigan, K.R., The Effect of Exit Barriers upon
Strategic Flexibility, in: SMJ, Vol. 1, Nr. 1, 198o,
S. 165 ff.; Reinöhl, E., Probleme der Produkteliminierung, Diss. Bonn 1981.

2 Vgl. dazu Yip, G.S., Gateways to Entry, a.a.O.,
S. 86.

ginalen qualitativen Strategieunterschieden (z.B. Einsatz verbesserter Produktionsverfahren, geringfügig dif-
ferenziertes Marketingkonzept, z.B. im Bereich der Media-
strategie) beruhen derartige Ansatzpunkte auf der Philosophie des "try harder the same"[1]. Dabei kann versucht
werden, Markteintrittsbarrieren entweder durch den Einsatz bestehender Fähigkeiten und Ressourcen im Rahmen des
direkten Markteintritts zu reduzieren oder durch die
Akquisition eines etablierten Marktanbieters zu vermeiden[2].

Zum anderen bieten sich einem Newcomer vielfach Möglichkeiten zur Wahl einer Markteintrittsstrategie, die im
Vergleich zu den Konkurrenzstrategien erhebliche innovative oder differenzierte[3] Elemente enthält. Die strategische Umsetzung der Philosophie des "try something new" wird
dann besonders erfolgreich sein, wenn es dem Newcomer
gelingt, die Marktstruktur zu seinen Gunsten zu verändern
(Innovationsstrategie)[4]. Daneben sind die Möglichkeiten
zu untersuchen, bestehende Markteintrittsbarrieren durch
eine Beschränkung der Geschäftsfeldaktivitäten zu reduzieren[5].

---

1 Yip spricht in diesem Zusammenhang von "using essentially
  the same, but stronger, competitive strategies as in-
  cumbants". Yip, G.S., Gateways to Entry, a.a.O., S. 89.

2 Auf eine Diskussion der vielfältigen Formen einer Koope-
  rationsstrategie zur Reduzierung bzw. Überwindung von
  Markteintrittsbarrieren soll im Rahmen der vorliegenden
  Arbeit verzichtet werden.

3 Vgl. zu den Möglichkeiten einer Differenzierung gegenüber
  dem Wettbewerb vor allem Levitt, Th., Marketing Success
  Through Differentiation - of Anything, in: HBR, January-
  February 198o, S. 83 ff..

4 Vgl. dazu Yip, G.S., Barriers to Entry, a.a.O., S. 28 ff.;
  derselbe, Gateways to Entry, a.a.O., S. 89 ff..

5 Dabei erweist es sich als sinnvoll, das Konzept der
  "barriers to entry" mit den Planungskonzepten der
  Geschäftsfeldwahl ("defining the business") zu verbinden.

3.21 Reduzierung von Markteintrittsbarrieren durch Nutzung verfügbarer Fähigkeiten und Ressourcen des Newcomers

Von entscheidender Bedeutung zur Abschätzung der Möglichkeiten zur Reduzierung von Markteintrittsbarrieren ist der strategische Ausgangspunkt des Newcomers. Dabei kann grundsätzlich danach unterschieden werden, ob der Markteintritt durch eine neugegründete, unabhängige ("newborn firm") oder eine bestehende Unternehmung ("existing firm") im Rahmen einer Diversifikation vorgenommen wird. Der Markteintritt neugegründeter Unternehmen erfordert, daß Produkte neu entwickelt, das benötigte Know-how erworben, Produktionsstätten errichtet, ein leistungsfähiges Vertriebssystem aufgebaut und der Firmenname sowie die Produkte potentiellen Abnehmern bekannt gemacht werden müssen. Diesen "absoluten Newcomern" stehen daher in aller Regel erheblich geringere Möglichkeiten zur Reduzierung der bestehenden Markteintrittsbarrieren zur Verfügung, als dies bei bereits bestehenden Unternehmen mit zumindest partiell in den neuen Markt transferierbaren Fähigkeiten und Ressourcen der Fall ist[1].

Konzentriert man die Betrachtung auf bereits bestehende Unternehmen, sind die Möglichkeiten eines Newcomers zur Reduzierung bzw. Überwindung von Markteintrittsbarrieren umso höher zu veranschlagen, je größer und finanzkräftiger das Unternehmen ist[2] und je geringer die strategische Distanz zwischen dem Basismarkt bzw. Basismärkten (home market(s)) und dem neuen Markt (entry market) ausgeprägt ist[3].

---

1 Vgl. Berg, H., a.a.O., S. 286; Yip, G.S., Barriers to Entry, a.a.O., S. 7 f.; Porter, M.E., Competitive Strategy, a.a.O., S. 347.

2 Vgl. Yip, G.S., Barriers to Entry, a.a.O., S. 25.

3 Vgl. ebenda, S. 9.

Bei gegebener Unternehmensgröße und Finanzkraft kommt damit dem Grad der Synergie[1] zwischen den bisherigen und
den mit dem Markteintritt geplanten Unternehmensaktivitä-
ten eine entscheidende Bedeutung zu. Je höher der Synergie-
grad ausgeprägt ist, umso stärker kann eine Unternehmung ihre
materiellen (z.B.Absatzkanäle) und immateriellen Ressourcen
(z.B. positives Unternehmensimage, spezielle Fähigkeiten
wie Know-how im Bereich der Mikroelektronik) in dem neuen
Markt nutzen[2]. Zudem bestehen bei einer Diversifikation
mit engem Bezug zum Basisgeschäft ("related diversification")
vielfältige Ansatzpunkte zur Durchführung gemeinsamer Investitionen, die den Charakter von "shared costs"[3] aufweisen und eine Ausnutzung von Skaleneffekten ermöglichen.

Nach Einschätzung vieler Experten liegen die Arbeitsgebiete
und Branchen, die enge Synergien zur Textverarbeitung aufweisen, vor allem in der elektronischen Datenverarbeitung
(EDV), in der Büromaschinentechnik sowie in geringerem Ausmaß auch in der Nachrichtentechnik[4]. Für Unternehmen,

---

1 Eine auf die Erzielung von Synergien ausgerichtete Un-
  ternehmenspolitik besteht darin, "eine Absatzmarkt-Po-
  sition zu erreichen, bei der die Gesamt-Leistungsfähig-
  keit größer ist als die Summe ihrer Teile". Ansoff,
  H.I., a.a.O., S. 97; vgl. zum Synergiekonzept auch Pümpin,
  C., Management strategischer Erfolgspositionen, Bern,
  Stuttgart 1982, S. 65; Ulrich, H., Unternehmungspolitik,
  Bern, Stuttgart 1978, S. 178 f.; Rumelt spricht in
  diesem Zusammenhang von "relatedness". Vgl. Rumelt, R.P.,
  Strategy, Structure and Economic Performance, Boston 1974.
2 Vgl. Yip, G.S., Barriers to Entry, a.a.O., S. 69 f.; der-
  selbe, Gateways to Entry, a.a.O., S. 87.
3 Vgl. Porter, M.E., Competitive Strategy, a.a.O., S. 8 f.;
  zum Konzept der "shared costs" vgl. auch o.V.,
  Unternehmensstrategien, Spiel ums Überleben, in: WW,
  Nr. 2o, 1982, S. 5o.
4 Vgl. zu dieser Einschätzung z.B. Karcher, H.B., a.a.O.,
  S. 159 ff.; Schönecker, H.G., Bedienerakzeptanz, a.a.O.,
  S. 146 und die dort angegebene Literatur.

die in diesen Bereichen über hohe Fähigkeiten und Ressourcen verfügen, bestehen daher besondere Chancen, im Rahmen
einer Diversifikationsstrategie die Eintrittsbarrieren im
Textverarbeitungsmarkt zu überwinden.

Eine Analyse der derzeitigen Anbieterstruktur des Textverarbeitungsmarktes bestätigt tendenziell die hohe Bedeutung der Synergie zur Überwindung der Markteintrittsbarrieren. Zu den wesentlichen strategischen Gruppen[1] von
Anbietern, die in diesem Markt größere Marktanteile erzielen konnten, gehören Hersteller, die angestammte Kompetenzen und daraus resultierend spezielle Ressourcen und
Fähigkeiten in der EDV und Büromaschinentechnik besitzen.

Abbildung 11 zeigt die strategischen Anbietergruppen[2] im
Textverarbeitungsmarkt und verdeutlicht, daß neben den
EDV- und Büromaschinenherstellern Unternehmen im Markt
vertreten sind, die in begrenztem Umfang Synergien aus der
Nachrichtentechnik nutzen können (z.B. DeTeWe) oder auf
dem Wege einer lateralen Diversifikation (ohne Bezug zum
Basisgeschäft) fehlende Kompetenzen und Fähigkeiten durch
hohe finanzielle Ressourcen ausgleichen konnten (z.B.
EXXON). Demgegenüber kommt der Gruppe der neugegründeten
Unternehmen, die ihre Geschäftstätigkeit auf den Textverarbeitungsmarkt konzentrieren, zumindest unter Marktan-
teilsaspekten keine besondere Bedeutung zu.

1 Nach dem Konzept der strategischen Gruppen (strategic
  groups) wird ein Markt in Segmente von Wettbewerbern
  aufgespalten, die in ihrer Struktur und/oder in ihrem
  Wettbewerbsverhalten homogen sind; vgl. dazu Caves, R.E.,
  Porter, M.E., From Entry Barriers to Mobility Barriers.
  Consectural Decisions and Continued Deterrence to New
  Competition, in: Quarterly Journal of Economics, Vol.
  91, May 1977, S. 241 ff.; Porter, M.E., Competitive
  Strategy, a.a.O., S. 126 ff..
2 Einige Großunternehmen können dabei mehreren strategischen Gruppen zugeordnet werden, z.B. IBM (EDV und
  Büromaschinentechnik), Siemens (EDV und Nachrichten-
  technik).

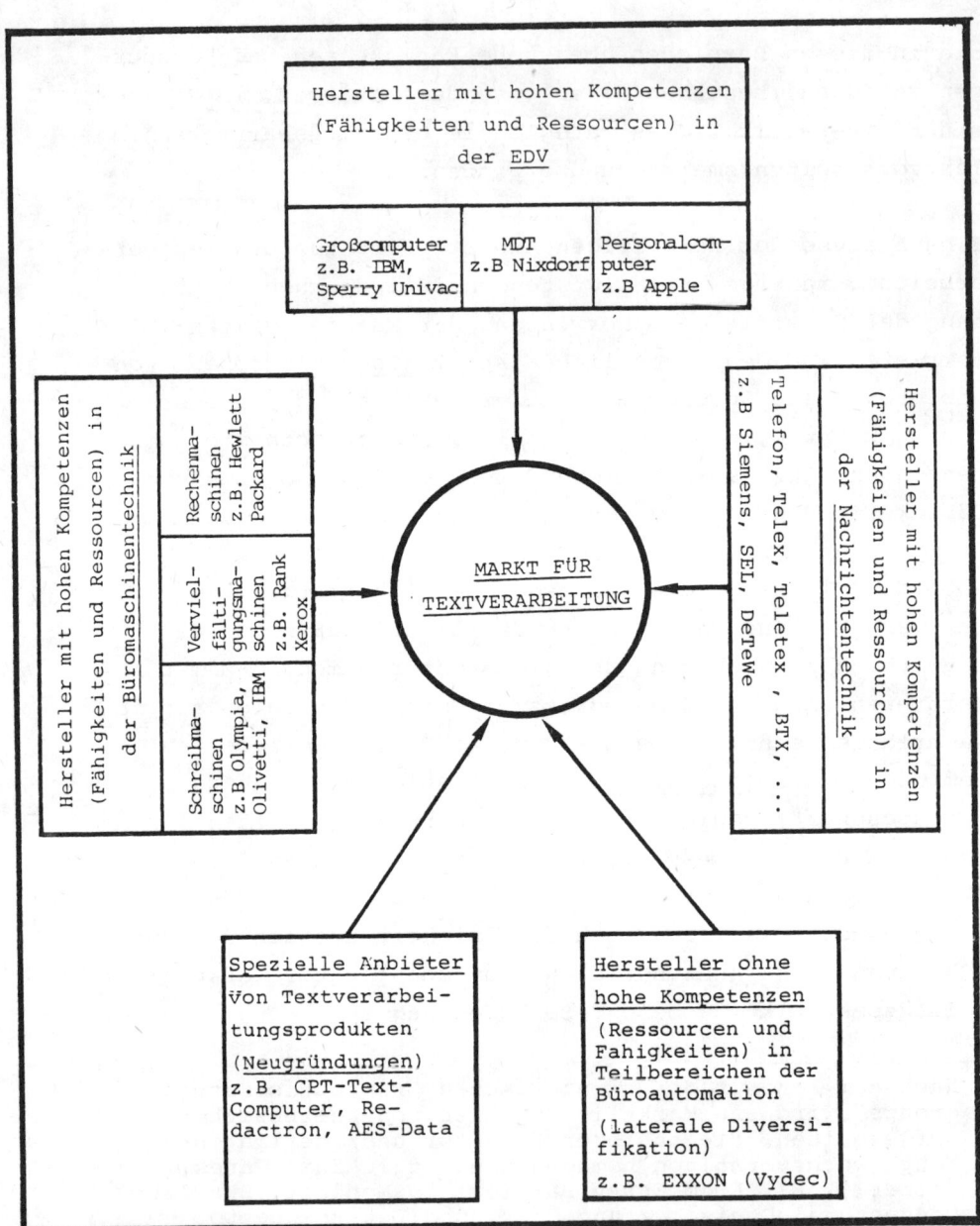

Abb. 11: Strategische Anbietergruppen im Textverarbeitungsmarkt

Insgesamt macht die Analyse des strategischen Ausgangs-
punktes eines potentiellen Newcomers deutlich, daß im
Rahmen einer Markteintrittsentscheidung nicht die durch
die Marktstruktur bedingte absolute Höhe der Markteintritts-
barrieren relevant ist, sondern vielmehr deren relative
Höhe, die sich ergibt, wenn die durch die Ressourcen und
Fähigkeiten des Unternehmens gegebenen Möglichkeiten der
Reduzierung der Zugangshemmnisse ausgeschöpft werden.[1]

Das Reduktionspotential von Markteintrittsbarrieren eines
Newcomers kann damit unter Umständen so groß sein, daß
die strukturbedingten Zugangshemmnisse nicht nur vollständig überwunden, sondern sogar als Ansatzpunkte zur
Erzielung von Vorteilen gegenüber etablierten Wettbewerbern genutzt werden können.

Im Rahmen der Planung des Markteintritts sollte das Potential einer Unternehmung zur Reduzierung der Markteintrittshemmnisse für jede Barriere gesondert analysiert
werden und bei positiver Markteintrittsentscheidung kon-
sequent genutzt werden. Tabelle 5 zeigt einige Voraussetzungen und Ansatzpunkte zur Reduzierung der von einem

---

1 Yip verdeutlicht diesen Sachverhalt durch folgende Me-
tapher: Wenn die (absoluten) Markteintrittsbarrieren eine
Wand darstellen, sind hohe Fähigkeiten und Ressourcen
als eine Plattform anzusehen, um diese Wand zu überwinden. Dabei kann die Plattform eines Newcomers sogar
so hoch sein, daß sie nicht nur die Höhe der Wand erreicht (und damit zu relativen Markteintrittsbarrieren
in der Höhe von Null führt), sondern sogar die Höhe der
Wand übersteigt und damit "negative" Markteintrittsbarrieren bzw. offene Tore zum Markteintritt (gateways
to entry) schafft. Vgl. Yip, G.S., Barriers to Entry,
a.a.O., S. 25 f.; derselbe, Gateways to Entry, a.a.O.,
S. 87 f..

Markteintrittsbarriere	Voraussetzungen/Ansatzpunkte zur Reduzierung der Markteintrittsbarriere	Beispiel im Textverarbeitungsmarkt
Skaleneffekte	Ausnutzung von Skaleneffekten durch diversifizierte Newcomer, indem – Produktkomponenten sowohl in den bisherigen als auch in den neuen Produkten verwendet werden	Bestimmte Komponenten vieler Produkte der Büroautomation (EDV-Anlagen, Teletexgeräte, etc.) wie z. B. Tastaturen, Drucker, Speichereinheiten sind auch in den Produkten der Textverarbeitung einsetzbar und können von entsprechend diversifizierten Unternehmen in großen Stückzahlen kostengünstig produziert werden.
	– bestehende Forschungs- und Entwicklungskapazitäten für die Konzipierung der neuen Produkte eingesetzt werden können, – Einkauf, Werbung, usw. für bestehende und neue Produkte gemeinsam durchgeführt werden.	Diese Voraussetzungen sind für viele Anbieter der Textverarbeitung gegeben (z. B. IBM, Siemens, Nixdorf); insbesondere Nutzung von Skaleneffekten in der Werbung, wenn Firmenmarken in der Textverarbeitung verwendet werden (z. B. IBM, Olivetti, Rank Xerox).
	Ausnutzung von Skaleneffekten durch absolute und diversifizierte Newcomer, indem der Markt mit einer Betriebsgröße betreten wird, mit der das Kostenniveau und die Produktivität der etablierten Unternehmen erreicht wird.	Diese Strategie wird in den kommenden Jahren vor allem beim Markteintritt japanischer Hersteller erwartet; heute bereits im Ansatz realisiert bei elektronischen Schreibmaschinen (Brother) und Textsystemen (Wang).
Produktdifferenzierung	Nutzung eines bekannten Firmennamens oder Markennamens, der in anderen Märkten aufgebaut wurde. Realisierung von Wettbewerbsvorteilen, wenn das bestehende Image stärker ist als bei etablierten Marktanbietern und eine Imageübertragung (Imagetransfer) auf den neuen Markt weitgehend möglich ist.	Nutzung des positiven Unternehmensimages von Rank Xerox beim Eintritt in den Textverarbeitungsmarkt; Realisierung von Imagevorteilen gegenüber in der Bundesrepublik Deutschland weniger bekannten Herstellern wie Wang oder Redactron.
Kapitalbedarf	Verfügbarkeit hoher liquider Mittel bzw. Nutzung günstiger Zugangsmöglichkeiten zu den Kapitalmärkten, um den Markteintritt zu finanzieren.	Hohe überschüssige liquide Mittel aus dem Ölgeschäft ermöglichten der Firma EXXON (Vydec; QYX) die Finanzierung des Eintritts in den Textverarbeitungsmarkt.
Zugang zu den Vertriebskanälen	Nutzung bestehender Distributions- und Kundendienstnetze, sofern diese für die Bearbeitung des neuen Marktes geeignet sind.	Diejenigen Hersteller, die bereits seit langem Anbieter von Büromaschinen sind, vertreiben ihre Textverarbeitungsprodukte i. d. R. über ihr bisheriges Vertriebssystem, d. h. über Vertragshändler (z. B. Olivetti, Triumph-Adler). Anbieter, die aus der EDV oder der Nachrichtentechnik kommend in den Textverarbeitungsmarkt vorstoßen, behalten dabei i. d. R. ihren Vertrieb über eigene Niederlassungen bzw. die eigene Außendienstorganisation bei (z. B. IBM, Wang, Nixdorf, Siemens).
Wettbewerbsvorteile etablierter Unternehmen	Nutzung bereits bestehender Zugangsmöglichkeiten zu den Arbeits-, Rohstoff- und Halbfertigfabrikatenmärkten; aufgrund langfristiger Geschäftsbeziehungen zu den Lieferanten sowie großer Einkaufsvolumen können diversifizierte Unternehmen gegenüber nicht oder weniger diversifizierten etablierten Marktanbietern Wettbewerbsvorteile erzielen.	Für EDV-Hersteller als Newcomer im Textverarbeitungsmarkt dürfte der Softwareengpaß ein „gateway to entry" darstellen, da diese aufgrund ihres Know-how am ehesten in der Lage sind, das Softwareproblem zu überwinden.
Reaktionswahrscheinlichkeit etablierter Marktanbieter	Beim Markteintritt großer oder dynamischer Unternehmen mit dem Ruf eines „harten Wettbewerbes" und hohen Ressourcen und Fähigkeiten ist die Wahrscheinlichkeit einer intensiven Reaktion der etablierten Marktanbieter vielfach gering, da diese mit der Gefahr der Unterlegenheit in einem Wettbewerbskampf rechnen müssen.	Im Textverarbeitungsmarkt gelten vor allem japanische Unternehmen mit hohen Fähigkeiten und Ressourcen im Bereich der Mikroelektronik als potentielle Newcomer. Da diese Unternehmen i. d. R. Produkte mit deutlichen Preis- oder sonstigen Wettbewerbsvorteilen anbieten und zudem bereit sind, hohe Investitionen in die Markterschließung vorzunehmen, dürfte ihr Markteintritt viele etablierte Anbieter zu einer eher vorsichtigen Reaktion veranlassen.

Tab. 5: Voraussetzungen und Ansatzpunkte zur Reduzierung von Markteintrittsbarrieren im Textverarbeitungsmarkt

Newcomer beeinflußbaren Markteintrittsbarrieren[1], die
für den Bereich der Textverarbeitung an einigen Beispielen[2] spezifiziert wurden.

3.22 Vermeidung von Markteintrittsbarrieren durch Akquisition eines etablierten Marktanbieters

Ist die Kapitalbedarfsbarriere für einen potentiellen
Newcomer nicht wirksam, d.h. verfügt dieser über hohe
finanzielle Ressourcen, liefert die Akquisitionsstrategie
im allgemeinen die günstigsten Voraussetzungen, die übrigen beeinflußbaren Markteintrittshemmnisse weitestgehend
oder vollständig zu vermeiden[3]. Die Vorteile gegenüber dem
direkten Markteintritt hängen dabei von dem Umfang ab,
in dem durch die Übernahme Marktanteile (und damit
Nutzungsmöglichkeiten von Skaleneffekten), Produktionsanlagen, Vertriebskanäle, spezifisches Know-how usw. erworben werden können[4]. Neben der Vermeidung struktureller
Markteintrittsbarrieren reduziert sich zudem das Risiko
einer starken Konkurrenzreaktion, weil bei einem indirekten Markteintritt die Angebotskapazität nicht erhöht und
damit das Problem eines Preis- und Rentabilitätsverfalls
bei nicht in gleichem Umfang steigender Nachfrage vermieden wird[5].

---

1 Bezüglich der Barrieren Umstellungskosten und staatliche
  Eingriffe bestehen i.d.R. keine oder allenfalls marginale Reduktionsmöglichkeiten. Deshalb wird auf eine
  Berücksichtigung in Tabelle 5 verzichtet.
2 Vgl. zu diesen Beispielen im Textverarbeitungsmarkt Karcher, H.B., a.a.O., S. 159 ff.; Schnorbus, A., a.a.O.,
  S. 15; o.V., Schreibmaschinen. In Zukunft elektronisch,
  a.a.O., S. 114; o.V., Word processing. Wang's game plan
  for the office, in: Business Week, 15. December 198o,
  S. 24; Cravens, D.W., a.a.O., S. 174 f..
3 Vgl. Yip, G.S., Gateways to Entry, a.a.O., S. 91.
4 Vgl. ebenda sowie derselbe, Diversification Entry: Internal Development versus Acquisition, in: SMJ, Vol. 3,
  Nr. 4, 1982, S. 331 ff..
5 Vgl. Yip, G.S., Barriers to Entry, a.a.O., S. 2 und S. 8 f.;
  Porter, M.E., Competitive Strategy, a.a.O., S. 34o und
  S. 35o f..

Trotz ihrer hohen Eignung zur Vermeidung von Markteintrittsbarrieren ist die Akquisitionsstrategie jedoch häufig nicht realisierbar. In Wachstumsmärkten stehen vielfach keine geeigneten Akquisitionsobjekte zur Verfügung oder eine Übernahme ist aus anderen (z.B. kartellrechtlichen) Gründen nicht möglich. Darüber hinaus stellt die Akquisition nicht immer die kostengünstigste Markteintrittsstrategie dar, denn der Kaufpreis eines bestehenden Unternehmens enthält bei funktionierendem Marktmechanismus[1] eine Prämie in Höhe der Kosten, die bei der Überwindung der absoluten Markteintrittsbarrieren durch einen Newcomer anfallen würden. Je stärker das Ausmaß der nutzbaren Synergien bei einem Markteintritt und damit die Möglichkeiten zur Reduzierung von Markteintrittsbarrieren ausgeprägt sind, umso weniger ist die Zahlung dieser Prämie ökonomisch sinnvoll und umso mehr ist die interne Entwicklung als kostengünstigere Markteintrittsstrategie anzusehen[2].

Im Textverarbeitungsmarkt wurde die Akquisition von bestehenden Marktanbietern bislang kaum als Markteintrittsstrategie genutzt[3]. Es kann vermutet werden, daß die ge-

---

1 Vgl. hierzu Porter, M.E., Competitive Strategy, a.a.O., S. 35o ff.; in enger Anlehnung an Porter: Hinterhuber, H.H., Wettbewerbsstrategie, a.a.O., S. 22o ff.; Salter, M.S., Weinhold, W.A., Diversification through Acquisition, New York, London 1979.

2 Vgl. Yip, G.S., Gateways to Entry, a.a.O., S. 92.

3 Als Ausnahme kann bedingt die Übernahme einer Mehrheitsbeteiligung an der Firma Triumph-Adler durch die Volkswagen AG angesehen werden. Zielsetzung der Übernahme war jedoch nicht primär das Eindringen speziell in den Textverarbeitungsmarkt, sondern vielmehr in den weiter gefaßten Markt der integrierten Bürokommunikation vor allem vor dem Hintergrund, Know-how in der Mikroelektronik im Bereich der Automobilproduktion zu nutzen. Das Beispiel zeigt zudem die Risiken einer Diversifikation durch eine Akquisitionsstrategie in einen Bereich, in dem die Unternehmung über keine oder nur geringe Kompetenzen verfügt. Vgl. Diekhof, R., Mismanagement VW / Triumph-Adler. "Wir müssen bei Null anfangen", in: MM, Nr. 1o, 1981, S. 46 ff..

nannten Gründe zu einer Dominanz der Strategie der internen Entwicklung in diesem Markt geführt haben.

3.23 Vermeidung von Markteintrittsbarrieren durch Veränderung der Marktstruktur

Ist die Verfolgung einer Akquisitionsstrategie nicht möglich oder sinnvoll und reichen die Fähigkeiten und Ressourcen des Newcomers nicht aus, den Markteintrittswiderstand im Rahmen einer gegenüber den zentralen Wettbewerbern in Umfang und Differenzierungsgrad vergleichbaren Geschäftsfeldstrategie zu überwinden, sollte überprüft werden, inwieweit die Barrieren durch die Realisierung technologischer und/oder Marketinginnovationen vermieden werden können. Im Regelfall verändern derartige Innovationen die gesamte Marktstruktur und ermöglichen es einem Newcomer, erhebliche Wettbewerbsvorteile zu erzielen[1].

Die Entwicklung oder die erstmalige Anwendung neuer Technologien im Sinne neuer Produkte und/oder Produktionsverfahren[2] bietet vor allem günstige Voraussetzungen, die Produktdifferenzierungsbarriere durch eine neue Problemlösung (Produktinnovation) zu vermeiden und/oder die Skalenbarriere durch den Wechsel des Produktionsverfahrens (Verfahrensinnovation) und damit den Übergang auf eine neue Erfahrungskurve außer Kraft zu setzen[3].

---

1 Vgl. dazu die Ausführungen von Yip unter den Aspekten "opportunities to exploit technological or other environmental changes" sowie "opportunities to negate the barriers directly"; Yip, G.S., Barriers to Entry, a.a.O., S. 29 ff.; derselbe, Gateways to Entry, a.a.O., S. 89 ff..

2 Vgl. dazu auch Pfeiffer, W. u.a., Technologie-Portfolio, a.a.O., S. 13; Frohman, A.L., Technology as a competitive weapon, in: HBR, January-February 1982, S. 97 ff.; Porter, M.E., The Technological Dimension of Competitive Strategy, Working Paper HBS 82-19, Harvard Graduate School of Business Administration 1982, S. 4 ff.; Morton, M.R., Technology and Strategy: Creating a Successful Partnership, in: BH, Nr. 1, 1983, S. 44 ff..

3 Vgl. Pfeiffer, W. u.a., Technologie-Portfolio, a.a.O., S. 5o ff..

Offene Tore zum Markteintritt resultieren damit zum einen
aus kostengünstigeren Produktionsverfahren, die - trotz
geringerer Betriebsgröße des Newcomers - eine aggressive
Preisstrategie bei relativ homogenen Wettbewerbsprodukten
ermöglichen. Zum anderen bietet die Nutzung des technischen Fortschritts vielfältige Ansatzpunkte, innovative
Problemlösungen zu konzipieren, die über eine Erweiterung
der Technologiedimension zu einer Veränderung der Marktstruktur führen und damit direkte Auswirkungen auf
die Möglichkeiten einer konkurrenzüberlegenen Geschäftsfeldwahl aufweisen[1].

Aufgrund der raschen Verbesserungen der Leistungsfähigkeit elektronischer Bauteile (Chips) sowie der Speicher-
technologien werden die mikroelektronischen Systeme zunehmend kleiner, leichter, preiswerter und qualitativ hoch-
wertiger[2]. Zudem zeichnen sich deutliche - wenn auch geringere - Fortschritte im Bereich der "Softwaretechnolo-
gie" ab[3]. Damit bieten sich für einen Newcomer im Textverarbeitungsmarkt aussichtsreiche Chancen für die Verfolgung einer technologischen Innovationsstrategie[4].

---

1 Vgl. Abell, D.F., Defining the Business, a.a.O., S. 212;
  Corey, E.R., a.a.O., S. 123.

2 Vgl. dazu Karcher, H.B., a.a.O., S. 144 ff.; Lorenz, G.,
  a.a.O., S. 35 ff.; Kaiser, W., Hagmeyer, H.T., Elektronische Textkommunikation, in: Textverarbeitung und Informatik, Fachtagung der Gesellschaft für Informatik in
  Bayreuth vom 28.-3o.5.198o, Hrsg.: Wossidlo, P.R., Berlin, Heidelberg, New York 198o, S. 189.

3 Vgl. zur Leistungsfähigkeit moderner Softwaretechnologien
  z.B. Karcher, H.B., a.a.O., S. 173 ff.; Schulz, A.,
  Methoden des Softwareentwurfs und Strukturierte Pro-
  grammierung, Berlin, New York 1978, S. 9 ff..

4 Daneben können Newcomer, die zuerst die jeweils neueste
  Generation mikroelektronischer Bauteile beim Angebot her-
  kömmlicher Problemlösungen (z.B. elektronische Speicherschreibmaschinen, Textsysteme) einsetzen und/oder die
  modernsten Verfahren der Softwareentwicklung ausnutzen,
  u.U. die Markteintrittsbarriere "Wettbewerbsvorteile
  der etablierten Marktanbieter" sowie die Skalenbarriere reduzieren.

In Zukunft dürften sich vor allem denjenigen Newcomern besondere Möglichkeiten zur Vermeidung von Markteintrittsbarrieren bieten, die als erster in der Lage sind,
technisch ausgereifte integrierte Daten- und Textverarbeitungssysteme anzubieten[1].

Ein Beispiel für den Eintritt in den Textverarbeitungsmarkt
mit Hilfe einer innovativen Marketingstrategie liefert
die Firma Rank Xerox, die ihre Textsysteme über eigene
Läden vertreibt[2] und dadurch in der Lage ist, die Distributionsbarriere zu vermeiden. Des weiteren ließen sich
z.B. durch eine Erhöhung der Produktqualität und -zuver-
lässigkeit die Voraussetzungen schaffen, um auf den Aufbau eines Kundendienstnetzes zu verzichten, wodurch neben
der Distributionsbarriere auch die Produktdifferenzierungs-
'sowie die Kapitalbedarfsbarriere zumindest teilweise
vermieden werden könnten.

Bestehen bei einem Markteintritt Möglichkeiten zur Veränderung der Marktstruktur, reduziert sich vor allem die
Wahrscheinlichkeit einer intensiven Reaktion der etablierten Marktanbieter. Diese haben sich auf bestimmte Technologien und Marketingstrategien (z.B. Kostenführerschaft
durch Nutzung von Skaleneffekten) festgelegt, die ihre
Flexibilität vermindern. Bei einer Übernahme bzw. Adap-
tion der Newcomerstrategie müßten sie mit einer Kannibalisierung[3] ihrer bestehenden Produkte und damit der Ge-

---

1 Vgl. dazu auch die Erweiterung der Technologiedimension
  in Abbildung 6 S. 77 dieser Arbeit.
2 Vgl. o.V., Wer kann das Büro 2ooo richtig verkaufen?,
  in: asw, Nr. 12, 1982, S. 42.
3 Unter Kannibalisierung wird in diesem Zusammenhang der
  Effekt verstanden, daß die Umsätze der innovativen
  Produkte des etablierten Marktanbieters die Verkaufs-
  erfolge der bestehenden Produkte negativ beeinflussen.

fährdung vorgenommener Investitionen rechnen[1].

3.24 Reduzierung und Vermeidung von Markteintritts-barrieren durch Beschränkung der Geschäftsfeld-aktivitäten

Weitere Ansatzpunkte zur Reduzierung und Vermeidung von
Markteintrittsbarrieren ergeben sich, wenn es dem potentiellen Newcomer gelingt, innovative Segmente im Textverarbeitungsmarkt aufzuspüren und in konzentrierter Weise
zu bearbeiten. Eine innovative strategische Marktsegmentierung[2] stellt insbesondere in Verbindung mit einer "Flan-
kenangriffsstrategie" eine wirksame Methode zur Vermeidung direkten Wettbewerbs dar. Eine Flankenangriffsstra-
tegie läßt sich dadurch kennzeichnen, daß ein Newcomer ein
Textverarbeitungsprodukt anbietet, das für eine bislang
nicht bearbeitete Abnehmergruppe konzipiert ist oder ein
anderes Abnehmerbedürfnis (bzw. eine andere Abnehmerfunk-
tion) befriedigt. Eine zunächst vollständige Focussierung
auf dieses innovative Segment erleichtert es, durch die
Sammlung von Markterfahrungen und die Gewinnung von
Glaubwürdigkeit als kompetenter Marktanbieter die Voraussetzungen für ein späteres Eindringen in den Hauptmarkt zu
schaffen[3].

---

1 Ein Beispiel für mangelnde Reaktionsflexibilität im Textverarbeitungsmarkt liefert im Bereich der elektronischen
  Speicherschreibmaschinen die Firma IBM. Vermutlich durch
  hohe Investitionen in die Kugelkopftechnik festgelegt,
  erfolgte trotz hoher Marktanteilsverluste bislang keine
  Reaktion auf die Einführung von Speicherschreibmaschinen,
  die mit der als überlegen angesehenen Typenradtechnik
  ausgestattet sind. Vgl. dazu o.V., Schreibmaschinen. In
  Zukunft elektronisch, a.a.O., S. 114 sowie auch Yip, G.S.,
  Gateways to Entry, a.a.O., S. 9o; Abernathy, W.J., Clark,
  K.B., Kantrow, A.M., The new industrial competition, in:
  HBR, September-October 1981, S. 78.

2 Vgl. dazu S. 71 ff. dieser Arbeit.

3 Vgl. Yip, G.S., Barriers to Entry, a.a.O., S. 3o;
  derselbe, Gateways to Entry, a.a.O., S. 9o.

Durch eine weitgehende Vermeidung von direktem Preiswettbewerb zwischen dem Newcomerangebot und denen der etablierten Marktanbieter kann zum einen die Skalenbarriere um-
gangen werden, zum anderen wird teilweise die Produktdifferenzierungsbarriere abgeschwächt. Darüber hinaus
existieren u.U. Ansatzpunkte zur Vermeidung der Distributionsbarriere (z.B. bessere Durchsetzungsfähigkeit der
Innovation gegenüber me-too-Produkten im Handel), so daß
sich insgesamt auch eine Senkung der Kapitalbedarfsbarriere
ergibt.

Gelingt es einem Newcomer nicht, innovative Segmente im
Textverarbeitungsmarkt aufzuspüren, sollten die Möglichkeiten untersucht werden, Markteintrittsbarrieren durch
eine Beschränkung der Geschäftsfeldaktivitäten im Rahmen
einer konventionellen Marktabgrenzung und -klassifizierung
zu reduzieren. Bei den folgenden Überlegungen soll von
der Annahme ausgegangen werden, daß die Geschäftsfeldstrategien sämtlicher relevanter Marktanbieter einschließlich des Newcomers auf einer Abgrenzung des Textverarbeitungsmarktes basieren, wie sie beispielhaft in Abbildung 7[1] in Form von Produkt-/Branchengruppen-Kombinationen
(z.B. Einplatz-Textsysteme für industrielle Abnehmer)
zugrundegelegt wurde[2].

Die Begrenzung des Umfangs und Differenzierungsgrads der
Marktbearbeitung[3] sollte jedoch nicht ausschließlich an

---

1 Vgl. dazu S. 81 dieser Arbeit.
2 Des weiteren wird vereinfachend unterstellt, daß die zentralen Wettbewerber eine breite, differenzierte Geschäftsfeldstrategie verfolgen. Im Textverarbeitungsmarkt
trifft dies vor allem für die führenden Anbieter IBM
und Triumph-Adler, aber auch weitgehend für Wang,
Olivetti u.a. zu.
3 Vgl. zu den grundlegenden Geschäftsfeldstrategien Abbildung 9, S. 87 dieser Arbeit.

der Reduzierung des Markteintrittswiderstands ausgerichtet werden. Vielmehr müssen auch die mit dem Markein-
tritt verfolgten Zielsetzungen berücksichtigt werden.
Konzentriert man die Betrachtung auf die erfolgsbezogenen
Zielsetzungen einer Unternehmung (z.B. Gewinn, Return
on Investment), läßt sich in Anlehnung an Abell und Kotler
ein Set von Entscheidungskriterien heranziehen, durch deren Berücksichtigung sichergestellt werden soll, daß eine
Geschäftsfeldstrategie eine effiziente oder effektive Marktbearbeitung[1] ermöglicht[2] (vgl. Tabelle 6).

Marktbezogene Kriterien	Unternehmensbezogene Kriterien

o Abnehmerverhalten
 	
  - Preis- versus Qualitäts-
    orientierung
 	
  - Wunsch nach breiter Aus-
    wahlmöglichkeit
 	
  - Markthomogenität/ Differen-
    zierung des Abnehmerbedarfs
 	
o Realisierbarkeit von Skalen-
  effekten
 	
o Ressourcenbedarf
 	
o Produkthomogenität
	o Unternehmensressourcen
	
	o Fähigkeiten der Unternehmung

Tab. 6: Kriterien zur Auswahl der Geschäftsfeldstrategie

        Quelle: In Anlehnung an Abell, D.F., Defining the
        Business, a.a.O., S. 179 ff.; Kotler, P., a.a.O.,
        S. 2o9 f..

---

1 Während die Realisierung von Effizienz eine Position
  der Kostenführerschaft als Grundlage einer Niedrigpreis-
  strategie schafft, führt Effektivität zu einer im Vergleich zur Konkurrenz überlegenen Befriedigung der Abnehmerbedürfnisse. Vgl. dazu Abell, D.F., Defining
  the Business, a.a.O., S. 21 und S. 178; Porter, M.E.,
  Competitive Strategy, a.a.O., S. 31 ff.; Hinterhuber,
  H.H., Wettbewerbsstrategie, a.a.O., S. 94 ff.; Wiersema, F.D., a.a.O., S. 4 f.; Bauer, E., Markt-Segmentierung
  als Marketing-Strategie, a.a.O., S. 13o ff..

2 Siehe S. 115

Die Möglichkeiten zur Reduzierung von Eintrittsbarrieren
im Textverarbeitungsmarkt sind daher unter Berücksichtigung dieser Kriterien zu analysieren. Dabei können nicht
alle der in Abbildung 9[1] skizzierten Geschäftsfeldstrategien einbezogen werden. Vielmehr soll die Untersuchung
vereinfachend für drei Basisstrategien der Geschäftsfeldplanung erfolgen,

- der konzentrierten Geschäftsfeldstrategie (focused
  strategy)
- der undifferenzierten Geschäftsfeldstrategie (undiffe-
  rentiated strategy) sowie der
- differenzierten Geschäftsfeldstrategie (differentiated
  strategy)[2].

Die konzentrierte Geschäftsfeldstrategie beinhaltet eine
Beschränkung der Marktbearbeitung auf ein (oder wenige)
Produkt-/Markt-Segment(e). Indem das Angebot auf den
spezifischen Segmentbedarf zugeschnitten wird, ergibt
sich i.d.R. eine hohe Differenzierung gegenüber den Wettbewerbern.

Bei undifferenzierter Geschäftsfeldstrategie wird demgegenüber bei einer breiten, im Extremfall vollständigen
Produkt-/Markt-Abdeckung auf eine Differenzierung
zwischen den Abnehmergruppen verzichtet. Eine Differenzierung gegenüber der Konkurrenz wird - abgesehen von
preispolitischen Maßnahmen - ebenfalls nicht bewußt angestrebt.

Eine differenzierte Geschäftsfeldstrategie basiert bei
breiter Produkt-/Markt-Abdeckung auf einer differenzierten

Fußnote 2 von S. 114

   Inhaltlich weitgehend identische Kriterien finden sich
   bei Corey, R.E., Star, S.H., Organizational Strategy.
   A Marketing Approach, Harvard Business School, 1971,
   S. 8 f.; Shapiro, B., Industrial Products Policy,Marke-
   ting Science Institute, Cambridge, Mass. 1977, S. 112 ff..

1 Vgl. S.   87   dieser Arbeit.

2 Vgl. dazu und zu den folgenden Ausführungen Abell,
   D.F., Defining the Business, a.a.O., S. 174 f.; Kotler,
   P., a.a.O., S. 2o6 ff.. Diese Strategietypen entsprechen
   zudem weitgehend den "generic competitive strategies"
   bei Porter; vgl. Porter, M.E., Competitive Strategy,
   a.a.O., S. 34 ff.; in enger Anlehnung an Porter: Hinterhuber, H.H., Wettbewerbsstrategie, a.a.O., S. 94 ff..

Bearbeitung der Abnehmergruppen. In Abhängigkeit davon, inwieweit sich die Wettbewerber ebenfalls auf die
ausgewählten Produkt-/Markt-Segmente spezialisiert haben,
ergibt sich darüber hinaus eine mehr oder weniger starke
Differenzierung gegenüber der Konkurrenz[1].

Welche dieser Basisstrategien im Rahmen der Geschäftsfeldplanung im Textverarbeitungsmarkt empfehlenswert ist,
hängt weitgehend von den Ausprägungen der genannten Entscheidungskriterien in diesem Markt ab:

Preis- versus Qualitätsorientierung der Abnehmer

Bei hoher Preissensitivität der Abnehmer - insbesondere
in Verbindung mit einer starken Wirkung des Erfahrungskurveneffektes - empfiehlt sich die Wahl einer breiten, undifferenzierten Geschäftsfeldstrategie. Demgegenüber
wird in einem Markt, in dem die Abnehmer mehr an Nutzenkategorien wie Produktqualität, technische Unterstützung,
Kundendienst, umfassende Beratung etc. interessiert sind,
eine undifferenzierte Geschäftsfelddefinition, die eine
führende Kostenposition ermöglicht, weniger sinnvoll sein
als eine konzentrierte oder differenzierte Geschäftsfeldwahl. Treten in einem Markt sowohl preis- als auch nut-
zenorientierte Nachfrager auf, ist die Wahl eines breiten, differenzierten Geschäftsfeldes als günstig anzusehen.

Aufgrund der technischen Komplexität der Textverarbeitungsprodukte kann davon ausgegangen werden, daß reine Preis-
käufer in diesem Markt keine dominante Nachfrageposi-
tion aufweisen. Daher kommt der undifferenzierten Geschäftsfeldstrategie im Textverarbeitungsmarkt eine eher
untergeordnete Bedeutung zu.

---

1 Vgl. Abell, D.F., Defining the Business, a.a.O., S. 174.

Wunsch nach breiter Auswahlmöglichkeit

Wünschen die Abnehmer ein umfassendes Angebot sich ergänzen-
der Produkte von einem Hersteller oder ein komplettes
System von Produkten, empfiehlt sich eine breite Geschäftsfeldwahl entlang der Produktdimension, die von der
Marktspezialisierung bis zur vollen Produkt-/Markt-Ab-
deckung reichen kann.

Umfassende Auswahlmöglichkeiten zwischen unterschiedlichen
Problemlösungen dürften auch im Textverarbeitungsmarkt
von erheblicher Bedeutung sein. Zum einen wird bei
einem Einsatz mehrerer unterschiedlicher Textverarbeitungsprodukte im Unternehmen (z.B. elektronische Speicherschreibmaschine im Sekretariat und Mehrplatz-Textsystem
im Schreibbüro) der Beschaffungsprozeß für einen potentiellen Abnehmer erleichtert. Zum anderen kann die
Glaubwürdigkeit des Anbieters gesteigert werden, aus einer
vollständigen Produktpalette die für den Abnehmer "optimale" Problemlösung anbieten zu können.

Damit deutet dieses Entscheidungskriterium darauf hin,
daß die Strategie der konzentrierten Geschäftsfeldwahl
gegenüber einer breiteren Produkt-/Markt-Abdeckung
mit Nachteilen verbunden ist.

Markthomogenität / Differenzierung des Abnehmerbedarfs

Je heterogener das Kaufverhalten und der Bedarf der potentiellen Abnehmer ausgeprägt sind, umso stärker bietet
sich die Wahl einer differenzierten oder konzentrierten
Geschäftsfeldstrategie an.

Die Voraussetzung eines differenzierten Abnehmerverhaltens kann auch im Textverarbeitungsmarkt als erfüllt angesehen werden, weil unterschiedliche Abnehmerbranchen verschiedene Problemlösungen benötigen und sich die Kauf-

entscheidungsprozesse sowie das Auftragsvergabeverhalten
z.B. von industriellen Unternehmen und öffentlichen Verwaltungen i.d.R. stark unterscheiden[1].

Realisierbarkeit von Skaleneffekten

Lassen sich durch eine Erhöhung der Absatzmengen in einem
Markt deutliche Kostensenkungen durch Betriebsgrößende-
gression und die Realisierung von Erfahrungskurveneffekten
erzielen, erweist sich eine breite, undifferenzierte Geschäftsfeldstrategie als vorteilhaft. Während bei einer
breiten, differenzierten Geschäftsfeldwahl Skaleneffekte zumindest teilweise ausgenutzt werden können, deutet
dieses Entscheidungskriterium darauf hin, daß eine konzentrierte Geschäftsfeldstrategie i.d.R. nicht oder nur
dann sinnvoll ist, wenn hohe Abnahmemengen durch die Erzielung eines hohen Marktanteils in einem oder wenigen
Produkt-/Markt-Segment(en) realisiert werden können.

Angesichts der als hoch eingeschätzten Bedeutung von Skaleneffekten im Textverarbeitungsmarkt[2] dürfte die konzentrierte Geschäftsfeldstrategie bei Zugrundelegung dieses
Entscheidungskriteriums keine geeignete Alternative der
Marktbearbeitung darstellen.

Ressourcenbedarf

Ist der Ressourcenbedarf in den wesentlichen Funktionsbe-
reichen einer Unternehmung (z.B. Forschung und Entwicklung, Produktion, Distribution, Kundendienst) für die Be-

---

1 Vgl. Der Spiegel (Hrsg.), Der Entscheidungsprozeß bei
  Investitionsgütern, Hamburg 1982, S. 22 ff. (im folgenden zitiert als: Der Spiegel, Entscheidungsprozeß).
2 Vgl. dazu S. 88 ff. dieser Arbeit.

arbeitung unterschiedlicher Produkt-/Markt-Segmente als
relativ homogen anzusehen, empfiehlt sich die Wahl einer
undifferenzierten Geschäftsfeldstrategie. Andernfalls ist
eine konzentrierte oder differenzierte Geschäftsfeldstrategie vorteilhaft.

Im Textverarbeitungsmarkt ist tendenziell ein differenzierter Ressourcenbedarf zu unterstellen. Die verschiedenen
Produkte stellen zum Teil sehr unterschiedliche Anforderungen an Forschung und Entwicklung und Produktion. Des
weiteren erfordert die Bearbeitung unterschiedlicher Abnehmergruppen eine differenzierte Vorgehensweise im Marketing sowie im Softwarebereich. Daher leitet sich aus
diesem Kriterium die Forderung nach einer konzentrierten
oder differenzierten Geschäftsfeldstrategie ab.

Produkthomogenität

Eine undifferenzierte Geschäftsfeldstrategie eignet sich
tendenziell eher für homogene Produkte wie Rohstoffe und
Halbfertigfabrikate (z.B. elektronische Bauteile), während in Märkten mit technisch komplexen Produkten wie
im Bereich der Textverarbeitung eine konzentrierte oder
differenzierte Geschäftsfeldwahl als adäquat angesehen
wird.

Ressourcen und Fähigkeiten des Newcomers

Je höher die Ressourcen und je breiter die Fähigkeiten
des Newcomers ausgeprägt sind, um den Marktanforderungen
zu entsprechen, desto breiter kann die Geschäftsfeldstrategie erfolgen. Dies gilt selbst dann, wenn das Abnehmerverhalten einen hohen Differenzierungsgrad erfordert
und der Ressourcenbedarf in den einzelnen Funktionsbe-
reichen (Forschung und Entwicklung, Produktion, Marketing
etc.) sehr heterogen ist.

Verfügt ein Newcomer lediglich in spezifischen Produkt-/ Markt-Bereichen über hohe Fähigkeiten und Ressourcen, empfiehlt sich die Wahl einer Marktspezialisierungsstrategie, wenn die Stärken in einer detaillierten Kenntnis einer bestimmten Abnehmergruppe (z.B. Branche) liegen und die Unternehmung in der Lage ist, eine vollständige Produktlinie anzubieten. Eine Produktspezialisierungsstrategie erscheint zweckmäßig, wenn die Ressourcen und Fähigkeiten das Angebot eines bestimmten Produkttyps nahelegen.

So kann im Textverarbeitungsmarkt z.B. davon ausgegangen werden, daß Newcomer aus dem Bereich der elektronischen Datenverarbeitung in besonderer Weise in der Lage sind, Textverarbeitungs-Softwarepakete für unterschiedliche Abnehmergruppen anzubieten, während Büromaschinenhersteller besondere Fähigkeiten und Ressourcen zur Produktion und Vermarktung von elektronischen Speicherschreibmaschinen besitzen.

Neben der Konzentration auf einen Produkttyp bzw. eine Abnehmergruppe ("Uni-Produktspezialisierung" bzw. "Uni-Marktspezialisierung") können die Stärken einer Unternehmung derartig ausgeprägt sein, daß eine Konzentration auf mehrere Produkte (z.B. Einplatz-Textsysteme und Mehrplatz-Textsysteme) bzw. mehrere Abnehmergruppen (z.B. Handel, Banken und Versicherungen) zweckmäßig ist. In diesen Fällen kann eine Strategie der "Multi-Produkt-" bzw. "Multi-Markt-Spezialisierung" empfohlen werden.

Tabelle 7 zeigt die wesentlichen Ergebnisse im Überblick und verdeutlicht, daß die Bewertung der drei Basisstrategien anhand der zugrundegelegten Kriterien für den Bereich der Textverarbeitung zu keiner eindeutigen Geschäftsfeldempfehlung führt. Tendenziell kann jedoch festgestellt werden:

Geschäftsfeldstrategie / Einflußfaktor / Entscheidungskriterium			konzentriert (geringer Umfang/ hohe Differenzierung gegenüber der Konkurrenz)	undifferenziert (breiter Umfang/ geringe abnehmerbezogene Differenzierung)	differenziert (breiter Umfang/ hohe abnehmerbezogene Differenzierung)	Strategieempfehlung im Bereich der Textverarbeitung
marktbezogene Kriterien	Abnehmerverhalten	Preis- versus Qualitätsorientierung	Nutzenorientiert	Preisorientiert	sowohl Nutzen- als auch Preis-orientiert	konzentriert oder differenziert
		Wunsch nach breiter Auswahlmöglichkeit	gering	hoch	hoch	undifferenziert oder differenziert
		Differenzierung des Abnehmerbedarfs (Markthomogenität)	hoch	gering	hoch	konzentriert oder differenziert
	Realisierbarkeit von Skaleneffekten		gering	hoch	hoch	undifferenziert oder differenziert
	Ressourcenbedarf		differenziert	gleich	differenziert	konzentriert oder differenziert
	Produkthomogenität		gering	hoch	gering	konzentriert oder differenziert
unternehmensbezogene Kriterien	Unternehmensressourcen/ Fähigkeiten der Unternehmung		gering	gering	groß	-------

Tab. 7 : Einfluß von Entscheidungskriterien auf die Geschäftsfeldstrategie im Textverarbeitungsmarkt

1. Die Wahl einer breiten, undifferenzierten Geschäfts-
    feldstrategie ist im Textverarbeitungsmarkt wenig
    erfolgversprechend.

2. Für einen Newcomer mit großen Fähigkeiten und Ressour-
    cen bietet sich eine breite, differenzierte Ge-
    schäftsfelddefinition an, während Unternehmen mit ge-
    ringen Fähigkeiten und Ressourcen eher eine konzen-
    trierte (im Extremfall Produkt-/Markt-Konzentration)
    Geschäftsfeldstrategie verfolgen sollten.

Ein Vergleich der Entscheidungskriterien der Geschäftsfeldwahl mit den diskutierten Markteintrittsbarrieren macht
deutlich, daß zwischen den beiden Konzepten z.T. erhebliche
Interdependenzen bestehen (vgl. Abbildung 12). Während
die Skalenbarriere ebenfalls ein Kriterium der Geschäftsfeldplanung darstellt, bedeutet ein hoher Differenzierungsgrad des Ressourcenbedarfs i.d.R. eine Erhöhung der
Kapitalbedarfsbarriere. Des weiteren führt eine geringe
Produkthomogenität vielfach zu einem hohen Grad der wahrgenommenen Produktdifferenzierung bei den Abnehmern.
Schließlich wurde auf die Beziehungen zwischen den verfügbaren Ressourcen und Fähigkeiten eines Newcomers sowie
der Wirkung der Markteintrittsbarrieren Kapitalbedarf,
Zugang zu den Vertriebskanälen, Wettbewerbsvorteile der
Konkurrenz sowie der erwarteten Konkurrenzreaktion auf
den Markteintritt bereits in anderem Zusammenhang hingewiesen[1].

Interpretiert man die Ergebnisse der vorausgegangenen
Analyse unter der Zielsetzung der Handhabung des Markteintrittswiderstands im Textverarbeitungsmarkt, ist festzustellen, daß es für einen Newcomer wenig zweckmäßig ist,
die Kapitalbedarfsbarriere durch eine breite, undifferenzierte Geschäftsfeldstrategie zu reduzieren, denn die

---

1 Vgl. dazu Tabelle 5, S. 1o6   dieser Arbeit.

- 123 -

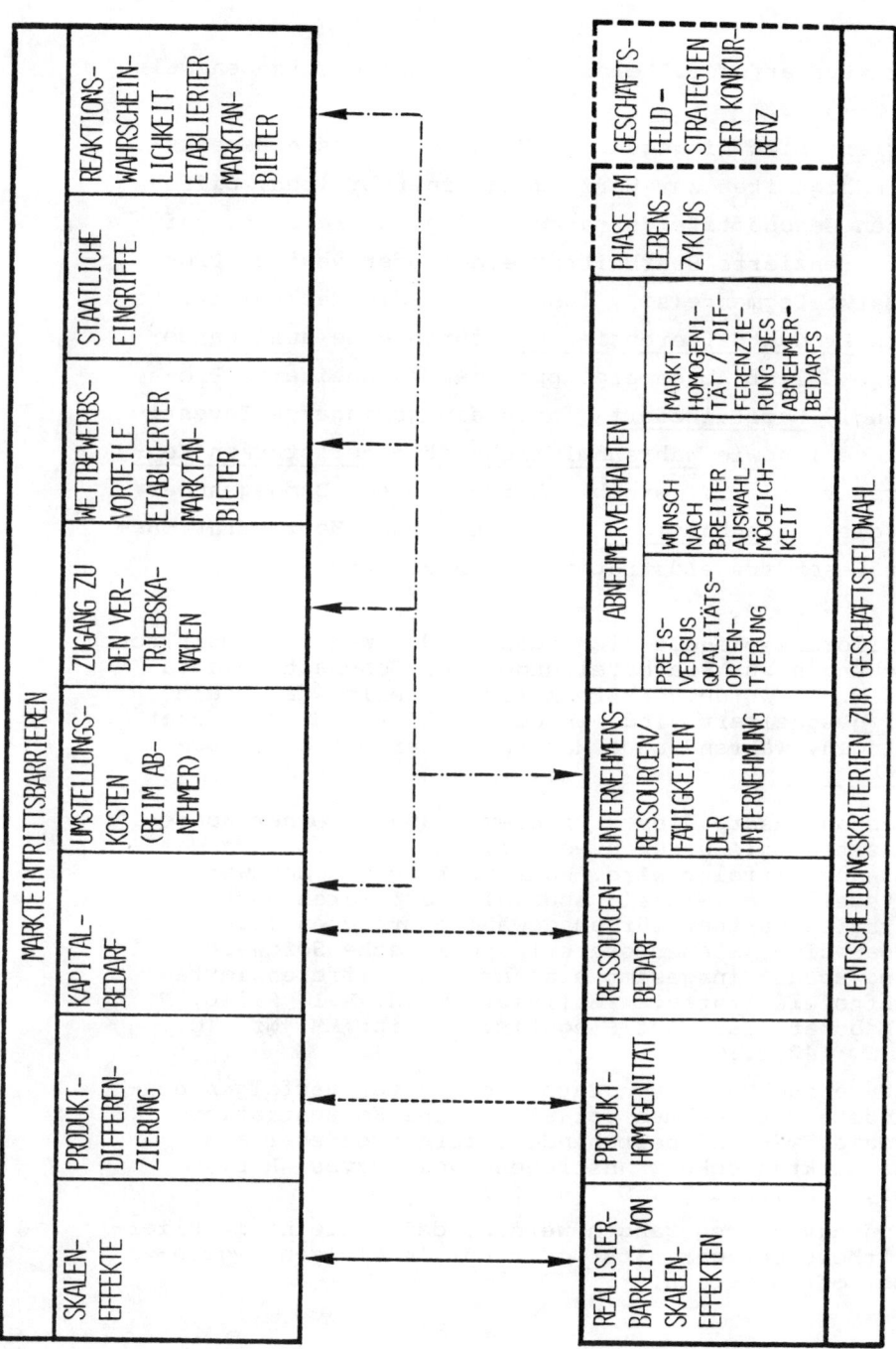

Abb. 12: Beziehungen zwischen Markteintrittsbarrieren und Entscheidungskriterien der Geschäftsfeldwahl

Marktstruktur erfordert eine differenzierte Vorgehensweise[1].

Konzentriert sich hingegen ein Newcomer, dessen Ressourcen und Fähigkeiten zur Verfolgung einer breiten, differenzierten Geschäftsfeldstrategie nicht ausreichen, auf
eine differenzierte Bearbeitung eines oder weniger Pro-
dukt-/ Markt-Segmente(s)[2], lassen sich die Markteintrittsbarrieren Produktdifferenzierung (durch eine auf den Bedarf ausgewählter Abnehmergruppen maßgeschneiderte Problemlösung), Kapitalbedarf (durch ein geringeres Investitionsvolumen) sowie Wahrscheinlichkeit einer starken Konkurrenzreaktion[3] z.T. erheblich reduzieren. Demgegenüber
gewinnt die Skalenbarriere mit zunehmendem Konzentrations-
grad der Geschäftsfeldstrategie an Bedeutung.

Dieses Dilemma spiegelt sich auch in den wenigen empirischen
Untersuchungen zu Fragestellungen der Geschäftsfeldplanung wider. So wurde von Brock festgestellt, daß viele
Newcomer gescheitert sind, in den Markt für Großcomputer
einzudringen, während neue Marktanbieter mit einer Be-

---

1 Ein Lösungsansatz dieses Problems kann in einer Koope-
  rationsstrategie gesehen werden, wie sie z.B. von der
  Firma Wang verfolgt wird. Während Wang die Hardware
  bereitstellt, entwickeln spezielle Softwarehäuser als
  Kooperationspartner für ausgewählte Branchen (z.B.
  Rechtsanwälte, Steuerberater) spezifische Software-
  pakete, so daß insgesamt eine breite, differenzierte
  Geschäftsfeldstrategie realisiert wird. Vgl. Pille, R.,
  Wang Laboratories. Auf Sieg fixiert, in: MM, Nr. 1o,
  1981, S. 142 f..

2 Nach Untersuchungen von Caves und Porter verfolgen neugegründete Unternehmen vor allem eine Konzentrations-
  strategie, während bestehende Unternehmen eher eine
  breite Marktabdeckung anstreben; vgl. Caves, R.E.,
  Porter, M.E., a.a.O., S. 241 f..

3 Es kann davon ausgegangen werden, daß einzelne etablierte Wettbewerber gar nicht oder nur in einigen Segmenten betroffen werden.

schränkung der Angebotspalette auf Peripheriegeräte (externe Speichereinheiten, Drucker usw.) erfolgreich waren[1].

Demgegenüber kommt Biggadike aufgrund einer umfangreichen Auswertung der PIMS-Datenbank zu einer eindeutigen Empfehlung in Richtung eines breiten Markteintritts. Den Ergebnissen zufolge führt ein "large scale entry"[2] im Vergleich zu einer konzentrierten Geschäftsfeldstrategie ("small scale entry") sowohl zu besseren finanziellen Ergebnissen (schnellere Überwindung der Anlaufverluste) als auch zu einer stärkeren Marktposition (höherer Marktanteil)[3]. Allerdings muß der Aussagewert dieser Ergebnisse als begrenzt angesehen werden, weil dem Differenzierungsgrad der Geschäftsfeldaktivitäten in dieser Untersuchung keine hinreichende Beachtung geschenkt wurde.

Angesichts der hohen Bedeutung von Skaleneffekten im Textverarbeitungsmarkt ist letztlich die Empfehlung einer konzentrierten Geschäftsfeldstrategie bei Zugrundelegung einer konventionellen Marktsegmentierung als problematisch anzusehen, wenn es dem Newcomer nicht gelingt, in anderen Geschäftsfeldern (z.B. EDV) realisierte Kostendegressionen auf das Geschäftsfeld Textverarbeitung zu übertragen oder die Wirkung der Skalenbarriere durch einen hohen Differenzierungsgrad gegenüber der Konkurrenz zu reduzieren.

---

1 Vgl. Brock, G.W., The U.S. Computer Industry. A Study of Market Power, Cambridge, Mass. 1975, S. 1o9 ff..

2 Die Strategie des "large scale entry" wurde zum einen durch die Ausgangsproduktionskapazität beim Markteintritt im Vergleich zur Marktgröße (production scale), zum anderen durch die Anzahl der belieferten Abnehmer sowie die Breite der Produktlinie im Vergleich zum Wettbewerb (market scale) spezifiziert; vgl. Biggadike, E.R., a.a.O., S. 1o8.

3 Vgl. ebenda, S. 1o8 ff..

3.3 Zusammenfassende Würdigung der Ansatzpunkte zur Be- wältigung von Markteintrittsbarrieren

In Tabelle 8 sind die diskutierten Ansatzpunkte zur Bewältigung von Markteintrittsbarrieren in einer zusammenfassenden Übersicht dargestellt. Dabei wird deutlich,
daß zur Reduzierung und/oder Vermeidung der im Textverarbeitungsmarkt dominanten Barrieren Kapitalbedarf und
Zugang zu den Vertriebskanälen mehrere Strategieansätze
bestehen. Auch zur Bewältigung der als bedeutsam angesehenen Produktdifferenzierungs- und Skalenbarriere sowie
der Vermeidung von Reaktionen der etablierten Marktanbieter können mehrere unterschiedliche Vorgehensweisen gewählt werden. Lediglich in Bezug auf die im Textverarbeitungsmarkt weniger bedeutenden Barrieren "Umstellungskosten (beim Abnehmer)" sowie "Staatliche Eingriffe" sind
die Einwirkungsmöglichkeiten begrenzt. Zur Bewältigung dieser Marktzugangshemmnisse bietet sich im wesentlichen
nur eine Akquisitionsstrategie an.

Insgesamt liefert die Untersuchung der Ursachen des Markteintrittswiderstands dem Management wichtige Informationen darüber, ob ein Eintritt in den Textverarbeitungsmarkt
überhaupt zweckmäßig ist und welche generelle Stoßrichtung
beim Markteintritt verfolgt werden sollte (z.B. Akquisitionsstrategie, Geschäftsfeldkonzentration)[1]. Insbesondere kann im Rahmen einer Reduzierung bzw. Überwindung
der Markteintrittsbarrieren durch eine Beschränkung der

---

1 Die dargestellten Strategieansätze können z.T. auch im
  Verbund eingesetzt werden (z.B. Veränderung der Marktstruktur durch technologische und Marketinginnovationen;
  Akquisition eines etablierten Marktanbieters in Verbindung mit einer anschließenden Beschränkung der Geschäftsfeldaktivitäten auf der Basis einer konventionellen Marktsegmentierung).

Markteintrittsstrategie / Art der Handhabung von Markteintrittsbarrieren	Markteintritt mit der gleichen Wettbewerbsstrategie wie die etablierten Marktanbieter		Markteintritt mit einer innovativen bzw. differenzierten Wettbewerbsstrategie			
			Veränderung der Marktstruktur		Beschränkung der Geschäftsfeldaktivitäten	
	Nutzung bestehender Fähigkeiten und Ressourcen des Newcomers	Akquisition eines etablierten Marktanbieters	durch technologische Innovationen	durch Marketing-Innovationen	auf der Basis einer innovativen Marktsegmentierung	auf der Basis einer konventionellen Marktsegmentierung
Reduzierung (Überwindung)	•S •P •K •V •W •R					•P •K •R
Vermeidung (Umgehung)		•S •P •U •V •W •St •R	•S •P •R	•P •K •V •R	•S •P •K •V	

Legende: $\underline{S}$=Skaleneffekte, $\underline{P}$=Produktdifferenzierung, $\underline{K}$=Kapitalbedarf, $\underline{U}$=Umstellungskosten (beim Abnehmer), $\underline{V}$=Zugang zu den Vertriebskanälen, $\underline{W}$=Wettbewerbsvorteile etablierter Marktanbieter, $\underline{St}$=Staatliche Eingriffe, $\underline{R}$=Reaktionswahrscheinlichkeit etablierter Marktanbieter

Tab. 8 : Ansatzpunkte zur Reduzierung und Vermeidung von Markteintrittsbarrieren im Textverarbeitungsmarkt

Geschäftsfeldaktivitäten auf der Basis einer konventionellen Marktsegmentierung festgestellt werden, welche Marktabdeckungsstrategie (z.B. Produktspezialisierung, Marktspezialisierung) als zweckmäßig anzusehen ist.

Dieses relativ grobe Verfahren der Marktwiderstandsanalyse liefert jedoch keine hinreichende Informationsgrundlage für die Entscheidung der Frage, welche einzelnen Segmente des Textverarbeitungsmarktes von einem Newcomer bearbeitet werden sollten[1]. Es empfiehlt sich daher, diejenigen Produkt-/Markt-Segmente, die der zunächst als vorläufig zu betrachtenden Marktabdeckungsstrategie zugrundeliegen, einer detaillierteren Analyse zu unterziehen (Feinauswahl).

Am Beispiel der in Abbildung 7[2] dargestellten Segmentierung des Textverarbeitungsmarktes ist daher näher zu untersuchen, inwieweit das Konzept des Segmentwiderstands dem Management eine weitergehende Entscheidungshilfe beim Markteintritt liefern kann. Das Problem der Auswahl spezieller Produkt-/Markt-Segmente der Textverarbeitung stellt sich jedoch nicht nur einem Newcomer in diesem Markt. Die Fragestellung erweist sich in gleicher Weise relevant für etablierte Marktanbieter, die vor der Entscheidung über eine Erweiterung bzw. Einschränkung ihrer Geschäftsfeldaktivitäten stehen[3].

---

1 Dabei wird unterstellt, daß sich ein Newcomer nicht bereits im Rahmen der Auswahl der grundsätzlichen Geschäftsfeldstrategie auf die Bearbeitung eines bestimmten Produkt-/Markt-Segmentes (enge Produkt-/Markt-Konzentration) festgelegt hat.

2 Vgl. S. 81 dieser Arbeit.

3 Etablierte Marktanbieter sollten im Zuge einer Markterweiterungsstrategie - ausgehend von der bestehenden Produkt-/Markt-Abdeckung - zunächst benachbarte Segmente entlang der Produkt- bzw. Abnehmerdimension als potentielle Betätigungsfelder analysieren. Auf diese Weise kann der Einfluß von Synergiewirkungen auf den Erfolg der Geschäftsfeldaktivitäten berücksichtigt werden.
(Fortsetzung der Fußnote S. 129)

4. Der Segmentwiderstand als Bewertungskriterium strategischer Produkt-/Markt-Segmente im Textverarbeitungsmarkt

Geht man davon aus, daß der ökonomische Erfolg die zentrale Bewertungsgröße zur Auswahl von Produkt-/Markt-Segmenten darstellt, steht das Management vor der Aufgabe, die Kosten und Erlöse der Segmentbearbeitung zu antizipieren und die Gewinnchancen unter Berücksichtigung von Art und Umfang der Segmentrisiken zu beurteilen[1].

Eine Anwendung analytischer Bewertungsverfahren (z.B. Kapitalwertmethode) ist jedoch aufgrund der bis zu dieser Planungsphase noch fehlenden oder nicht hinreichend spezifizierten Marketingstrategien i.d.R. nicht möglich. Deshalb wird versucht, der Segmentbewertung sog. "strategische Erfolgsfaktoren"[2] als Ersatzkriterien zugrundezulegen. Die Identifikation strategischer Erfolgsfaktoren erweist sich im gegenwärtigen Stadium jedoch als

---

Fortsetzung Fußnote 3 von S. 128
  Synergiewirkungen können im Textverarbeitungsmarkt vor allem entlang der Abnehmerdimension aber auch der Produktdimension genutzt werden. Zur Realisierung von Synergien entlang der Produktdimension bietet sich z.B. eine Produktstrategie entsprechend dem Baukastenprinzip an. So gelingt es z.B. der Firma Wang, durch eine Kombination weniger genormter Komponenten verschiedene Textverarbeitungsprodukte (Einplatz- und Mehrplatz-Textsysteme) herzustellen. Berücksichtigt man zudem, daß auch die Bearbeitung unterschiedlicher Abnehmergruppen innerhalb eines Produktbereichs (z.B. Einplatz-Textsysteme) mit einer weitgehend identischen Hardware erfolgen kann und sich wesentliche Unterschiede in erster Linie in der Anwendungssoftware sowie der segmentbezogenen Marktkommunikation ergeben, dürften die Synergiewirkungen entlang der Abnehmerdimension ein erhebliches Ausmaß erreichen. Vgl. dazu auch Pille, R., a.a.O., S.141.

1 Vgl. Meffert, H., Marktsegmentierung, a.a.O., S. 441.
2 Als strategische Erfolgsfaktoren werden allgemein "diejenigen Elemente, Determinanten oder Bedingungen bezeichnet, die den Erfolg oder Mißerfolg unternehmerischen Handelns .. entscheidend beeinflussen." Kreikebaum, H., Grimm, U., Die Analyse strategischer Faktoren und ihre Bedeutung für die strategische Planung, in: WIST,Nr.1,1983,S. 7. Vgl. dazu auch Hinterhuber, H.H., Wettbewerbsstrategie, a.a.O., S. 9o; Lange, B., a.a.O., S. 27 ff..

schwierig, "da erst begonnen wird, die theoretischen
Grundlagen der strategischen Planung zu diskutieren, und
demzufolge auch die entsprechenden empirischen Untersuchungen noch weitgehend fehlen"[1]. In der vorliegenden Untersuchung wird davon ausgegangen, daß ein geringer Segmentwiderstand einen wichtigen Erfolgsfaktor segmentspezifischer Marktbearbeitungsstrategien darstellt.

Die Hervorhebung der hemmenden Faktoren einer erfolgreichen Segmentbearbeitung darf jedoch nicht dahingehend
interpretiert werden, daß die Auswahl von Produkt-/Markt-
Segmenten allein auf der Grundlage eines geringen Segmentwiderstands erfolgen sollte. Vielmehr sind zusätzliche
Entscheidungskriterien heranzuziehen, die insbesondere
eine Bewertung der Segmentgröße ermöglichen. Eine besondere Bedeutung kommt dabei dem Segmentpotential zu.

Bei der Bestimmung des Segmentpotentials ist davon auszugehen, daß bestimmte Bedarfsausprägungen[2] vorhanden sein
müssen, damit eine bestimmte Abnehmergruppe (z.B. Handelsunternehmen) überhaupt als Nachfrager eines bestimmten
Produktes (z.B. Mehrplatz-Textsystem) in Betracht kommt[3].

---

1 Kreikebaum, H., Grimm, U., a.a.O., S. 7.

2 Der Bedarf resultiert dabei aus einem zweckbedingten
  Mangelzustand einer potentiellen Abnehmergruppe bezüglich
  eines angebotenen Leistungskomplexes. Vgl. Ahlert, D.,
  Grundzüge des Marketing, 2. Aufl., Düsseldorf 198o,
  S. 32 u. S. 34 (im folgenden zitiert als: Ahlert, D.,
  Marketing). Vgl. zu einer umfassenden Auseinandersetzung
  mit dem Bedarfsbegriff im Investitionsgüterbereich Geyer,
  T., Der Prozeß der Bedarfsgestaltung in industriellen
  Unternehmungen, Berlin 197o, S. 15 ff..

3 Vgl. Gröne, A., a.a.O., S. 18o.

Aus der Gesamtzahl der Unternehmen einer Abnehmergruppe
sind daher zunächst die Bedarfsträger als potentielle
Käufer herauszuselektieren. Das Segmentpotential ergibt sich damit aus der Gesamtzahl der Bedarfsträger in
einem Produkt-/Markt-Segment, gewichtet mit der durchschnittlichen Bedarfsintensität (durchschnittliche Anzahl
der von den Bedarfsträgern benötigten Produkteinheiten)[1].

Auf eine detaillierte Analyse des Potentials der einzelnen Produkt-/Markt-Segmente des Textverarbeitungsmarktes
soll im Rahmen der vorliegenden Arbeit verzichtet werden.
Vielmehr ist am Beispiel der Textverarbeitung aufzuzei-
gen, wie der Segmentwiderstand als zentrales Bewertungskriterium von Produkt-/Markt-Segmenten gemessen werden
kann.

4.1 Messung des Segmentwiderstands

4.11 Ermittlung von Indikatoren

Entsprechend den Überlegungen zur Operationalisierung des
Segmentwiderstands[2] bezieht sich eine erste Gruppe von
Indikatoren[3] auf diejenigen Hemmnisse, die bei der Aus-
schöpfung des Segmentpotentials auftreten können[4]. Dabei

---

1 Vgl. dazu Kaiser, A., Die Erfolgsträchtigkeit von Märkten,
  a.a.O., S. 86 f.; Fuchs, R., Marktanteils- und Feldanteils-
  Berechnungen, in: Handbuch der Marktforschung, Hrsg.:
  Behrens,K.Chr., 1.Halbband,Wiesbaden 1974,S.646 f..

2 Vgl. dazu S. 49 ff. dieser Arbeit.

3 Beim gegenwärtigen Stand der Marktwiderstandsforschung liegen kaum nutzbare Erkenntnisse bezüglich der Relevanz
  von Indikatoren des Segmentwiderstands vor. Deshalb
  basiert die Auswahl der im folgenden zu diskutierenden
  Indikatoren im wesentlichen auf Plausibilitätsüberlegungen, deren empirische Bestätigung noch aussteht.

4 Dabei wird vereinfachend unterstellt, daß die Gesamtheit der Segmentanbieter über keine oder allenfalls marginale Möglichkeiten verfügen, das Segmentpotential aus-
  zuweiten.

sollen die Kriterien

- Kauffähigkeit der Abnehmer
- Kaufbereitschaft der Abnehmer
- Bedrohung durch Substitutionsprodukte

untersucht werden. Daneben werden solche <u>Einflußfaktoren</u> als bedeutsam erachtet, <u>die den Aufbau einer starken Wettbewerbs- und Marktstellung in einem Segment behindern</u>. Die folgenden Indikatoren erscheinen geeignet, diesen Aspekt des Segmentwiderstands zu berücksichtigen:

- Angebotskonzentration (Anzahl der Wettbewerber und Wettbewerbsstruktur)
- Strategisches Verhalten der zentralen Konkurrenten
- Wahrscheinlichkeit des Auftretens neuer Konkurrenten
- Verhandlungsstärke der Abnehmer.

Eine detaillierte Bewertung der vielfältigen Produkt-Markt-Segmente der Textverarbeitung anhand dieser Einflußfaktoren ist im Rahmen der vorliegenden Untersuchung nicht durchführbar. Vielmehr sollen die grundsätzlichen Überlegungen an Beispielen aus dem Textverarbeitungsmarkt verdeutlicht und die prinzipielle Vorgehensweise bei der Bewertung von Produkt-/Markt-Segmenten anhand von Segmentwiderstandsinformationen aufgezeigt werden.

<u>Kauffähigkeit der Abnehmer</u>

Eine Ausschöpfung des Segmentpotentials ist mit Widerständen verbunden, wenn eine erhebliche Anzahl von Bedarfsträgern (Unternehmen) einer Abnehmergruppe nicht "über die für den Kauf und vor allem auch für die Verwendung bzw. den Unterhalt des Guts notwendigen finanziellen

Mittel [verfügt] "[1] oder bestimmte räumliche oder
technische Voraussetzungen (z.B. Möglichkeiten der Unter-
bringung und des Anschlusses mehrerer Bildschirmarbeitsplätze an die Zentraleinheit eines Mehrplatz-Textsystems
in den Räumen von Dienstleistungsunternehmen) nicht vorliegen[2].

Insbesondere bezüglich der Textsysteme, deren Beschaffung
ein Investitionsvolumen bis zu über 1oo.ooo DM[3] bzw.
die Zahlung einer entsprechend hohen Leasingrate erfordert,
ist die Kauffähigkeit vor allem in Abnehmerbranchen mit
strukturellen Wachstumsschwächen und/oder konjunkturbe-
dingtem Gewinnrückgang z.T. erheblich beeinträchtigt. Eine
ähnliche Entwicklung zeichnet sich auch im Bereich der
öffentlichen Verwaltung ab, wo aufgrund der angespannten
Finanzlage der Haushalte von Bund, Ländern und Gemeinden
nur begrenzt Mittel für Rationalisierungsinvestitionen zur
Verfügung stehen.

Kaufbereitschaft der Abnehmer

Von mangelnder Kaufbereitschaft als Indikator des Segmentwiderstands ist generell dann auszugehen, wenn trotz bestehender Kauffähigkeit der Bedarf in Bezug auf ein Produkt in einer Abnehmergruppe nicht oder nur teilweise befriedigt wird. Die von den zentralen Entscheidungsträgern in
den potentiellen Abnehmerorganisationen ausgehenden, psychologisch bedingten Hemmnisse der Kaufbereitschaft[4] (z.B. ne-

---

1 Ahlert, D., Marketing, a.a.O., S. 34.
2 Vgl. ebenda, S. 34 f. sowie Bauer, E., Markt-Segmentierung als Marketing-Strategie, a.a.O., S. 133.
3 Vgl. o.V., Marktübersicht Textsysteme mit Bildschirm,
  in: textautomation, Nr. 1, 1983, S. 1o-13.
4 Vgl. dazu Kapitel D, S. 151 ff. dieser Arbeit.

gative Einschätzung neuer Technologien) können i.d.R. nicht
branchenspezifisch (oder auf der Basis anderer organisa-
tionsdemographischer Segmentierungskriterien gebildeten
Abnehmergruppen) ermittelt werden. Daher sind in der strategischen Produkt-/Markt-Analyse lediglich diejenigen
Hemmnisse in der Kaufbereitschaft zu berücksichtigen, die
in der gesamten Abnehmergruppe relevant sind und im wesentlichen Wirtschaftlichkeitsaspekte und generelle Investitionsrisiken betreffen.

Branchenspezifische Kaufhemmnisse, die aus mangelnder
Wirtschaftlichkeit von Textverarbeitungsprodukten resultieren, basieren z.B. auf einer mangelnden Durchsetzbar-
keit von Rationalisierungsinvestitionen in den jeweiligen
Unternehmen. So sind heute in Branchen, in denen starke
Gewerkschaften bestehen, die Arbeitnehmervertreter vielfach in einer Position, vom Management eine Garantieerklä-
rung zu verlangen, die eine Entlassung von Mitarbeitern
aufgrund der Umstellung auf moderne Produkte der Textverarbeitung ausschließen[1]. Darüber hinaus stehen einige
Gewerkschaften aufgrund einer kritischen Haltung gegenüber
der als gesundheitsschädlich angesehenen Bildschirmarbeit[2] unmittelbar vor dem Abschluß von Tarifverträgen über
Bildschirmarbeitsplätze, die in den betroffenen Branchen
(z.B. Druck und Papier, Metall) wesentliche Auswirkungen
auf den Absatz bildschirmorientierter Textverarbeitungsprodukte aufweisen dürften[3].

Branchenspezifische Investitionsrisiken lassen sich z.B.
aus der z.T. stark unterschiedlichen Eigenkapitalquote[4] ab-

---

1 Vgl. Reinhard, M., Scholz, L., a.a.O., S. 23; siehe auch
  Wagner, H., Der Einfluß der Mitbestimmung auf Marketingentscheidungen, in: Jahrbuch des Marketing 1982/83, Hrsg.:
  Schöttle, K.M., Essen 1982, S. 81 ff..
2 Vgl. zur Problematik der Bildschirmarbeit z.B. Sydow,
  J., Hattke, W., Staehle, W.H., Situative Analyse der
  Bildschirmarbeit - ein empirischer Test der Thesen der Gesellschaft für Organisation, in:ZfO,Nr.4,1981,S.215 ff..
3 Vgl. Reinhard, M., Scholz, L., a.a.O., S.23;Grochla, E.
  u.a., Handbuch der Textverarbeitung,a.a.O.,S. 7o ff..
4 Die Eigenkapitalquote kennzeichnet das Verhältnis von
  Eigenkapital zu Fremdkapital in der Bilanzsumme.

leiten, wobei die aus einer geringen Eigenkapitalausstattung resultierenden Risiken mit steigendem Investitionsvolumen (z.B. beim Kauf eines Mehrplatz-Textsystems) zunehmen dürften.

Bedrohung durch Substitutionsprodukte

Ausgangspunkt für die Identifizierung von Substitutionsprodukten ist die Analyse bzw. Prognose der in Zukunft von einem Investitionsgut erfüllbaren Funktionen sowie das Preis-/Leistungsverhältnis der Funktionserfüllung[1]. Dabei kann zwischen den innerhalb der bereits am Markt angebotenen Produkte und den durch das Auftreten neuer Produkte entstehenden Substitutionswirkungen differenziert werden.

Substitutionswirkungen innerhalb der bereits eingeführten Produkte entstehen vor allem dadurch, daß ein nach objektiven Kriterien bestimmter Bedarf z.B. nach einem Mehrplatz-Textsystem nicht realisiert wird. Die Ursachen dafür können z.B. darin liegen, daß sich viele Unternehmen einer Abnehmergruppe aus Kostengründen dazu entschließen, durch den Kauf eines Textverarbeitungs-Softwarepakets die vorhandene EDV-Anlage für die Textverarbeitung mitzunutzen und dabei einen Kompromiß in Bezug auf Schriftbildqualität und Bedienungskomfort eingehen oder aufgrund einer fehlerhaften Bedarfsbestimmung oder Kosten-/Nutzen-Analyse die Textverarbeitung über mehrere elektronische Speicherschreibmaschinen abwickeln[2].

---

1 Vgl. Hinterhuber, H.H., Wettbewerbsstrategie, a.a.O., S. 75 f.; Porter, M.E., Competitive Strategy, a.a.O., S. 23 f..

2 Als wesentliche Ursache dafür ist die mangelnde Transparenz des Textverarbeitungsmarktes anzusehen. So deklarieren z.B. einige Hersteller von elektronischen Speicherschreibmaschinen ihre höherwertigen Produkte bewußt als Textautomaten oder Textsysteme.

Vor diesem Hintergrund gehen viele Experten davon aus,
daß z.B. die Verbreitung der elektronischen Speicherschreibmaschine zwar in den nächsten Jahren zunehmen wird, aber
nach einem Abschreibungszeitraum von ca. 5 Jahren eine
teilweise Verdrängung durch Textsysteme[1] oder durch das
zunehmende Angebot von Textverarbeitungssoftware für
Mikrocomputer (Personalcomputer) erfolgen wird. Daneben
dürfte der stark expansive Absatz von Mikrocomputern
bei Verfügbarkeit einer hinreichend komfortablen Textverarbeitungssoftware auch zu einer partiellen Substi-
tution der Einplatz-Textsysteme führen[2].

Demgegenüber werden Substitutionswirkungen durch neue Produkte der Textverarbeitung vor allem durch die etwa ab
Mitte der 8oer Jahre marktreifen integrierten Multifunk-
tionsterminals erwartet, die zu gleichen Teilen Aufgaben
der Daten- und Textverarbeitung, Telekommunikation, etc.
unterstützen. Derartige komplexe und damit erheblich
teurere Systeme werden jedoch nur an einer bestimmten -
von Branche zu Branche differierenden - Anzahl von Arbeitsplätzen benötigt. Daher dürfte auch hier der Substitutions-
effekt nur partiell sein[3].

Eine nach Produkten und Abnehmergruppen differenzierte Analyse der Substitutionsgefahren sollte aufgrund ihrer hohen
Bedeutung für die Amortisation von Investitionen in jedem Falle einen wichtigen Bestandteil der Segmentwider-
standsanalyse darstellen.

---

1 Vgl. Schnellhaas, H., Schönecker, H.G., a.a.O., S. 14;
  Manz, U., Bedarf ist in der kleinsten Hütte, in: asw,
  Nr. 12, 1982, S. 48.

2 Vgl. o.V., Büroelektronik wird sehr viel billiger, in:
  BddW v. 17.o5.1982, S. 1.

3 Vgl. o.V., Textverarbeitung. Daten und Text im Gerätemix, a.a.O., S. 116.

Angebotskonzentration (Anzahl der Wettbewerber und
Wettbewerbsstruktur)

Zur Abschätzung der Hemmnisse bei der Erzielung einer
starken Wettbewerbsstellung bzw. eines hohen Marktanteils
in den einzelnen Produkt-/Markt-Segmenten ist es wichtig
zu wissen, wieviele Wettbewerber in den jeweiligen Segmenten operieren und wie ihre relative Größenverteilung aus-
sieht[1]. Erste Hinweise liefert in diesem Zusammenhang
die Positionierung der jeweiligen Konkurrenten mit ihren
segmentspezifischen Marktanteilen in den Feldern der Pro-
dukt-/Markt-Matrix. Abbildung 13 zeigt die grundsätzliche

Abnehmer- gruppe Produkt	Industrie	Handel	Banken, Versiche- rungen	sonstige Dienst- leistungs- unternehmen	öffent- liche Verwaltung
Elektronische Speicherschreib- maschine	A(MA) B(MA) C(MA)	A(MA) B(MA)	A(MA) B(MA)	A(MA) B(MA)	A(MA) B(MA)
Einplatz- Textsystem	A(MA) C(MA)	A(MA)	A(MA)	A(MA)	A(MA)
Mehrplatz- Textsystem	A(MA) C(MA) D(MA)	A(MA)	A(MA) D(MA)	A(MA) D(MA)	A(MA)
Textverarbei- tungssoftware für EDV-Anlagen	A(MA) C(MA)	A(MA)	A(MA)	A(MA)	A(MA) E(MA)

Legende: A, B, C, D, E = Konkurrenzunternehmen
MA = segmentspezifischer Marktanteil

Abb. 13 : Ermittlung der Angebotskonzentration in den Segmenten des Textverarbeitungsmarktes (schematische
Darstellung)

_____

1 Vgl. Abell,D.F., Defining the Business,a.a.O.,S.2o2.

Vorgehensweise in einer schematischen Übersicht[1].

Auf diese Weise läßt sich feststellen, ob

- ein bestimmtes Segment eine Marktnische, die nicht
  von Konkurrenzunternehmen bearbeitet wird, darstellt,

- ein eindeutiger "Marktführer"[2] (genauer: Segmentführer)
  existiert,

- das Segment von wenigen, relativ gleich starken Wettbewerbern bearbeitet wird oder

- in dem Segment eine Vielzahl kleinerer Marktanbieter tätig ist.

Die günstigsten Ausprägungen dieses Segmentwiderstandsin-
dikators liegen naturgemäß dann vor, wenn ein Produkt-/
Markt-Segment als Marktnische zu betrachten ist. Je mehr
Anbieter in einem Segment auftreten und je schwächer ihre
jeweilige Segmentposition ausgeprägt ist, desto schwächer
wird das Widerstandsverhalten der etablierten Segmentanbieter bei einer Segmentbearbeitung eines Newcomers einzuschätzen sein, sofern sich das von einem neuen Segmentanbieter realisierbare Absatzvolumen auf eine Vielzahl von
Konkurrenten verteilt[3].

Die etablierten Anbieter im Textverarbeitungsmarkt verfolgen zum Teil eine Strategie der breiten Produkt-/Markt-
Abdeckung.

---

1 Diese Vorgehensweise erfolgt in Anlehnung an Abell;
  vgl. Abell, D.F., Defining the Business, a.a.O., S. 2o2 ff..
2 Vgl. zum Begriff des Marktführers z.B. Stoff, W.-D., Marktposition und Unternehmensstrategie, in: DU, 32. Jg.,
  Nr. 1, 1978, S. 3 f.; Kotler, P., a.a.O., S. 273 ff..
3 Vgl. dazu Porter, M.E., Competitive Strategy, a.a.O.,
  S. 343.

- 139 -

Deshalb ist davon auszugehen, daß in mehreren Produkt-/
Markt-Segmenten (insbesondere entlang der Abnehmerdimension) dieselben Firmen eine starke Position innehaben. So
wird z.B. das (Produkt-) Segment der elektronischen Speicherschreibmaschinen in der Bundesrepublik Deutschland
von den Firmen Olivetti, Triumph-Adler, Olympia und IBM be-
herrscht, die über ca. 8o Prozent der Marktanteile verfügen[1]. Der Segmentwiderstandsindikator "Angebotskonzentration" dürfte damit in diesem Segment eine hohe Ausprägung
aufweisen.

Strategisches Verhalten der zentralen Konkurrenten

Neben der Identifikation der aktuellen Wettbewerber und
deren Segmentposition ist die Kenntnis der segmentspezifischen Verhaltensweisen der Konkurrenz von Bedeutung, denn
die Erfolgsaussichten in einem Segment können vor allem durch
einen intensiven Wettbewerb in Frage gestellt werden. Während die Ermittlung der gegenwärtigen Wettbewerbsintensität
oder -aggressivität für einen potentiellen Segmentanbieter
i.d.R. relativ unproblematisch sein dürfte, bereitet die Prognose des zukünftigen Verhaltens der Wettbewerber vielfach
große Schwierigkeiten. Berücksichtigt man, daß ein aggressiver Wettbewerb vielfach hohe Ressourcen verbraucht, können
Stärken-/Schwächen-Analysen der zentralen Konkurrenten
häufig Hinweise auf ein eher offensives oder defensives Wettbewerbsverhalten liefern[2].

1 Vgl. o.V., Schreibmaschinen. In Zukunft elektronisch,
  a.a.O., S. 114.
2 Vgl. zu einer ausführlichen Diskussion der Methoden und
  Probleme der strategischen Wettbewerbsanalyse z.B. Hoffmann, K., Die Konkurrenzuntersuchung als Determinante der
  langfristigen Absatzplanung, Göttingen 1979; Hoffmann,J.,
  Die Konkurrenz - Erkenntnisse für die strategische Führung
  und Planung, in: Praxis der strategischen Unternehmensplanung, Hrsg.: Töpfer, A., Afheldt, H., Frankfurt/M. 1983,
  S. 183 ff.; Allen,M.G., Strategic planning with a competitive focus, in: The McKinsey Quarterly, Autumn 1978,
  S. 6 f.; Hinterhuber, H.H., Strategische Unternehmungsführung, a.a.O., S. 97 ff.; derselbe, Wettbewerbsstrategie,
  a.a.O., S. 1o3 ff.; Porter, M.E., Competitive Strategy,
  a.a.O., S. 47 ff.; Cravens, D.W., a.a.O., S. 38 f. u.
  S. 218 f..

Im Textverarbeitungsmarkt ist eine aggressive Wettbewerbsstrategie vor allem im Segment der elektronischen Speicherschreibmaschinen zu konstatieren. Die Anbieter versuchen
mit niedrigen Preisen und hohem Werbedruck, die Konkurrenten zu verdrängen und damit die Voraussetzungen für die
Sicherung des Geschäftes mit Nachfolge- und Ausbaupro-
dukten zu schaffen[1]. Demgegenüber wird der Wettbewerb in
den übrigen Produkt-/Markt-Segmenten im wesentlichen durch
produktpolitische Maßnahmen (Produkt- und Serviceverbesse-
rungen) ausgetragen.

Wahrscheinlichkeit des Auftretens neuer Konkurrenten

Je höher das Potential und Wachstum eines Produkt-/Markt-
Segments ausgeprägt ist, umso höher ist die Wahrscheinlichkeit zu bewerten, daß weitere Newcomer in dieses
Segment eindringen. In Verbindung mit einem Entstehen von
Überkapazitäten wird die Rentabilität der Segmentbearbeitung vielfach stark reduziert sowie die Erzielung bzw.
Absicherung von Marktanteilen erheblich erschwert. Der
Segmentwiderstandsindikator "Wahrscheinlichkeit des Auftretens neuer Konkurrenten" wird für einen neuen Segmentanbieter generell dann günstige Ausprägungen aufweisen,
wenn eine Segmentbearbeitung für alle anderen potentiellen
Newcomer mit hohen Segmenteintrittsbarrieren verbunden
ist[2].

Neben der Gefahr einer Diversifikation von Unternehmen mit
ähnlichen Produkten[3] bzw. einer Vorwärtsintegration bis-

---

1 Vgl. Schnorbus, A., a.a.O., S. 15.

2 Vgl. Porter, M.E., Competitive Strategy, a.a.O., S.347;
  Yip, G.S., Barriers to Entry, a.a.O., S. 139.

3 Dieser Fall ist z.B. dann gegeben, wenn Softwarehäuser
  neben EDV-Programmen auch Textverarbeitungs-Softwarepakete für Endabnehmer anbieten.

heriger Produzenten von Vorprodukten der Textverarbeitung
in die von einem potentiellen Newcomer anvisierten Pro-
dukt-/Markt-Segmente[1] sind Expansionsbestrebungen (Abneh-
mergruppenexpansion, Produktexpansion) der etablierten
Marktanbieter in bisher nicht bearbeitete Segmente des Textverarbeitungsmarktes von besonderer Bedeutung. Anhalts-
punkte über die Wahrscheinlichkeit und Richtung von Ex-
pansionsstrategien bisheriger Anbieter liefert die Analyse
des in Abbildung 13 dargestellten Rasters zur Konkurrenz-
positionierung[2]. So kann etwa in dem obigen hypothetischen
Beispiel davon ausgegangen werden, daß der Marktanbieter D,
der bislang nur Mehrplatz-Textsysteme an industrielle
und Dienstleistungsbranchen absetzt, eine Segmentauswei-
tung am ehesten im Wege der Bearbeitung weiterer Abnehmergruppen (Handel, öffentliche Verwaltungen) vornehmen wird,
denn bei der Bearbeitung dieser Produkt-/Markt-Segmente
ließen sich relativ starke Synergien nutzen.

Verhandlungsstärke der Abnehmer

Die Verhandlungsstärke der Abnehmer kennzeichnet das Ausmaß, in dem ein Anbieter in einem Produkt-/Markt-
Segment von einer Nachfragemacht bedroht wird bzw. bedroht
werden kann[3]. Generell kann die Nachfragemacht einer Abnehmergruppe und die damit verbundene Möglichkeit einer
erheblichen Einflußnahme auf die Rentabilität des Segmentanbieters umso höher eingeschätzt werden, je stärker sich
das Segmentpotential auf wenige Großunternehmen bzw. Kon-

---

1 So könnten z.B. Lieferanten elektronischer Bauteile vollständige Textsysteme für Endverbraucher anbieten.

2 Vgl. S. 137   dieser Arbeit.

3 Vgl. zu einer ausführlichen Diskussion der Verhandlungsstärke von Abnehmergruppen Porter, M.E., Competitive
  Strategy, a.a.O., S. 24 ff.; Hinterhuber, H.H., Wettbewerbsstrategie, a.a.O., S. 77 ff..

- 142 -

zerne mit wenigen zentralen Entscheidungsträgern konzentriert.

Eine relativ hohe Ausprägung dieses Segmentwiderstandsin-
dikators ist im Textverarbeitungsmarkt beispielsweise in
den Segmenten "Mehrplatz-Textsysteme für Handelsunternehmen" oder "Textverarbeitungs-Softwarepakete für Banken und
Versicherungen" zu erwarten, denn der Gesamtabsatz dieser Problemlösungen dürfte sich jeweils auf wenige Großorganisationen mit hoher Bedarfsintensität beschränken.

4.12 Bewertung und Verknüpfung der Indikatoren

Nach der Festlegung der Einflußfaktoren des Segmentwiderstands sind vom Management die einzelnen Produkt-/
Markt-Segmente durch Angabe ihrer Ausprägungen auf den
jeweiligen Segmentwiderstandsindikatoren zu bewerten. Einen
ersten Überblick über die relativen Widerstandsniveaus
der einzelnen Segmente liefert eine visuelle Darstellung
in Form eines Polaritätenprofils[1]. Dabei werden die relevanten Einflußfaktoren in tabellarischer Form zusammenge-
stellt, auf eine einheitliche Widerstandsskala transformiert[2] und die den jeweiligen Segmenten zuerkannten Ska-

---

1 Vgl. zur Verwendung von Polaritätenprofilen in der
  strategischen Marketingplanung z.B. Szyperski, N., Winand, U., a.a.O., S. 156 f..
2 Vgl. zur Problematik der Transformation der unterschiedlichen Skalen der Segmentwiderstandsindikatoren in eine
  einheitliche Segmentwiderstandsskala z.B. Schmitt-
  Grohé, J., a.a.O., S. 87 ff.; Kollat, D.T., Blackwell,
  R.D., Robeson, J.F., Strategic Marketing, New York u.a.
  1972, S. 74.

lenwerte der Indikatoren zu einem Profil verbunden. Ab-
bildung 14 zeigt die Widerstandsprofile von zwei fiktiven
Produkt- / Markt-Segmenten und deutet darauf hin, daß
das Segment 1 unter der Zielsetzung der Vermeidung von
Segmentwiderständen günstiger zu beurteilen ist als das
Segment 2.

Um zu einer eindimensionalen Planungsgröße zu gelangen,
empfiehlt es sich, die segmentspezifische Bewertung der
einzelnen Einflußfaktoren zu einem umfassenden Segment-
widerstandsindex zu verknüpfen, der eine globale Gesamtbe-
urteilung der in einem Produkt- / Markt-Segment zu erwar-
tenden Hemmnisse ermöglicht. Dabei kann zudem der unterschiedlichen Bedeutung der einzelnen Einflußfaktoren(gruppen) durch die zusätzliche Berücksichtigung von Gewichtungsfaktoren Rechnung getragen werden.

Eine adäquate Methode der Informationsverdichtung stellen
sog. Scoring-Modelle oder Punktbewertungsverfahren dar[1].
Bei dieser Methode werden den jeweiligen Ausprägungen der
Indikatoren die in der Bewertungsskala angegebenen Punkt-
werte (1-1o) zugeordnet und mit einem spezifischen Gewichtungsfaktor multipliziert (o-1oo), der der prozentualen
Bedeutung des jeweiligen Indikators innerhalb der Gesamtheit der Einflußfaktoren des Segmentwiderstands entspricht.
Die Addition dieser gewichteten Faktorausprägungen ergibt
einen Gesamtpunktwert, der die Höhe des Segmentwiderstands

---

1 Vgl. dazu Zangemeister, Ch., Nutzwertanalyse von Pro-
jektalternativen, in: IO, 1971, S. 161 ff.; Haedrich,
G., Kusz, A., Scoring-Modelle - Entscheidung nach Punk-
ten, Teil I, in: asw, Nr. 12, 1976, S. 66 ff.; Brose,
P., Planung, Bewertung und Kontrolle technologischer Inno-
vationen, Berlin 1982, S. 326 ff.; Diller, H., Nutzwert-
analysen, in: Marketingplanung, Hrsg.: Diller, H.,
München 198o, S. 44 ff.; Blom, G., Kleinert, H., Scoring-
Modelle - Entscheidung nach Punkten, Teil II, in: asw,
Nr. 1, 1977, S. 55 ff..

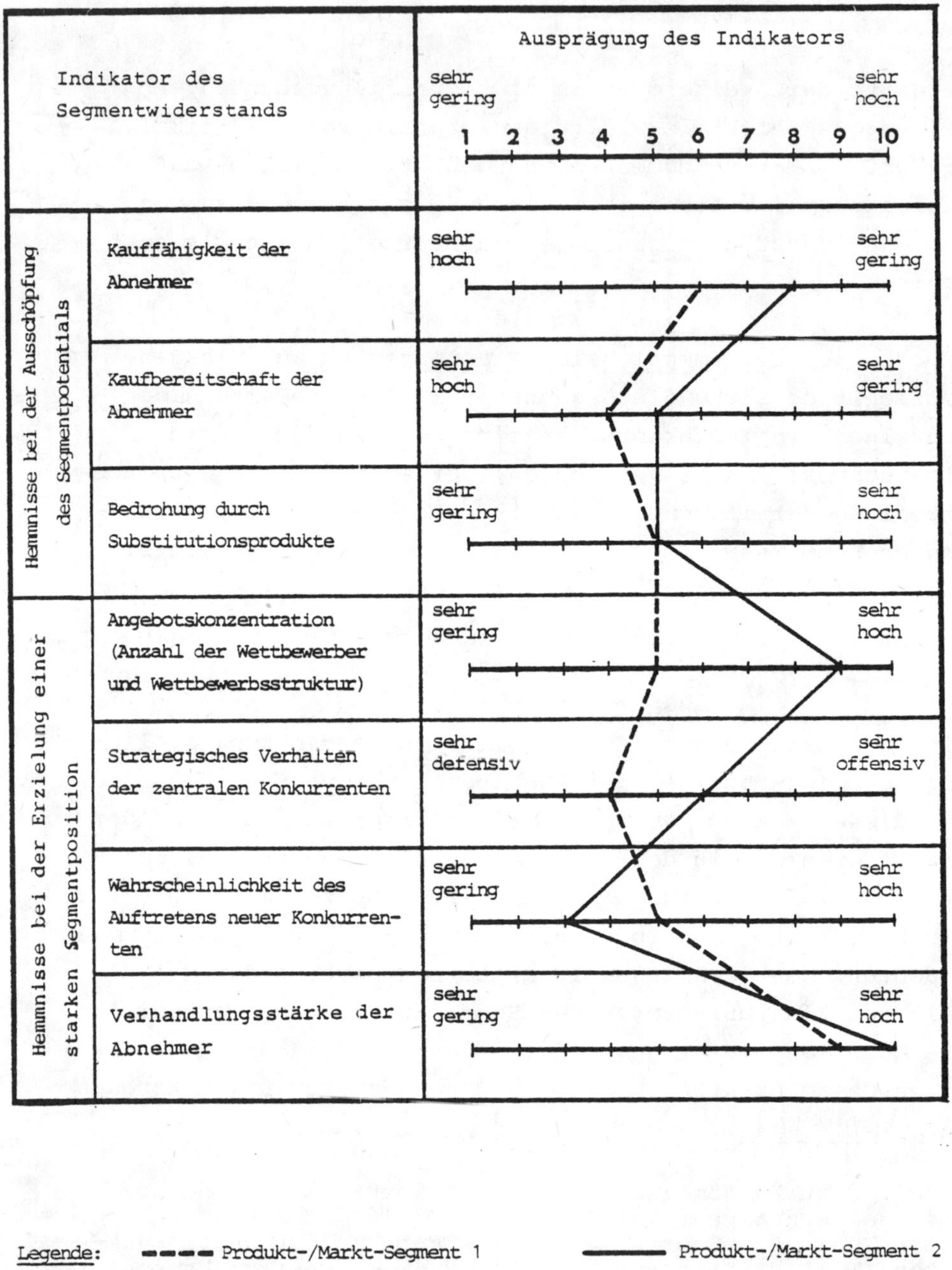

	Indikator des Segmentwiderstands	Ausprägung des Indikators
		sehr gering ··· sehr hoch 1 2 3 4 5 6 7 8 9 10
Hemmnisse bei der Ausschöpfung des Segmentpotentials	Kauffähigkeit der Abnehmer	sehr hoch ··· sehr gering
	Kaufbereitschaft der Abnehmer	sehr hoch ··· sehr gering
	Bedrohung durch Substitutionsprodukte	sehr gering ··· sehr hoch
Hemmnisse bei der Erzielung einer starken Segmentposition	Angebotskonzentration (Anzahl der Wettbewerber und Wettbewerbsstruktur)	sehr gering ··· sehr hoch
	Strategisches Verhalten der zentralen Konkurrenten	sehr defensiv ··· sehr offensiv
	Wahrscheinlichkeit des Auftretens neuer Konkurrenten	sehr gering ··· sehr hoch
	Verhandlungsstärke der Abnehmer	sehr gering ··· sehr hoch

Legende: ▬ ▬ ▬ ▬ Produkt-/Markt-Segment 1   ▬▬▬▬ Produkt-/Markt-Segment 2

Abb.14: Bewertung des Segmentwiderstands mit Hilfe von Polaritätsprofilen

reflektiert[1]. Tabelle 9 zeigt die Vorgehensweise in
Fortführung des obigen Beispiels und macht deutlich, daß
das Produkt-/Markt-Segment 1 mit einem Widerstandsindex von 485 Punkten (innerhalb einer möglichen Bandbreite
von 1oo - 1ooo Punkten) nach diesem Entscheidungskriterium günstiger zu beurteilen ist als das Segment 2,
dem ein Gesamtpunktwert von 585 zugeordnet wurde.

4.2 Segmentpotential / Segmentwiderstand -Portfolio als Entscheidungshilfe

Nach der Bestimmung des Segmentwiderstands sämtlicher der
vorläufigen Marktabdeckungsstrategie zugrundeliegenden
Produkt-/Markt-Segmente sowie der Ermittlung des jeweiligen Segmentpotentials kann eine endgültige Auswahl der
zu bearbeitenden Segmente und ihre Zusammenfassung zum
spezifischen Geschäftsfeld der Unternehmung anhand eines
Segmentpotential / Segmentwiderstand-Portfolios vorgenommen werden[2].

Dazu werden zunächst die durchschnittlichen Segmentwider-
stands- und Segmentpotential-Ausprägungen ermittelt und als
Unterteilungskriterium für die Portfoliofelder heran-

---

1 Vgl. zu den wesentlichen Kritikpunkten an Scoring-Mo-
  dellen z.B. Meffert, H., Marketing, a.a.O., S. 36o;
  Meffert, H., Althans, J., Internationales Marketing,
  Stuttgart u.a. 1982, S. 75; Schmitt-Grohé, J., a.a.O.,
  S. 86 ff..

2 Ein ähnliches Auswahlverfahren stellt in diesem Zusammen-
  hang die von Meissner für Marktwahlentscheidungen im in-
  ternationalen Marketing konzipierte Marktpotential/
  Markterschließungsmöglichkeiten-Matrix dar. Vgl.
  Meissner, H.G., Außenhandels-Marketing, Stuttgart 1981,
  S. 31 f. u. S. 46.

Einflußfaktoren des Segmentwider- stands	Ge- wicht	Beurteilung des Produkt/Markt-Segments (PMS)						
		PMS 1		PMS 2		••••	PMS n	
		Aus- prä- gung	Punkt- wert	Aus- prä- gung	Punkt- wert		Aus- prä- gung	Punkt- wert
Kauffähigkeit der Abnehmer	15	6	90	8	120			
Kaufbereitschaft der Abnehmer	15	4	60	5	75			
Bedrohung durch Substitutions- produkte	20	5	100	5	100			
Angebotskonzentra- tion (Anzahl der Wettbewerber und Wett- bewerbsstruktur)	10	5	50	9	90			
Strategisches Ver- halten der zentralen Konkurrenz	25	4	100	6	150			
Wahrscheinlichkeit des Auftretens neuer Konkurrenten	10	5	50	3	30			
Verhandlungsstärke der Abnehmer	5	7	35	4	20			
Summe Segmentwiderstand	100	-	485	-	585			

Tab. 9 : Bewertung des Segmentwiderstands mit Hilfe von Punktbewertungsverfahren

- 147 -

gezogen. Abbildung 15 zeigt diese Vorgehensweise sowie die
Positionierung verschiedener Segmente entsprechend ihrem
jeweiligen Segmentpotential- und Segmentwiderstands-
Index beispielhaft auf.

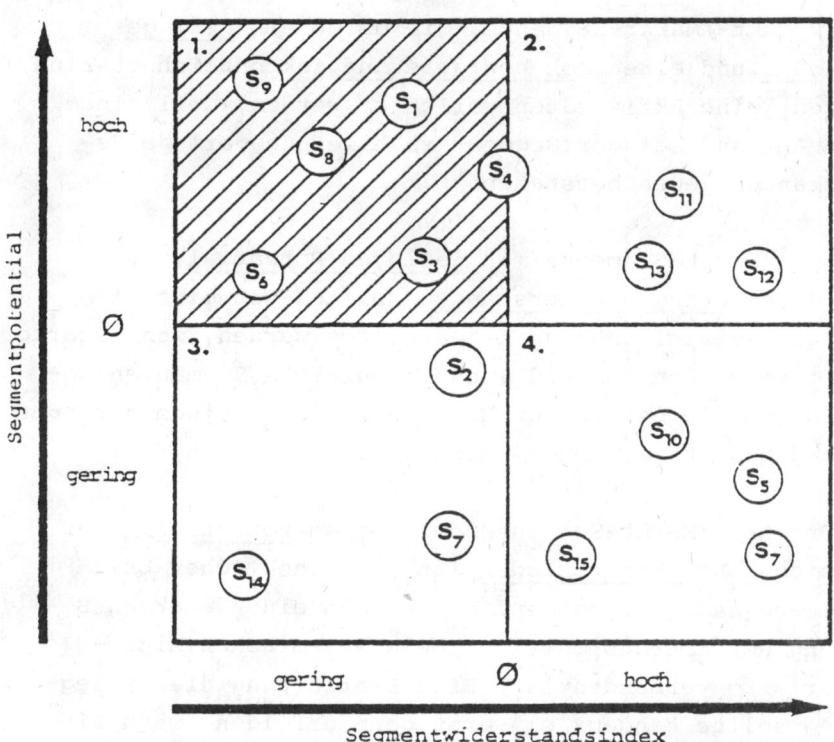

Abb. 15: Bewertung von Produkt- / Markt-Segmenten im Seg-
mentpotential/Segmentwiderstand-Portfolio

Auf der Basis ihrer spezifischen Position im Portfolio
lassen sich für die jeweiligen Produkt- / Markt-Segmente
folgende Bewertungen vornehmen[1]:

_____

1 Vgl. dazu auch Meissner, H.G., a.a.O., S. 31 f..

- Produkt-/Markt-Segmente mit <u>hohem Potential</u> und <u>geringem</u>
  <u>Widerstand</u> weisen hohe Ertragsaussichten auf und sind
  für eine Bearbeitung durch einen Newcomer in besonderer
  Weise geeignet.

- Auf Produkt-/Markt-Segmente, die durch ein <u>geringes</u>
  <u>Potential</u> und einen <u>hohen Widerstand</u> gekennzeichnet sind,
  sollten keine Aktivitäten gerichtet werden, weil einem
  hohen Aufwand bei der Segmenterschließung geringe Gewinnchancen gegenüberstehen.

- Produkt-/Markt-Segmente mit <u>geringem Potential</u>, aber
  ebenfalls <u>geringen Widerständen</u> sollten von einem Newcomer tendenziell nur dann bearbeitet werden, wenn starke
  Synergien zu den in Feld 1 positionierten Segmenten bestehen und die begrenzten Marktchancen mit einem geringen
  Aufwand genutzt werden können.

- Bei Produkt-/Markt-Segmenten mit <u>hohem Potential</u>, aber
  zugleich <u>hohen Widerständen</u> ist ein erheblicher Er-
  schließungsaufwand notwendig, der mit einer starken Be-
  lastung der Ertragsposition sowie einem hohen Mißerfolgsrisiko verbunden ist. Eine Bearbeitung dieser Segmente sollte tendenziell erst dann erfolgen, wenn ein
  Newcomer bereits über eine starke Position im Gesamtmarkt verfügt. Durch eine vorläufige Selektion von Segmenten in dieser Portfolio-Position läßt sich weitgehend
  vermeiden, daß ein Mißerfolg zu Beginn eines Markteintritts den Gesamterfolg des Marktengagements in Frage
  stellt.

Entsprechend den Ergebnissen der Segmentbewertung kann
ein Newcomer nunmehr entscheiden, ob die aufgrund der
vorausgegangenen Analyse erwogene Marktabdeckungsstrategie (z.B. volle Produkt-/Markt-Abdeckung, Produktspezialisierung) in reiner Form realisiert werden soll

oder durch eine Exklusion bestimmter Produkt- / Markt-Segmente mit ungünstiger Portfolio-Position eine Strategie
der selektiven Spezialisierung verfolgt wird.

Abbildung 16 zeigt den Prozeß der Geschäftsfeldwahl
zusammenfassend an einem Beispiel aus dem Textverarbeitungsmarkt. Dabei wird davon ausgegangen, daß sich
ein Newcomer aufgrund seiner spezifischen Fähigkeiten und
Ressourcen und den sich daraus ergebenden Möglichkeiten zur
Reduzierung von Markteintrittsbarrieren zunächst für eine
Multi-Produktspezialisierung auf

- Einplatz-Textsysteme
- Mehrplatz-Textsysteme und
- Textverarbeitungs-Softwarepakete

entschieden hat. Die folgende differenziertere Segment-
analyse führte jedoch zu der Entscheidung, aufgrund eines
zu hohen Segmentwiderstands bzw. einem als zu gering eingeschätzten Segmentpotential auf eine Bearbeitung der
Produkt- / Markt-Segmente 5, 7 und 1o sowie 11 - 15
(zunächst) zu verzichten, so daß sich das endgültige Geschäftsfeld des Newcomers insgesamt aus 7 Produkt- /
Markt-Segmenten zusammensetzt.

Nach der Festlegung der zu bearbeitenden Produkt-/ Markt-
Segmente steht das Management vor der Aufgabe, segmentspezifische Problemlösungen zu konzipieren und im Markt ein-
zuführen, die den spezifischen Abnehmerbedarf in konkur-
renzüberlegener Weise erfüllen. Innerhalb eines strategischen Marktsegments (z.B. Einplatz-Textsysteme für Industrieunternehmen) wird diese Zielsetzung umso eher realisierbar sein, je stärker die nach organisationsdemographischen Kriterien abgegrenzte Abnehmergruppe in ihrem Ent-
scheidungs- und Bewertungsverhalten in Bezug auf das jeweilige Produkt sowie der Präferenzen bezüglich eines
betrachteten Segmentanbieters homogen ist. Geht man davon

Abnehmer-gruppe / Produkt	Industrie	Handel	Banken/ Versiche-rungen	sonstige Dienstlei-stungs-unterneh-men	öffentliche Verwaltung
elektronische Speicherschreib-maschine					
Einplatz-Textsystem	1	2	3	4	5
Mehrplatz-Textsystem	6	7	8	9	10
Textverarbei-tungssoftware für EDV-Anlagen	11	12	13	14	15

Abb. 16: Beispiel zur zweistufigen Vorgehensweise bei der Geschäftsfeldplanung im Textverarbeitungsmarkt

aus, daß diese Homogenität innerhalb einzelner Makroseg-mente nicht hinreichend gewährleistet ist, ergibt sich die Möglichkeit bzw. die Notwendigkeit, nach der Einfüh-rung spezieller Herstellerprodukte dem Kaufwiderstand potentieller Abnehmer durch detailliertere Segmentierungs- und Marktbearbeitungsmaßnahmen zu begegnen.

D. Analyse des Kaufwiderstands im Rahmen der taktischen Marketingplanung im Textverarbeitungsmarkt

Der Analyse des Markteintrittswiderstands und des Segmentwiderstands im Rahmen der Geschäftsfeldwahl im Textverarbeitungsmarkt liegt die Intention zugrunde, möglichen Erfolgshemmnissen bereits auf einer relativ hoch aggregierten Ebene vor der Entwicklung konkreter Problemlösungen soweit wie möglich auszuweichen. Dagegen setzt die Analyse des Kaufwiderstands mit der Zielsetzung einer verbesserten Bearbeitung eines Produkt-/Markt-Segments am Entscheidungs- und Bewertungsverhalten individueller Abnehmer an. Die Suche nach Abnehmern mit einem geringen Kaufwiderstand ist damit weitgehend identisch mit der Beantwortung der Frage, für welche potentiellen Käufer ein als neu wahrgenommenes Herstellerprodukt den größten Wert aufweist[1]. Berücksichtigt man zudem, daß der Einsatz der Marketinginstrumente ebenfalls primär vom Bewertungsverhalten der anzusprechenden Zielgruppe abhängt[2], kommt der Messung des Kaufwiderstands beim Erstkauf von Textverarbeitungsprodukten eine zentrale Bedeutung zu.

1. Messung des Kaufwiderstands in ausgewählten Produkt-/ Markt-Segmenten des Textverarbeitungsmarktes

1.1 Ermittlung von Indikatoren des Kaufwiderstands (Produkt- und Herstellerwiderstands)

Grundlage der Messung des Kaufwiderstands ist die Erkenntnis, daß die Adoptions- und Einstellungsforschung wichtige Hinweise bezüglich der Auswahl relevanter Indikatoren

---

1 Vgl. Webster, jr., F.E., Industrial Marketing Strategy, a.a.O., S. 124.
2 Vgl. Meffert, H., Durchsetzung, a.a.O., S. 97.

liefert. Besondere Bedeutung kommt dabei solchen Einflußfaktoren zu, die in enger Beziehung zum wahrgenommenen
Risiko sowie zur Wirtschaftlichkeit der Investition in
Problemlösungen der Textverarbeitung stehen. Abbildung 17
zeigt die im Rahmen der vorliegenden Arbeit berücksichtigten Einflußfaktoren(gruppen) des Produkt- und Herstellerwiderstands im Überblick.

Bei der Ermittlung des Produktwiderstands stehen problem-
lösungsbezogene Indikatoren sowie Variablen zur Beschreibung der Struktur des Entscheidungssystems bzw. der Ent-
scheidungseinheit im Vordergrund. Ausgehend von der empirisch gestützten Erkenntnis, daß Art, Eigenschaften, Ver-
wendungsmöglichkeiten etc. eines neuen Investitionsgutes
wesentlich seine Adoption und Diffusion bestimmen[1],
stellt das zu beschaffende Textverarbeitungsprodukt selbst
und insbesondere dessen Wahrnehmung in den Abnehmerorganisationen[2] einen zentralen Bestandteil des Produktwiderstands dar[3]. Dabei spiegeln Merkmale der wahrgenommenen Komplexität der Kaufentscheidung, die wiederum durch

---

1 Vgl. Lutschewitz, H., Kutschker, M., a.a.O., S. 121.

2 Die Verwendung wahrnehmungsbezogener, psychologischer
  Kriterien "berücksichtigt die Erkenntnis, daß nicht
  objektiv feststellbare, sondern nur subjektiv erlebte
  Produkteigenschaften Markenpräferenzen und die damit
  verbundenen Nutzenerwartungen prägen. Dies gilt auch
  für den Investitionsgüterbereich". Zinser, W., a.a.O.,
  S. 7.

3 Vgl. dazu und zum folgenden insbesondere Strebel, H.,
  Strothmann, K.-H., von Hagen, F., Ergebnisse einer
  Voruntersuchung zur Anwendung der Delphi-Methode auf
  das Thema "Hemmende und fördernde Faktoren im Durch-
  setzungsprozeß der Mikroelektronik", Arbeitspapier des
  Instituts für Markt- und Verbrauchsforschung der Freien
  Universität Berlin, Berlin 1982, insbes. S. 1o ff..

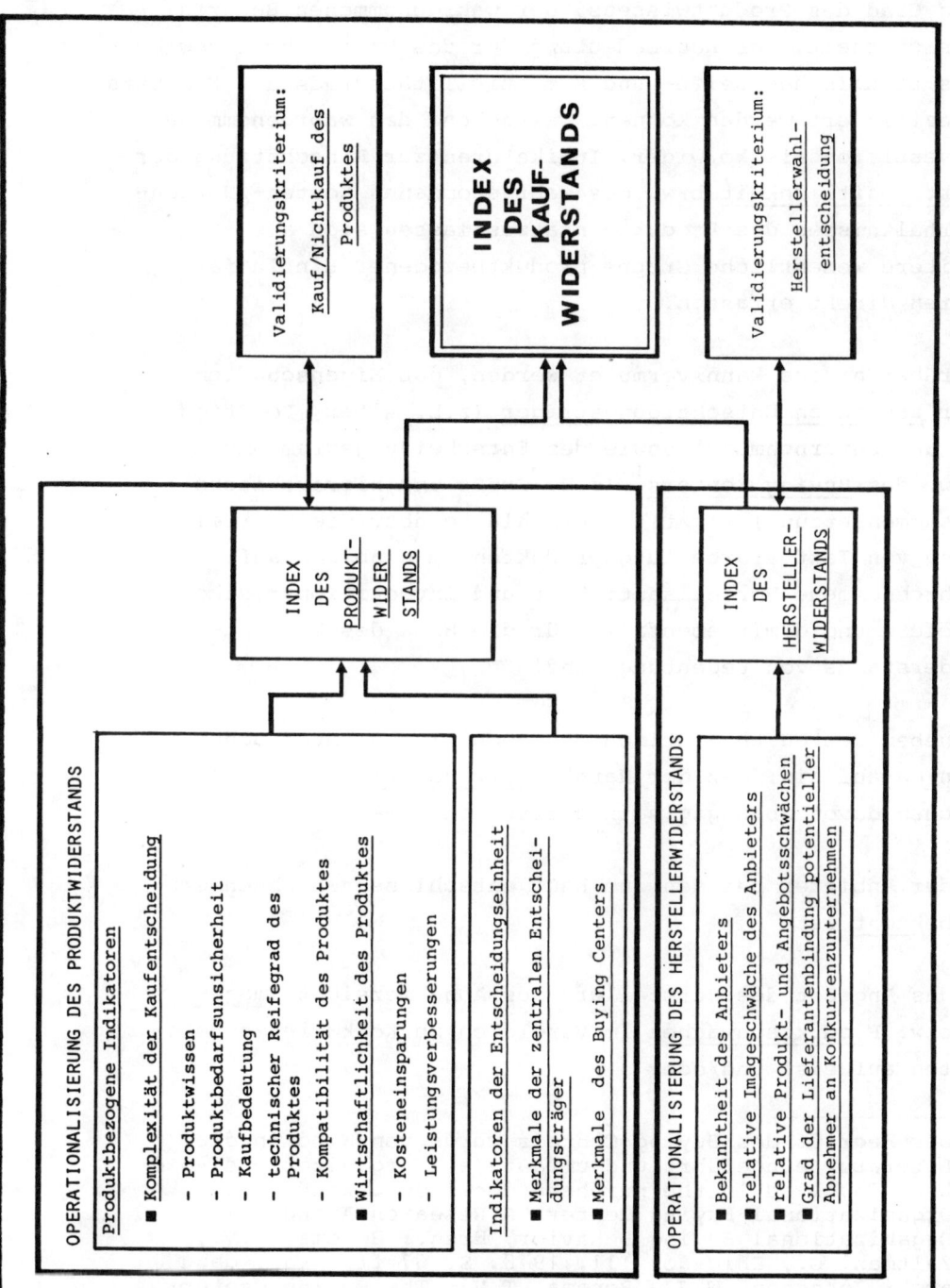

Abb. 17 : Bezugsrahmen zur Operationalisierung des Kaufwiderstands

den Grad des Produktwissens, der wahrgenommenen Bedarfsunsicherheit, der Kaufbedeutung für das Unternehmen sowie
des technischen Reife- und Kompatibilitätsgrads des Produkts
spezifiziert werden können, weitgehend das wahrgenommene
Investitionsrisiko wider. Indikatoren zur Einschätzung der
Wirtschaftlichkeit bzw. des wahrgenommenen Kosten-/Nutzen-
Verhältnisses des Produkteinsatzes lassen sich als
weitere wesentliche Gruppe produktbezogener Einflußfaktoren direkt erfassen.

Darüber hinaus kann vermutet werden, daß Eigenschaften
der zentralen Entscheidungsträger (z.B. Alter, Position
in der Unternehmung) sowie des Entscheidungsgremiums
bzw. des Buying Centers[1] (z.B. Größe und hierarchische
Zusammensetzung) wichtige Aufschlüsse über die Beurteilung von Textverarbeitungsprodukten im Hinblick auf
wahrgenommene Vorteilhaftigkeit und Investitionsrisiko
liefern und damit ebenfalls für die Höhe des Produktwiderstands von Bedeutung sind.

Daneben deuten theoretische und empirische Untersuchungen darauf hin, daß der Herstellerwiderstand im wesentlichen davon abhängig sein dürfte, inwieweit

- der Anbieter bei den zum Kauf entschlossenen Abnehmern
  bekannt ist,

- das Angebot des Herstellers aus Abnehmersicht Image-
  bzw. Produktschwächen im Vergleich zu Konkurrenzangeboten aufweist und/oder

---

1 Der Begriff des Buying Centers wurde von Wind in die
  Literatur eingeführt und umfaßt "all organizational mem-
  bers involved in the purchase decision". Wind, Y.,
  Organizational Buying Center. A Research Agenda, in:
  Organizational Buying Behavior, Hrsg.: Bonoma, T.V.,
  Zaltman, G., Chicago, Ill. 1978, S. 67 ff.. Vgl. dazu
  auch: Johnston, W.J., Bonoma, T.V., The Buying Center:
  Structure and Interaction Patterns, in: JoM, Nr. 3,
  1981, S. 143 ff.; dieselben, Purchase Process for Capital
  Equipment and Services, in: IMM, Vol. 1o (1981), S.253 ff.
  sowie die dort jeweils angegebene Literatur.

- eine <u>hohe Lieferantenbindung</u> potentieller Kunden an
  Konkurrenzunternehmen einen erfolgreichen Vertragsab-
  schluß mit dem betrachteten Hersteller behindert.

Inwieweit diese aus theoretischen Überlegungen und bisherigen empirischen Analysen abgeleiteten Variablen als
Indikatoren des Kaufwiderstands im Bereich der Textverarbeitung geeignet sind, soll anhand einer Befragung von
Anwendern bzw. Nichtanwendern von Textverarbeitungsprodukten geprüft werden[1]. Der Produktkauf (Kauf/Nichtkauf eines
(speziellen) Textverarbeitungsprodukts) sowie die konkrete
Herstellerwahlentscheidung (Kauf eines speziellen Textverarbeitungsprodukts bei einem betrachteten Hersteller
oder den Konkurrenten) dienen dabei als Beurteilungs-
bzw. Validierungskriterium[2] für die Relevanz der in die
empirische Untersuchung einbezogenen Einflußfaktoren[3].

Die Messung des Kaufwiderstands soll am Beispiel von zwei
zentralen Makrosegmenten der Textverarbeitung erfolgen.
Die empirische Studie liefert entsprechende Daten bezüglich der folgenden <u>Produkt-/Markt-Segmente</u>:

- elektronische Speicherschreibmaschinen für Industrieunternehmen

- Textsysteme (Einplatz- und Mehrplatzsysteme) für Industrieunternehmen.

1.2 <u>Messung des Produktwiderstands</u>

Zur empirischen Überprüfung der Relevanz von Indikatoren
des Produktwiderstands ist es notwendig, die Ausprägungen

---

1 Vgl. zum Design der Untersuchung Anhang I, S. 259 ff.
  dieser Arbeit.
2 Vgl. zur Validierung theoretischer Konstrukte z.B.
  Meffert, H., Steffenhagen, H., Marketing-Prognosemodelle,
  Stuttgart 1977, S. 176 ff..
3 Vgl. zum Wortlaut der berücksichtigten Fragen Anhang II
  S. 265 ff. dieser Arbeit.

der Antworten der zentralen Entscheidungsträger auf den
jeweiligen Indikatoren(skalen) zu ermitteln und mit
dem tatsächlichen Kaufverhalten der in der Stichprobe erfaßten Unternehmen zu vergleichen. Diese Analyse läßt
Aussagen darüber zu, welche der berücksichtigten Indikatoren in der Lage sind, zwischen Käufern und Nichtkäufern
von Textverarbeitungsprodukten sowie zwischen Käufern elektronischer Speicherschreibmaschinen und Käufern von Textsystemen zu differenzieren. Die Verwendung der herangezogenen Einflußfaktoren als Indikatoren des Produktwiderstands basiert dabei auf der grundlegenden Annahme,
daß bei Nichtkäufern von Textverarbeitungsprodukten ei
hoher allgemeiner Produktwiderstand (sowohl gegen elektronische Speicherschreibmaschinen als auch gegen Textsysteme)
besteht. Des weiteren soll unterstellt werden, daß Abnehmer, die lediglich elektronische Speicherschreibmaschinen
(Textsysteme) einsetzen, einen Produktwiderstand gegen
Textsysteme (elektronische Speicherschreibmaschinen)
aufweisen[1].

1.21 Relevanz von Indikatoren der Komplexität der Kauf-
entscheidung

Die Verwendung der Komplexität der Kaufentscheidung als
Einflußfaktorengruppe des Produktwiderstands geht von der
Einschätzung aus, daß das Investitionsverhalten von Unternehmungen nicht nur von der Art des Investitionsob-
jektes, sondern auch von der wahrgenommenen Entschei-
dungssituation in den potentiellen Abnehmerorganisationen

---

1 Vgl. zur Zweckmäßigkeit dieser Annahme im Rahmen der
  vorliegenden Untersuchung Anhang I, S. 259 ff.
  dieser Arbeit.

abhängig ist[1]. Die Problemkomplexität wird als hemmender
Faktor umso höher einzuschätzen sein, je mehr sich ein
neues Investitionsgut den potentiellen Anwendern als relativ schwierig zu verstehen und als schwer zu bewerten
darstellt. Folgende Indikatoren erscheinen geeignet, die
Komplexität der Kaufentscheidung im Bereich der Textverarbeitung zu erfassen:

Produktwissen

Im Rahmen eines Kaufentscheidungsprozesses bei Textverarbeitungsprodukten muß eine Vielzahl von Problemaspekten
berücksichtigt werden, was sowohl hohe textverarbeitungsspezifische Kenntnisse als auch ein detailliertes Wissen
über die spezifischen Anwendungsbedingungen der Textverarbeitung in der Unternehmung voraussetzt[2]. Ein geringes subjektives Wissen[3] bezüglich der angebotenen Textverarbeitungsprodukte erhöht das Risiko, daß die falsche Problemlösung beschafft wird und führt vielfach dazu, daß von einem Kauf ganz Abstand genommen bzw. die
Beschaffung zurückgestellt wird[4].

---

1 Vgl. Robinson, P.J., Faris, C.W., Wind, Y., Industrial
  Buying and Creative Marketing, Boston 1967; Kirsch, W.,
  Kutschker, M., Das Marketing von Investitionsgütern.
  Theoretische und empirische Perspektiven eines Inter-
  aktionsansatzes, Schriftenreihe der Zeitschrift für Be-
  triebswirtschaft, Bd. 1o, Hrsg.: Gutenberg, E., Wiesbaden 1978, S. 32 f. und S. 56; Steffenhagen, H., Adoptionsprozesse, a.a.O., S. 114 f..

2 Vgl. Wintsch, E., Die Analyse des Entscheidungsprozesses
  beim Kauf von Computern als Grundlage für die Marktbearbeitungsmaßnahmen der Hersteller, Bd. 1, Diss. St.
  Gallen, 1978, S. 53.

3 Vgl. Lutschewitz, H., Kutschker, M., a.a.O., S. 35;
  Gemünden, H.G., a.a.O., S. 34.

4 Vgl. Reichwald, R., Bürotechnik, a.a.O., S. 3o;
  Karcher, H.B., a.a.O., S. 138.

Das ständig wachsende Produktangebot der Textverarbeitung
ist für die potentiellen Anwender kaum noch transparent.
Zudem ist der Wissensstand über das technische Leistungs-
potential der betrachteten Problemlösungen (elektronische
Speicherschreibmaschinen und Textsysteme) als relativ nie-
drig einzuschätzen. Daher ist davon auszugehen, daß
mangelndes Produktwissen einen bedeutsamen Produktwider-
standsindikator darstellt.

Wegen der zunehmenden Integration von Daten-, Textverarbeitung und Nachrichtentechnik wurde im Rahmen der
empirischen Untersuchung sowohl der Kenntnisstand in den
drei Technikbereichen (Spezialkenntnisse, umfassende
Kenntnisse, geringe Kenntnisse)[1] sowie zusätzlich die
Anzahl an Weiterbildungsveranstaltungen[2] in den jeweiligen Bereichen erhoben. Der Vergleich der Mittelwerte
zwischen den Gruppen der Käufer und Nichtkäufer[3] führte zu dem Ergebnis, daß Nichtkäufer von Textverarbeitungsprodukten über geringere Kenntnisse in der Textverarbeitung,
aber über höhere Kenntnisse in der Datenverarbeitung
verfügen. Zudem haben diese weniger an Weiterbildungsveranstaltungen in der Textverarbeitung teilgenommen (vgl.
Tabelle 1o).

---

1 Vgl. dazu Frage 24 im Anhang II.

2 Vgl. dazu Frage 25 im Anhang II.

3 Die Signifikanzprüfung wurde mit Hilfe des T-Tests
  vorgenommen. Dieser Test kommt vorwiegend bei kleinen
  Stichproben (i.d.R. Fallzahlen < 3o) zur Prüfung von
  Durchschnittswerten bei nominalskalierten abhängigen
  Variablen zur Anwendung. Vgl. zum T-Test z.B. Berekoven,
  L., Eckert, W., Ellenrieder, P., a.a.O., S. 174; Nie,
  N.H., Hull, C.H., Jenkins, J.G., Steinbrenner, K.,
  Bent, D.H., Statistical Package für the Social Sciences,
  2. Aufl., New York u.a. 1975, S. 267 ff. (im folgenden
  zitiert als: Nie, N.H. et al., SPSS). Im folgenden wird
  vorwiegend auf die Indikatoren mit signifikanten Un-
  terschieden (Signifikanzniveau > o,9o) zwischen den
  Auswertungsgruppen eingegangen.

INDIKATOREN DES PRODUKTWIDERSTANDS (KOMPLEXITÄT DER KAUFENTSCHEIDUNG)	Käufer versus Nichtkäufer von Textverarbeitungsprodukten			Käufer elektronischer Speicherschreibmaschinen versus Käufer Textsysteme		
	Mittelwert Käufer (n = 74)	Mittelwert Nichtkäufer (n = 43)	Signifikanzniveau (T-Test)	Mittelwert Schreibmaschine (n = 15)	Mittelwert Textsysteme (n = 22)	Signifikanzniveau (T-Test)
Produktwissen						
● Kenntnisse in Datenverarbeitung	2,2083	1,9767	0,093	2,2857	2,2381	n.s.
● Kenntnisse in Textverarbeitung	2,0411	2,6047	0,000	2,2667	2,0952	n.s.
● Kenntnisse in Nachrichtentechnik	2,7143	2,8140	n.s.	2,7143	2,9167	n.s.
● Weiterbildung in Datenverarbeitung	0,7500	0,9756	n.s.	0,8000	0,4286	n.s.
● Weiterbildung in Textverarbeitung	0,6944	0,3659	0,088	0,3333	0,4000	n.s.
● Weiterbildung in Nachrichtentechnik	0,2113	0,1429	n.s.	0,0000	0,2000	0,042
Kaufbedeutung						
● Hersteller bereits im Hause vertreten	1,8649	2,9512	0,000	1,8667	1,6364	n.s.
● Einsatz einer EDV-Anlage	1,1370	1,1860	n.s.	1,2000	1,1905	n.s.
technischer Reifegrad des Produkts						
● Erwartungen über zukünftige technische Weiterentwicklung der Textverarbeitung	1,0676	1,2326	n.s.	1,8667	0,9091	0,013
technische Kompatibilität						
● Möglichkeit der Kombination von Text- und Datenverarbeitung	2,1892	2,5814	0,074	2,4000	2,4545	n.s.
soziale Kompatibilität						
● Schaffung attraktiver Arbeitsinhalte	2,7297	3,0930	0,034	2,6667	2,7273	n.s.
● Dokumentation von Fortschrittsdenken der Unternehmung	2,6351	3,3095	0,001	2,6667	2,6818	n.s.
● Bestrebung, in der Informationstechnologie auf dem neuesten Stand zu sein	2,5270	3,1860	0,002	2,5333	2,3636	n.s.

Kompatibilität

Tab. 10: Relevanz ausgewählter Indikatoren der Komplexität der Kaufentscheidung zur Ermittlung des Produktwiderstands im Textverarbeitungsmarkt

Überraschend an diesen Ergebnissen ist, daß hohe Kenntnisse in der Datenverarbeitung den Kauf von elektronischen Speicherschreibmaschinen und/oder Textsystemen behindern. Es kann vermutet werden, daß zentrale Entscheidungsträger mit hohem EDV-Know-how stärker dazu tendieren,
Textverarbeitungsaufgaben auf EDV-Anlagen mit Hilfe von
Textverarbeitungs-Softwarepaketen abzuwickeln.

Unerwartet ist in diesem Zusammenhang auch das Ergebnis,
daß Produktwissen nicht als Indikator des Produktwiderstands beim Kauf von Textsystemen angesehen werden kann.
Die einbezogenen Einflußfaktoren erweisen sich bezüglich
der Unterschiede zwischen Käufern von elektronischen
Speicherschreibmaschinen und Textsystemen als nicht signifikant. Lediglich eine höhere Anzahl an Weiterbildungsveranstaltungen in der Nachrichtentechnik ist kennzeich-
nend für die Käufer von Textsystemen. Vermutlich wird
die Möglichkeit der Integration von Textverarbeitung und
Nachrichtentechnik im Sinne der elektronischen Textkommunikation mit Hilfe von Textsystemen gegenüber elektronischen Speicherschreibmaschinen mit Teletexzusatz als
effizientere Lösung angesehen.

Produktbedarfsunsicherheit

Hohe Bedarfsunsicherheit steht im direkten Zusammenhang
mit geringem Produktwissen und resultiert daraus, daß
ein Anwender nicht in der Lage ist, den Produktbedarf
und die Spezifikation des Produkts (Hardware, Software
sowie sonstige Dienstleistungen) hinreichend klar zu
definieren[1]. Im Verwaltungsbereich liegen nur in wenigen

---

1 Vgl. Cardozo, R.N., a.a.O., S. 273; Hakansson, H.,
  Johanson, J., Wootz, B., a.a.O., S. 32o f..

Unternehmen Schriftgutanalysen vor. Darüber hinaus sind
bestehende Schwachstellen in der Aufbau- und Ablauforganisation vielfach nur unzureichend bekannt. Daher können
kaum klare Vorstellungen über positive und negative Effekte des Einsatzes von Textverarbeitungsprodukten entwickelt
werden[1]. Wegen der oft hohen Folgekosten beim Einsatz von
Textverarbeitungsprodukten (insbes. bei Textsystemen)
dürfte eine hohe wahrgenommene Bedarfsunsicherheit einen
wesentlichen kaufhemmenden Faktor darstellen.

Die Ergebnisse der Untersuchung bestätigen diese Einschätzung in vollem Umfang. Im Rahmen einer offenen Fragestellung[2], mit der ohne Einengung der Antwortmöglichkeiten
die Gründe erhoben wurden, die gegen die Anschaffung und
den Einsatz der Textverarbeitung im Unternehmen sprechen,
bezogen sich 23 Prozent (Rang 2) aller Nennungen auf einen
zu geringen Bedarf sowie weitere 16 Prozent (Rang 3) auf
die Einschätzung, daß die Abwicklung von vorwiegend In-
dividualkorrespondenz den Einsatz moderner Textverarbeitungsprodukte nicht rechtfertigt. Bedarfsprobleme können
damit als eines der Haupthemmnisse gegen den Kauf und
Einsatz von elektronischen Speicherschreibmaschinen und
Textsystemen angesehen werden[3].

Kaufbedeutung

Die Bedeutung des Kaufs eines speziellen Investitionsgutes für die Abnehmerorganisation steht wiederum in enger

---

1 Vgl. Reichwald, R., Bürotechnik, a.a.O., S. 3o.
2 Vgl. Frage 3 im Anhang II.
3 Aufgrund der Erhebungsform dieser Daten ist eine Ska-
   lenbildung und ein Mittelwerttest nicht möglich. Auf
   eine nach Anwendergruppen differenzierte Aussage muß
   daher verzichtet werden.

Verbindung zum wahrgenommenen Kaufrisiko[1]. Die wahrgenommene Kaufbedeutung ist dabei zum einen abhängig von der
Höhe des notwendigen Investitionsvolumens[2].

Entsprechend dem unterschiedlichen Preisrahmen für die
verschiedenen Problemlösungen der Textverarbeitung[3]
ist davon auszugehen, daß ein Produktwiderstandsindika-
tor "Wert des Investitionsguts" für Textsysteme höhere
Ausprägungen aufweisen dürfte als für elektronische
Speicherschreibmaschinen. Die Wahrnehmung der Höhe des
Investitionsvolumens ist jedoch in starkem Maße mit der
Unternehmensgröße korreliert. Daher erscheint es zweckmäßiger, anstelle des absoluten Investitionsbetrages eine
relative Meßgröße (z.B. Investitionsvolumens-Unternehmens-
umsatz-Verhältnis) zu verwenden[4].

Zum anderen hängt die wahrgenommene Kaufbedeutung von der
Neuartigkeit der Definition des Beschaffungsproblems
für die Unternehmung ab. So führten bisherige Untersuchungen zu dem Ergebnis, daß mit zunehmenden Erfahrungen mit
ähnlichen Investitionsentscheidungen die Adoptionswahr-

1 Vgl. Cardozo, R.N., a.a.O., S. 27o.
2 Vgl. zu entsprechenden Ergebnissen z.B. O'Neal, C.R.,
  Thorelli, H.B., Utterback, J.M., Adoption of Innovation
  by Industrial Organizations, in: IMM, Vol. 2 (1973),
  S. 235 ff.; Lutschewitz, H., Kutschker, M., a.a.O., S.16
  und S. 122; Schönecker, H.G., Bedienerakzeptanz, a.a.O.,
  S. 21 f..
3 Dieser liegt zwischen 3.ooo DM für einfache elektronische
  Schreibmaschinen bis über 1oo.ooo DM für Mehrplatz-Textsysteme. Vgl. Karcher, H.B., a.a.O., S. 31; o.V., Marktübersicht Textsysteme mit Bildschirm, a.a.O., S. 1o ff..
4 Vgl. dazu Huppertsberg, B., Kirsch, W., a.a.O., S. 122
  und S. 159. Entsprechende Daten wurden im Rahmen der
  vorliegenden empirischen Analyse nicht erhoben. Daher
  kann eine Überprüfung dieses Einflußfaktors als Indikator des Produktwiderstands nicht vorgenommen werden.

scheinlichkeit steigt[1]. Entsprechend kann vermutet
werden, daß im Bereich der Textverarbeitung der Umfang,
in dem ein potentieller Lieferant bei dem Abnehmer bereits vertreten ist, den Produktwiderstand gegen elektronische Speicherschreibmaschinen und Textsysteme erheblich beeinflußt. Dies gilt ebenso bezüglich der Frage,
ob im Unternehmen bereits eine EDV-Anlage eingesetzt
wird.

Die empirische Untersuchung konnte diese Hypothesen jedoch
nur bedingt bestätigen (vgl. Tabelle 1o). Während der
Einsatz bzw. Nichteinsatz einer EDV-Anlage[2] keine signifikanten Unterschiede zwischen den Auswertungsgruppen
erbrachte und damit als Indikator des Produktwiderstands
verworfen werden muß, stellt der Einflußfaktor "Hersteller bereits im Hause vertreten"[3] einen relevanten Pro-
duktwiderstandsindikator bzgl. der Entscheidung über die
generelle Investition in der Textverarbeitung dar. In
denjenigen Unternehmen, die keine Textverarbeitungsprodukte einsetzen, sind die als Lieferanten in Frage kommenden Anbieter signifikant weniger vertreten.

Technischer Reifegrad des Produkts

Unter dem Terminus der technischen Produktreife lassen
sich mehrere unterschiedliche Aspekte zusammenfassen, die zu
risikobedingten Hemmnissen bei der Investition in Problemlösungen der Textverarbeitung führen dürften. Diese be-

---

1 Vgl. Peters, M.P., Venkatesan, M., Exploration of Variables Inherent in Adopting an Industrial Product, in:
  JoMR, Vol. 1o (1973), S. 314.

2 Vgl. Frage 18 im Anhang II.

3 Vgl. Frage 2 im Anhang II.

ziehen sich zum einen auf die Wahrnehmung der technischen
Zuverlässigkeit der aktuell am Markt angebotenen Produkte
sowie die Kosten eines möglichen Produktversagens[1]. Zum
anderen dürften solche Indikatoren von Bedeutung sein, die
aus den Erwartungen über die zukünftige technische Weiterentwicklung der Textverarbeitung resultieren[2]. Die hohe
Technologiedynamik im Bereich der Textverarbeitung sowie
der integrierten Bürokommunikation ist mit dem Risiko verbunden, daß sich getätigte Investitionen in die Textverarbeitung angesichts einer zu kurzen wirtschaftlichen
Nutzungsdauer nicht amortisieren[3]. Deshalb ist davon auszugehen, daß viele potentielle Anwender den Kauf von Textverarbeitungsprodukten zunächst zurückstellen und sich dafür entscheiden, die weitere technische Entwicklung zunächst abzuwarten.
Die Überprüfung des Indikators "Erwartungen über zukünftige
technische Entwicklungen"[4] führte zu dem Ergebnis, daß in

1 Vgl. Cardozo, R.N., a.a.O., S. 273; Hinterhuber, H.H.,
  Wettbewerbsstrategie, a.a.O., S. 148; Porter, M.E.,
  Competitive Strategy, a.a.O., S. 227; Diese Indikatoren
  wurden in der Abnehmerbefragung nicht berücksichtigt. Eine
  empirische Überprüfung ist daher nicht möglich.

2 Vgl. Pfeiffer, W., Bischof,P.,Marktwiderstände,a.a.O.,S.67.

3 Vgl. Poppel, H.L., a.a.O., S. 152; Mayer, R.-D., Bürokommunikation - Sachstand und Perspektiven, in: ifo-
  Schnelldienst, Nr. 19, 1982, S. 8 f.; Karcher, H.B.,
  a.a.O., S. 11; Biehl, W., a.a.O., S. 3 f.; o.V., Anwender zögern noch bei Textsystemen,in: BddW v.13.o4.1982,S.5.

4 Die relativ komplexe Fragestellung nach der Einschätzung
  des gegenwärtigen Entwicklungsstands bzw. den zukünftigen
  Perspektiven der Textverarbeitung wurde aus Gründen der
  Verständlichkeit für die Befragten auf eine Vorgabe von
  Produktgruppen unterschiedlicher Komplexität konzentriert.
  Durch einfache Zuordnung war jeweils anzugeben, welchen
  Stellenwert bzw. welchen Komplexitätsgrad die Textverarbeitung aus heutiger Sicht aufweist und wohin sie sich
  nach subjektiver Einschätzung der Befragten künftig entwickeln wird. Der gebildete Indikator kennzeichnet die
  Differenz in den individuellen Einschätzungen des zukünftigen und derzeitigen Entwicklungsstands der Textverarbeitung und kann Werte zwischen O und 4 annehmen. Je
  höher der Indexwert, desto stärker ist die wahrgenommene Technologiedynamik zu bewerten. Vgl. dazu die Fragen
  5 und 6 im Anhang II.

Unternehmen, in denen die Technologiedynamik als hoch eingeschätzt wurde (durchschnittlicher Indexwert 1,9), elektronische Speicherschreibmaschinen eingesetzt werden, während die Anwender von Textsystemen die Technologiedynamik
tendenziell geringer einschätzen (durchschnittlicher Indexwert o,9). Dieses Ergebnis deutet darauf hin, daß die
Erwartung starker technologischer Weiterentwicklungen die
Gefahr einer schnellen Produktobsoleszenz erhöht und
damit zu einem Produktwiderstand gegen Textsysteme führt.
Allerdings konnten keine signifikanten Unterschiede in
Bezug auf den generellen Kauf bzw. Nichtkauf von Textverarbeitungsprodukten festgestellt werden. Deshalb liegt
die Vermutung nahe, daß bei hoher wahrgenommener Technologiedynamik elektronische Speicherschreibmaschinen als
Zwischenlösung eingesetzt werden.

Kompatibilität des Produkts

Die Kompatibilität stellt ebenfalls einen mehrdimensionalen Faktor zur Ermittlung von Hemmnissen beim Kauf technologischer Innovationen dar und kann auf technische,
organisatorische und soziale Inhalte bezogen werden[1].
Vorliegende empirische Studien deuten darauf hin, "daß
der Grad der Nonkonformität bzw. Inkompatibilität eines
Investitionsgutes mit der technisch-konstruktiven und
organisatorischen Struktur und der Struktur des Personal-
bestandes so hoch sein kann, daß erhebliche Hemmungen bzw.
Widerstände gegen die Beschaffung des Investitionsgutes
von seiten eines Abnehmers zu erwarten sind"[2].

1 Vgl. Schönecker, H.G., Bedienerakzeptanz, a.a.O., S.25;
  Baumberger, H., Gmür, U., Käser, H., a.a.O., S. 195.
2 Pfeiffer, W., Bischof, P., Produktlebenszyklen, a.a.O.,
  S. 664; vgl. dazu auch Lutschewitz, H., Kutschker, M.,
  a.a.O., S. 16; O'Neal, C.R., Thorelli, H.B., Utterback,
  J.M., a.a.O., S. 24o; Peters, M.P., Venkatesan, M., a.a.O.,
  S. 314; Steffenhagen, H., Adoptionsprozesse, a.a.O.,
  S. 114.

Die generelle Erkenntis, daß Innovationen mit einer geringen technischen Kompatibilität bzw. "integralen Qualität"[1] relativ langsamer adoptiert werden[2], gilt auch
für den Bereich der Textverarbeitung[3]. Zum einen bezogen
sich 7 Prozent aller in der offenen Frage erhobenen
Gründe gegen die Anschaffung von Textverarbeitungsprodukten auf mangelnde Kompatibilität zwischen der Daten-
und Textverarbeitung (Rang 5 in der Bedeutungsrangfol-
ge). Zum anderen führten die Mittelwerttests zu
dem Ergebnis, daß Nichtkäufer von Textverarbeitungsprodukten die Möglichkeit der Kombination von Text-
und Datenverarbeitung als Kaufgrund[4] signifikant

---

1 Mit dem Konzept der "integralen Qualität" geht
  Pfeiffer davon aus, daß die technische und damit letztlich auch die wirtschaftliche Eignung eines Investitionsgutes wesentlich vom Grad der Integrationsmög-
  lichkeit in das Systemgefüge des Produktionsprozesses
  determiniert wird. Vgl. Pfeiffer, W., Integrale Qualität und Absatzpolitik bei hochautomatisierten Fer-
  tigungsanlagen, in: ZfB, 35. Jg., Ergänzungsheft Novem-
  ber 1975, S. 1o9 ff.; vgl. dazu auch Kirsch, W., Lutschewitz, H., Kutschker, M., Ansätze und Entwicklungstendenzen im Investitionsgütermarketing. Auf dem
  Wege zu einem Interaktionsansatz, München 1977,
  S. 45.

2 Vgl. Lutschewitz, H., Kutschker, M., a.a.O., S. 16.

3 Nach Einschätzung von Reichwald sind Kompatibilitäts-
  probleme von hervorragender Bedeutung für das Kosten-
  und Leistungsgefüge der Büroorganisation. Nachträg-
  liche Änderungen des Technologiekonzepts sind i.d.R.
  mit hohen Umstellungskosten verbunden. Vgl. Reichwald, R., Bürotechnik, a.a.O., S. 3o sowie auch Karcher,
  H.B., a.a.O., S. 243 ff..

4 Vgl. Frage 2 im Anhang II.

weniger zutreffend einstuften. Allerdings konnte die
Vermutung, daß mangelnde technische Kompatibilität insbesondere im Bereich der komplexeren Textsysteme ein zentrales Kaufhemmnis darstellt, nicht mit hinreichender
Sicherheit bestätigt werden[1].

Neben bzw. in Verbindung mit mangelnder technischer Kompatibilität kann auch eine unzureichende organisatorische
Kompatibilität zu Kaufhemmnissen führen, wenn

- das mit der Einführung neuer Investitionsgüter verbundene Ausmaß organisatorischer Änderungen als zu hoch
  empfunden wird[2] und/oder

- das notwendige Bedienungspersonal in quantitativer und/
  oder qualitativer Hinsicht nicht zur Verfügung
  steht[3].

So kommt für den Bereich der Textverarbeitung z.B. eine
Studie des Ifo-Instituts zu dem Ergebnis, daß die insbesondere bei der Einführung von Textsystemen notwendigen
Änderungen in der Aufbau- und Ablauforganisation einen
Planungsaufwand voraussetzen, "der jedoch häufig nicht
erbracht werden kann, weil den Firmen die notwendigen
Organisationsfachleute für die Textverarbeitung nicht
zur Verfügung stehen"[4] Des weiteren kommt eine Studie
des Rationalisierungs-Kuratoriums der Deutschen Wirt-
schaft (RKW) e.V. zu dem Schluß, daß der "Widerstand
gegen die Einführung neuer Technologien in der Textverarbeitung vor allem ein Widerstand der Führungskräfte ...
gegen die Veränderungen der Organisationsstruktur und
die personellen Begleitmaßnahmen [ist]."[5]

1 Vgl. Tabelle 1o, S. 159 dieser Arbeit.
2 Vgl. Pfeiffer, W., Bischof, P., Marktwiderstände,a.a.O.,
  S. 68.
3 Vgl. ebenda sowie Poppel, H.L., a.a.O., S. 154; Wagner,
  H., Personal- und Organisationsentwicklung als Ansätze
  zur Handhabung des Interface-Gap zwischen Systemspezia-
  listen und Benutzern computergestützter Informations-
  systeme, in: Humane Personal- und Organisationsentwicklung, Festschrift für G. Fischer, Hrsg.: Wunderer, R.,
  Berlin 1979, S. 255 ff. (im folgenden zitiert als:
  Wagner, H., Personalentwicklung).
4 Reinhard, M., Scholz, R., a.a.O., S. 19. Die Autoren sprechen in diesem Zusammenhang von "Organisationsbarrieren".
5 Schuh, P., Ungenügende Einführung schafft Widerstände, in:
  BddW v. 15.o3.1983, S. 1.

Innerbetriebliche Probleme bei der Einführung der Textverarbeitung (insbes. Anlaufschwierigkeiten, mühsame Bedie-
nereinarbeitung, hoher Organisationsaufwand) stellen
auch in der von uns durchgeführten Untersuchung mit
ebenfalls ca. 7 Prozent aller Nennungen (Rang 5) bedeutsame Ursachen für den Nichtkauf von Textverarbeitungsprodukten dar. Die Form der Datenerhebung läßt jedoch
eine Bestätigung der Hypothese nicht zu, daß sich diese
Einflußfaktoren vorwiegend bzw. ausschließlich im Bereich der komplexeren Textsysteme kaufhemmend auswirken.

Technisch und organisatorisch bedingte Kaufhemmnisse
werden in aller Regel begleitet von Problemen der sozialen Kompatibilität. Die soziale Kompatibilität kennzeichnet dabei das Ausmaß, "in dem eine Adoptionseinheit eine
Innovation als mit ihren existierenden Werten und frü-
heren Erfahrungen konsistent empfindet"[1].

In der Literatur herrscht häufig die Meinung vor, daß
eine der wichtigsten mit der Investition in neue
Technologien verbundenen Zielsetzungen darin besteht,
"die Wertschätzung, die die Unternehmer, leitenden Angestellten oder das Unternehmen selbst in der Öffent-
lichkeit genießen, zu steigern"[2]. Daher kann vermutet
werden, daß der Produktwiderstand ceteris paribus umso größer ist, je weniger sich die Textverarbeitung nach
Ansicht der zentralen Entscheidungsträger dazu eignet,

---

1 Baumberger, H., Gmür, U., Käser, H., a.a.O., S. 194 f..
2 Brandenburg, A.G. u.a., a.a.O., S. 75; vgl. dazu
  auch Gröne, A., a.a.O., S. 14o; Steffenhagen, H.,
  Adoptionsprozesse, a.a.O., S. 113 f..

- Fortschrittsdenken in der Unternehmung zu dokumentieren,
- attraktive Arbeitsplätze zu schaffen sowie
- die Bestrebung, in der Informationstechnologie auf dem neuesten Stand zu sein, zu fördern.

Tabelle 1o verdeutlicht, daß die Beurteilung dieser Investitionsmotive durch Käufer und Nichtkäufer von Textverarbeitungsprodukten signifikante Unterschiede aufweist, die die Gültigkeit der obigen Hypothesen stützen. Allerdings ergaben sich keine signifikanten Unterschiede zwischen Käufern von elektronischen Speicherschreibmaschinen und Textsystemen, die darauf hindeuten würden, daß Textsysteme als "prestigeträchtigere Investitionsobjekte" in bestimmten Unternehmungen bevorzugt werden.

Fragestellungen der sozialen Kompatibilität stehen darüber hinaus in enger Beziehung zu den Problemen der Bedienerakzeptanz technologischer Innovationen[1]. Im Zusammenhang mit dem Kaufentscheidungsprozeß kommt aus Managementsicht insbes. dem Akzeptanzrisiko[2] als kaufhemmender Faktor eine zentrale Bedeutung zu, da die "Unsicherheit vieler ... Anwender technischer Innovationen über deren Einführungserfolg nicht zuletzt hervorgerufen [wird]

---

1 Vgl. dazu auch S. 49 ff. dieser Arbeit. Umfassende Zusammenstellungen über potentielle Ursachen mangelnder Bedienerakzeptanz (z.B. Veränderungen in der Arbeits- und Sozialstruktur, Statusverlust, soziale Isolierung, Angst vor Arbeitsplatzverlust) finden sich vor allem bei Schönecker, H.G., Bedienerakzeptanz, a.a.O.; Böhnisch, W., a.a.O.; Jacoby, U. et al., Textverarbeitung im Büro, Schriftenreihe "Humanisierung des Arbeitslebens, Bd. 4, Frankfurt, New York 1980; Weltz, F., Lullies, V., Innovation im Büro.Das Beispiel Textverarbeitung, Schriftenreihe "Humanisierung des Arbeitslebens", Bd. 38, Frankfurt, New York 1983.
2 Vgl. Cardozo, R.N., a.a.O., S. 273 f.; Mayer, R.-D., a.a.O., S. 9.

durch die Unsicherheit darüber, wie und ob der spätere
Benutzer oder Bediener diese Techniken auch tatsächlich
anwendet"[1]. Entsprechend nimmt die Erwartung mangelnder Akzeptanz der Textverarbeitung bei den Bedienungskräf-
ten als Grund gegen den Kauf von Textverarbeitungsprodukten in der vorliegenden Untersuchung mit 9 Prozent
aller Nennungen den 4. Rang ein.

1.22 Relevanz von Indikatoren der Wirtschaftlichkeit des Produktes

Im Rahmen einer Investitionsentscheidung kommt es wesentlich darauf an, daß mit dem Einsatz neuer technischer
Systeme "Einsparungen erzielt werden, eine höhere Lei-
stung erbracht wird bzw. das Kosten-Leistungs-Verhältnis
verbessert wird"[2]. Wirtschaftlichkeitsanalysen als Legi-
timationsgrundlage für Rationalisierungsinvestitionen
werden vor allem dann als besonders wichtig erachtet,
wenn mit der Einführung neuer Technologien - wie insbesondere im Bereich der Textsysteme - aufwendige Reorga-
nisationsprozesse verbunden sind und die Investitionskosten als hoch empfunden werden[3].

Die Bestimmung der Wirtschaftlichkeit bzw. des relativen
Vorteils einer Innovation (z.B. Textsystem) gegenüber dem

---

1 Schönecker, H.G., Bedienerakzeptanz, a.a.O., S. 5o.
  Vgl. auch derselbe, Akzeptanzforschung, a.a.O.,
  S. 58 f.; Böhnisch, W., a.a.O., S. 8; Wagner, H.,
  Personalentwicklung, a.a.O., S. 255 ff..

2 Reichwald, R., Bürotechnik, a.a.O., S. 31.

3 Vgl. ebenda, S. 29.

Status quo und/oder anderen herkömmlichen (z.B. elektri-
sche Schreibmaschinen) oder innovativen (z.B. elektronische Speicherschreibmaschinen) Alternativen[1] ist jedoch
für den Bereich der Textverarbeitung mit erheblichen Problemen verbunden. Diese sind im wesentlichen dadurch bedingt, daß "die Produktion der Verwaltung nicht gleichermaßen meßbar ist wie die der Fertigungsbereiche, somit also
auch Produktivitätssteigerungen nicht direkt quantifi-
zierbar sind"[2] und aufgrund des Gemeinkostencharakters
von Verwaltungsleistungen eine Kosten- und Leistungszurech-
nung mit erheblichen Bewertungsschwierigkeiten behaftet
ist[3].

Trotz der in der Theorie zunehmend gestellten Forderung,
von einem an Produktivitätssteigerungen orientierten,
verkürzten Wirtschaftlichkeitsdenken in der Textverarbeitung zu einem erweiterten, mehrstufigen Wirtschaft-
lichkeitskonzept überzugehen[4], wird sich die Einschätzung

---

1 Vgl. Lutschewitz, H., Kutschker, M., a.a.O., S. 122.

2 Mayer, R.-D., a.a.O., S. 6. Vgl. dazu auch Munter, H.,
  Überlegungen zur Wirtschaftlichkeit und zur Rationalisierung der Textverarbeitung - ökonomische Bedingungen
  für die Nutzung neuer Systeme der Bürokommunikation in:
  Neue Systeme der Bürotechnik, Hrsg.: Reichwald, R.,
  Schriftenreihe Mensch und Arbeit im technisch-organisatorischen Wandel, Hrsg.: Marr, R., Reichwald, R., Bd.1,
  Berlin 1982, S. 347 ff. (im folgenden zitiert als:
  Munter, H., Wirtschaftlichkeit); Reichwald, R., Bürotechnik, a.a.O., S. 31 f.; Poppel, H.L., a.a.O., S.152.
3 Vgl. dazu z.B. Reichwald, R., Bürotechnik, a.a.O.,
  S. 31.
4 Vgl. zur Notwendigkeit und Ausgestaltung eines solchen
  gesamtorganisatorische und gesamtgesellschaftliche
  Wirtschaftlichkeitsaspekte umfassenden Effizienzkon-
  zepts vor allem Reichwald, R., Bürotechnik, a.a.O.,
  S. 31 ff.; Picot, A., Neue Techniken der Bürokommunikation in wirtschaftlicher und organisatorischer Sicht,
  in: Dokumentation des 1. Europäischen Kongresses über
  "Büro-Systeme und Informations-Management", München
  1982, S. 21 ff.; Munter, H., Künftige integrierte Bürokommunikation. Welche Folgen lassen sich bereits übersehen?, a.a.O., S. 15.

der Aufwands- und Ertragsrelation in der Praxis im wesentlichen auf wenige quantifizierbare Indikatoren konzentrieren[1], sofern nicht bereits eine hohe Unsicherheit bezüglich der Kosten-, vor allem aber der Nutzenerwartungen zu einem Investitionsverzicht führt.

Den empirischen Untersuchungsergebnissen zufolge stellen die im Vergleich zu den bislang überwiegend eingesetzten elektrischen Schreibmaschinen erheblich höheren Kosten[2] (Beschaffungs-, Einsatz-, Umstellungskosten) elektronischer Speicherschreibmaschinen sowie vor allem der Textsysteme mit 38 Prozent aller Nennungen das mit Abstand am häufigsten genannte Kaufhemmnis dar. Offensichtlich gehen viele Unternehmen davon aus, daß den notwendigen Anschaffungskosten kein hinreichender Nutzen in Form von

- Kosteneinsparungen und/oder
- Leistungsvorteilen

in den Anwendungsbereichen der Textverarbeitung gegenübersteht[3].

Der Versuch, die Einschätzung der Wirtschaftlichkeit der in der empirischen Studie berücksichtigten Problemlösungen

---

1 Vgl. z.B. o.V., Zeitersparnis mit der Textverarbeitung, in:BddW v. 22.o4.1982, S. 7.
2 In diesem Zusammenhang dürften nicht zuletzt auch zeitbezogene Aspekte von Bedeutung sein. Zum einen wird die Einschätzung zu hoher Kosten von der Erwartung geprägt sein, daß sich angesichts des enormen Preisverfalls im Bereich der Mikroelektronik die Beschaffungskosten für vergleichbare Problemlösungen in naher Zukunft erheblich (zwischen 5o und 7o Prozent bei Textsystemen und von 3o bis 5o Prozent bei elektronischen Speicherschreibmaschinen bis 1985; vgl. o.V., Büroelektronik wird sehr viel billiger, a.a.O., S. 1) reduzieren. Zum anderen wird die Höhe der wahrgenommenen Umstellungskosten vielfach auch vom Abschreibungsgrad bzw. der Restnutzungsdauer der bislang im Unternehmen eingesetzten Schreibmaschinen abhängig sein, obwohl eine derartige Betrachtungsweise unter investitionstheoretischen Aspekten u.U. verfehlt sein kann.
3 Vgl. dazu auch Porter,M.E.,Competitive Strategy,a.a.O., S.226 f..

der Textverarbeitung in einem einzigen <u>Index der Kosten/.</u>
<u>Nutzen-Relation</u>[1] zu erheben und als Indikator des Pro-
duktwiderstands zu verwenden[2], führte nicht zu signifikanten Unterschieden zwischen den Auswertungsgruppen (vgl.
Tabelle 11).

Indikatoren des Produktwiderstands (Wirtschaftlichkeit des Produkts)	Käufer versus Nichtkäufer von Textverarbeitungs- produkten			Käufer elektronischer Speicher- schreibmaschinen versus Käufer Textsysteme		
	Mittelwert Käufer (n=74)	Mittelwert Nichtkäufer (n=43)	Signifikanz- niveau	Mittelwert Schreib- maschine (n=15)	Mittelwert Text- systeme (n=22)	Signifikanz- niveau
Kosten/Nutzen-Aspekte	1,7432	1,9535	n.s.	1,9333	2,0909	n.s.
Freisetzung von Schreibpersonal	2,6216	2,6512	n.s.	2,6000	2,9545	n.s.
Mangel an qualifiziertem Schreibpersonal	2,7260	3,2558	0,001	3,0000	2,9091	n.s.
Freisetzung von Arbeitszeit für qualifiziertere Tätigkeiten	2,2703	2,3023	n.s.	2,2667	2,6364	n.s.
Speichermöglichkeiten erleichtern Routinearbeiten	1,2432	1,6047	0,027	1,2000	1,2727	n.s.
schnellere Bewältigung anfallen- der Schreibarbeiten	1,4865	1,7442	0,086	1,2000	1,5455	0,078

Tab. 11: Relevanz ausgewählter Indikatoren der Wirtschaftlichkeit zur Ermittlung des Produktwiderstands im Textverarbeitungsmarkt

---

1 Vgl. dazu und zum folgenden Frage 2 im Anhang II.

2 Vgl. zu dieser Vorgehensweise z.B. Webster, jr., F.E.,
New Product Adoption in Industrial Markets. A Framework for Analysis, a.a.O., S. 37.

Offensichtlich stellt die Wirtschaftlichkeit einer Investition eine "conditio sine qua non" dar, die nur dann
als Entscheidungskriterium von praktischer Relevanz ist,
wenn die Nutzenkategorien problemspezifisch konkretisiert
werden[1]. Tabelle 11 zeigt die im Rahmen der vorliegenden
Untersuchung einbezogenen Nutzenkategorien der Textverarbeitung im Überblick und macht deutlich, daß die Möglichkeit der Kostensenkung durch Freisetzung von Schreibpersonal von Käufern und Nichtkäufern von Textverarbeitungsprodukten relativ homogen eingeschätzt wird. Eine Verwendung dieses Kriteriums als Indikator des Produktwiderstands ist daher nicht sinnvoll. Diese Einschätzung gilt
auch für das Nutzenkriterium "Freisetzung von Arbeitszeit
der Mitarbeiter für qualifiziertere Tätigkeiten". Demgegenüber lassen sich den Untersuchungsergebnissen zufolge Kaufhemmnisse gegen Produkte der Textverarbeitung
in den Unternehmen feststellen, in denen

- kaum ein Mangel an qualifiziertem Schreibpersonal wahrgenommen wird[2],
- die Möglichkeiten der schnelleren Bewältigung von
  Schreibarbeiten geringer eingeschätzt werden und
- die Vorteile der Erleichterung von Routinearbeiten
  durch Nutzung von Speichermöglichkeiten als weniger
  bedeutend beurteilt werden.

---

1 Vgl. zu dieser Einschätzung auch Lutschewitz, H.,
  Die Diffusion innovativer Investitionsgüter. Ein Bei-
  trag zu einer Theorie des Investitionsgütermarketing,
  Diss. Mannheim 1974, S. 329; Lutschewitz, H., Kutschker,
  M., a.a.O., S. 16; Huppertsberg, B., Kirsch, W., a.a.O.,
  S. 1o7.

2 Die Untersuchung bestätigt damit die Ergebnisse einer
  Studie des Ifo-Instituts, wonach weniger der Abbau von
  Schreibkräften, sondern vielmehr die Bewältigung des
  wachsenden Schriftgutanfalls angesichts z.T. erheblicher Personalengpässe bei qualifizierten Schreibkräften
  eines der zentralen Motive zur Investition in die Textverarbeitung darstellt. Vgl. Reinhard, M., Scholz, L.,
  a.a.O., S. 19; Munter, H., Wirtschaftlichkeit, a.a.O.,
  S. 349.

Überraschend an diesen Ergebnissen ist zum einen, daß lediglich in Bezug auf den Nutzenindikator "schnellere Bewältigung anfallender Schreibarbeiten" signifikante Unterschiede in der Bewertung durch Käufer elektronischer Speicherschreibmaschinen sowie Käufer von Textsystemen feststellbar sind. Zum anderen machen die Mittelwerte deutlich, daß Anwender, bei denen die schnellere Bewältigung anfallender Schreibarbeiten als Kaufgrund stärker im Vordergrund steht, elektronische Speicherschreibmaschinen gekauft haben und damit einen Produktwiderstand gegen Textsysteme aufweisen.

1.23 Relevanz von Indikatoren der zentralen Entscheidungsträger (Schlüsselpersonen)

Soziodemographische und psychographische Merkmale werden vielfach als Indikatoren der Anpassungsfähigkeit von Individuen an neue Situationen und der Bereitschaft angesehen, ein hohes wahrgenommenes Kaufrisiko einzugehen[1]. Personenbezogene Merkmale der zentralen Entscheidungsträger beeinflussen damit u.U. in erheblichem Maße die Höhe des Produktwiderstands in den einzelnen Abnehmerorganisationen. Die wichtigsten in der Adoptionsforschung herausgearbeiteten personenbezogenen Variablen[2] sind in Tabelle 12 erfaßt. Sie zeigt zugleich die Mittelwerte und Ergebnisse der Signifikanztests zwischen den Käufern und Nichtkäufern von Textverarbeitungsprodukten sowie zwischen Käufern von elektronischen Speicherschreibmaschinen und Textsystemen im Überblick.[3]

---

1 Vgl. Lutschewitz, H., Kutschker, M., a.a.O., S. 58 und S. 61 f.; Hinterhuber, H.H., Wettbewerbsstrategie, a.a.O., S. 149; Meffert, H., Durchsetzung,a.a.O., S. 85.
2 Vgl. dazu im einzelnen ebenda, S. 84 f.; Steffenhagen, H., Adoptionsprozesse, a.a.O., S. 117 f.; Ozanne, U.B., Churchill, G.A., Five Dimensions of the Industrial Adoption Process, in: JoMR, Vol.8 (1971), S.323 ff.; Lutschewitz, H., Kutschker, M., a.a.O., S. 58 ff.; Biehl, W., a.a.O., S. 125 ff.; Peters, M.P., Venkatesan, M., a.a.O., S. 313.
3 Im folgenden sollen lediglich die signifikanten Unterschiede in den Merkmalsausprägungen zwischen den Auswertungsgruppen herausgearbeitet und unter dem Aspekt des Produktwiderstands interpretiert werden.

INDIKATOREN DES PRODUKTWIDERSTANDS (INDIKATOREN DER ZENTRALEN ENTSCHEIDUNGSTRÄGER)			Käufer versus Nicht-käufer von Textver-arbeitungsprodukten			Käufer elektronischer Speicherschreibmaschi-nen versus Käufer Text-systeme		
			Mittel-wert Käufer (n = 74)	Mittel-wert Nicht-käufer (n = 43)	Signifi-kanz-niveau	Mittel-wert Schreib-maschi-ne (n = 15)	Mittel-wert Text-systeme (n = 22)	Signifi-kanz-niveau
demo-graphische Merkmale	● Alter		3,1096	3,0952	n.s.	3,2667	3,5714	n.s.
	Berufsaus-bildung	● Lehre	0,4189	0,5814	n.s.	0,4000	0,5000	n.s.
		● Hochschulabsolvent	0,5000	0,3488	n.s.	0,5333	0,4545	n.s.
	Position/ Funktion im Unternehmen	● Geschäftsführer	0,1812	0,2093	n.s.	0,2667	0,2727	n.s.
		● EDV-Leiter	0,1081	0,2791	0,032	0,0667	0,1364	n.s.
		● Organisations- und Verwaltungsleiter	0,2973	0,2791	n.s.	0,1333	0,2727	n.s.
		● Fachabteilungsleiter	0,1486	0,0233	0,010	0,2000	0,1818	n.s.
	● Dauer der Berufstätigkeit		18,8630	17,9290	n.s.	20,0667	21,5714	n.s.
	● Dauer der Positionsausübung		8,3425	8,7857	n.s.	8,5333	10,3333	n.s.
psycho-graphische Merkmale	generelle Innovations-bereitschaft	● allgemeine Einschät-zung zunehmender Technisierung im Büro	1,7324	1,8095	n.s.	2,0000	1,7273	n.s.
	Informations-verhalten und Meinungs-führerschaft	● Informationen über Textverarbeitung von Mitarbeitern	2,9865	3,1860	n.s.	2,8667	3,2727	n.s.
		● Informationen über Textverarbeitung von Kollegen anderer Unternehmen	3,1757	3,2326	n.s.	3,0667	3,3636	n.s.
		● Informationen über Textverarbeitung von mir an Kollegen anderer Unternehmen	2,6438	3,3023	0,001	2,6667	2,4091	n.s.
		● schnellere Information über neue Technologien als Andere	2,1944	2,6279	0,008	2,7333	2,0500	0,031
		● Ratgeber für Kollegen	2,1622	2,6744	0,003	2,3333	2,0455	n.s.
	Innovations-verhalten bei neuen Technologien	● Aktivität im Unter-nehmen für Textver-arbeitung	1,6216	2,8372	0,000	2,1333	1,6364	n.s.
		● Abwarten, bis neue Technologien sich bewähren	2,3919	2,0930	n.s.	2,3333	2,5909	n.s.
		● Vertrauen auf bewährte Technologien	2,2838	2,0233	n.s.	2,7333	2,3182	n.s.

Tab. 12 : Relevanz ausgewählter Merkmale der zentralen Entscheidungsträger zur Ermittlung des Produktwiderstands im Textverarbeitungsmarkt

Den Untersuchungsergebnissen zufolge gehen vom Alter, der
Berufsausbildung (Lehre oder Hochschulabschluß), der Dauer
der Berufstätigkeit sowie der Dauer der Positionsausübung
keine kaufhemmenden Wirkungen aus[1].

Bezüglich der Position bzw. Funktion der Befragten konnte
jedoch festgestellt werden, daß in Unternehmen, in denen
elektronische Speicherschreibmaschinen und/oder Textsysteme eingesetzt werden,

- Fachabteilungsleiter signifikant häufiger und
- EDV-Leiter signifikant weniger häufig

als zentrale Entscheidungsträger bei der Investition in
die Textverarbeitung mitwirkten[2]. Dieser Befund muß zunächst insofern erstaunen, als die Berufsgruppenzugehörig-
keit vielfach als Indikator der technischen Aufgeschlos-
senheit bzw. der technischen Orientierung angesehen
wird, wonach eher vom Fachabteilungsleiter als i.d.R. Nicht-
techniker Widerstandsverhalten hätte erwartet werden können.
Möglicherweise wird die durch das Arbeitsgebiet der EDV-
Leiter bedingte Wahrnehmung und Bewertung der Textverarbeitung so gelenkt, daß diese die (meist zentrale) Abwicklung von Textverarbeitungsaufgaben auf EDV-Anlagen bevorzugen[3], während Fachabteilungsleiter z.B. wegen der
eher dezentralen Verfügbarkeit oder der besseren Schriftbildqualität den Einsatz von elektronischen Speicherschreibmaschinen und/oder Textsystemen bevorzugen.

Im Rahmen der personenbezogenen Merkmale gilt das besondere Interesse der Adoptionsforschung vor allem den Per-
sönlichkeitsmerkmalen der Entscheidungsbeteiligten[4].

---

1 Vgl. dazu Frage 2o - 23 im Anhang II.
2 Vgl. dazu Frage 19 im Anhang II.
3 Vgl. dazu Schönecker, H.G., Der Doppelte Misfit, in:
  WW, Nr. 43, 1982, S. 68 und S.72; Reuter, A., Dem Informationsvorsprung der Verkäufer hilflos ausgeliefert?,
  in: BddW v. 3o.o3.1982, S. 5.
4 Vgl. Pfeiffer, S., a.a.O., S. 11o.

In diesem Zusammenhang wird vor allem die Bedeutung der
generellen Innovationseinstellung, des Informationsver-
haltens, der Meinungsführerschaft sowie des Innovations-
verhaltens bei neuen Technologien herausgestellt.

Während die generelle Innovationseinstellung[1] der Befragten, die in der vorliegenden Untersuchung durch die Frage nach der allgemeinen Einschätzung zunehmender Technisierung im Büro erfaßt wurde[2], keine signifikanten Unterschiede zwischen den Auswertungsgruppen aufweist, kommt
der Meinungsführerschaft und dem Informationsverhalten der
zentralen Entscheidungsträger ein höherer Aussagewert
zu (vgl. Tabelle 12).

Als Meinungsführer werden im allgemeinen solche Personen gekennzeichnet, "die auf ihre soziale Umgebung einen
starken Einfluß nehmen und deren Meinungen und Verhaltensweisen von anderen Personen als nachahmenswert angesehen werden. Meinungsführer haben als Mittelpunkt ihrer
Gruppe mehr soziale Kontakte als ihre Umgebung; sie werden häufiger um Rat gefragt, geben Empfehlungen ab,
übermitteln Erkenntnisse und suchen planmäßiger und intensiver als andere nach neuen Informationen"[3]. Die
naheliegende Schlußfolgerung, daß Meinungsfolger weniger

---

1 Vgl. dazu Lutschewitz, H., Kutschker, M., a.a.O.,
S. 37 ff.; Wüstendörfer, W., a.a.O., S. 96.

2 Vgl. Frage 7 im Anhang II.

3 Pfeiffer, S., a.a.O., S. 117; vgl. dazu auch Wiswede,
G., Meinungsführung und Konsumverhalten, in: Jahrbuch der Absatz- und Verbrauchsforschung, Nr. 2, 1978,
S. 115 ff.; Hummrich, U., Interpersonelle Kommunikation
im Konsumgütermarketing, Schriftenreihe Unternehmensführung und Marketing, Bd. 8, Hrsg.: Meffert, H.,
Wiesbaden 1976; Waack, K.-D., a.a.O., S. 3o5. Die Bedeutung des Meinungsführerkonzepts im Investitionsgüterbereich wurde vor allem von Martilla herausgestellt; vgl. Martilla, J.A., "Word-of-Mouth Communication in the Industrial Adoption Process", in: JoMR,
Vol. 8, May 1971, S. 173 ff.; Althans, J., Die Übertragbarkeit von Werbekonzeptionen auf internationale Märkte,
Schriften zum Marketing, Bd. 2, Hrsg.: Meffert, H.,
Frankfurt 1982, S. 137 ff..

innovationsfreudig sind als Meinungsführer, bestätigt
sich weitgehend in der vorliegenden Untersuchung[1].
In Unternehmen, die keine modernen Textverarbeitungsprodukte einsetzen, üben die zentralen Entscheidungsträger
die Meinungsführerfunktion weitaus weniger aus, indem sie

- weniger Informationen über Textverarbeitung an Kollegen
  anderer Unternehmen weitergeben,

- im Vergleich zu Anderen später über neue Technologien
  informiert sind und

- weniger häufig von Kollegen um fachlichen Rat gebeten
  werden.

Hinsichtlich des <u>Innovationsverhaltens bei neuen Technolo-
gien</u> konnte aufgrund bisheriger Studien vermutet werden,
daß sich Käufer und Nichtkäufer von Textverarbeitungsprodukten dadurch voneinander unterscheiden, daß Nicht-
adopter im allgemeinen länger abwarten, wie sich neue
Technologien bewähren und eher auf bewährte Technologien
vertrauen. Diese Hypothesen konnten jedoch in der vorliegenden Untersuchung nicht bestätigt werden. Lediglich
die Intensität, mit der sich die zentralen Entscheidungsträger aktiv im Unternehmen für die Textverarbeitung
einsetzten, stellt einen geeigneten Indikator zur Unterscheidung von Käufern und Nichtkäufern von Textverarbeitungsprodukten dar.

Insgesamt ist festzustellen, daß sich die personenbezogenen Merkmale zwar relativ gut zur Unterscheidung von
Käufern und Nichtkäufern moderner Problemlösungen der

---

1 Die Erfassung der Meinungsführerschaft der Befragten
  erfolgte auf der Basis einer Selbsteinschätzung. Vgl.
  dazu Frage 8   im Anhang II.

Textverarbeitung eignen, jedoch bezüglich der Unterschiede in der Produktwahl (Kauf elektronischer Speicherschreibmaschinen versus Kauf von Textsystemen) kaum signifikante Ergebnisse erzielt werden konnten. Von sämtlichen
in Tabelle 12 aufgeführten Variablen ist lediglich die
Stärke des Informationsvorsprungs der Entscheidungsträger
geeignet, zwischen den Käufern von elektronischen Speicherschreibmaschinen und Textsystemen zu differenzieren.
Diejenigen Befragungsteilnehmer, die meist eher über neue
Technologien informiert sind, waren zentrale Entscheidungsträger in den Unternehmen, die Textsysteme gegenüber
elektronischen Speicherschreibmaschinen bevorzugen.

1.24 Relevanz von Indikatoren des Buying Centers

Vorliegende Erkenntnisse der Adoptionsforschung im Investitionsgüterbereich sprechen des weiteren dafür,
daß das Widerstandsverhalten von Abnehmerorganisationen
durch die Struktur des Entscheidungsgremiums mitgeprägt
wird. Zwei zentrale Merkmale des Buying Centers sollen
daher im weiteren analysiert werden: die Größe und die
hierarchische Zusammensetzung.

Im Rahmen der empirischen Untersuchung wurde die Frage
nach dem Ablauf des Kaufentscheidungsprozesses nur in
denjenigen Unternehmungen gestellt, die bereits Textverarbeitungsprodukte einsetzen[1]. Daher können lediglich
Unterschiede im Kaufverhalten von Anwendern elektronischer
Speicherschreibmaschinen und Anwendern von Textsystemen aufgedeckt werden. Um zu differenzierteren Ergebnissen zu gelangen, wurde der Kaufentscheidungsprozeß
in die Phasen der Entscheidungsvorbereitung (EV) und

---

1 Vgl. dazu die Fragen 16 und 17 im Anhang II.

der endgültigen Entscheidung (EE) aufgespalten[1]. Tabelle
13 zeigt, daß die Größe des Buying Centers zwischen einer
und sieben Personen variierte. Bei der endgültigen Auswahl dominierte jedoch stark der unipersonale Entscheidungsprozeß mit 71 Prozent bei Textsystemen sowie 54
Prozent bei elektronischen Speicherschreibmaschinen.
Es kann daher davon ausgegangen werden, daß sich durch
eine aus Kostengründen notwendige Konzentration der Befragung auf die zentralen Entscheidungsträger[2] und damit den Verzicht auf eine theoretisch zu fordernde Befragung aller am Entscheidungsprozeß beteiligten Personen mögliche Verzerrungen in vertretbaren Grenzen halten[3].

Zahl der am Ent- scheidungsprozeß beteiligten Personen	Käufer elekronischer Speicherschreibmaschinen		Käufer von Textsystemen	
	Entscheidungs- vorbereitung (EV)	endgültige Entscheidung (EE)	Entscheidungs- vorbereitung (EV)	endgültige Entscheidung (EE)
1	1	7 }54%	4	15 } 71%
2	5	2	6	4
3	2	1	3	1
4	2	1 } 46%	6	0 } 29%
5	1	0	1	1
6	2	0	1	0
7	1	2	0	0

Tab. 13: Größe des Buying Centers beim Kauf von elektronischen Speicherschreibmaschinen und Textsystemen

---

1 Vgl. zu den einzelnen Phasen des klassischen Adoptions-
konzeptes z.B. Meffert, H., Durchsetzung, a.a.O.,
S. 93 ff.; Gröne, A., a.a.O., S. 84 ff..

2 Vgl. zur Struktur der Stichprobe Anhang I, S. 259 ff.
dieser Arbeit.

3 Vgl. zur Problematik der Erhebung kollektiver Kaufent-
scheidungsprozesse durch die Befragung einzelner oder
lediglich einer als Schlüsselperson(en) identifizier-
ter Entscheidungsträger z.B. Zinser, W., a.a.O., S. 16 f.
und S. 86 f.; Huppertsberg, B., Kirsch, W., a.a.O.,
S. 62 ff. und S. 139 ff.; Gröne, A., a.a.O., S. 17o;
Peters, M.P., Venkatesan, M., a.a.O., S. 312; Lutschewitz, H., Kutschker, M., a.a.O., S. 38 f..

Der Versuch, die <u>Größe des Buying Centers</u> als Indikator
des Produktwiderstands heranzuziehen, erfolgt unter dem
Aspekt der <u>Risikowahrnehmung</u> und der Berücksichtigung
von Risiken bei der Entscheidungsfindung. In empirischen
Untersuchungen wurde mehrfach festgestellt, daß
kollektive Entscheidungen im Vergleich zu Individualent-
scheidungen eine erhöhte Risikoneigung erkennen lassen[1].
Daher kann vermutet werden, daß größere Buying-Center sich
eher für riskantere Alternativen entscheiden und damit
im vorliegenden Fall den Kauf von Textsystemen gegenüber
der Anschaffung von elektronischen Speicherschreibmaschinen bevorzugen. Dieser <u>"Risiko-Schubeffekt" ("risky</u>
<u>shift phenomenon")</u> konnte jedoch für die vorliegende
Untersuchung nicht bestätigt werden (vgl. Tabelle 14).
Die nicht signifikanten Unterschiede in der durchschnittlichen Größe des Entscheidungsgremiums bei Käufern
elektronischer Speicherschreibmaschinen (Mittelwert 2,5
Personen bei der endgültigen Entscheidung) sowie bei
Käufern von Textsystemen (Mittelwert 1,5 Personen) deuten vielmehr eher darauf hin, daß größere Entscheidungs-
gremien stärkere Kaufhemmnisse gegen Textsysteme entwickeln.

Neben der Größe des Buying Centers wird dessen Zusammen-

---

1 Notwendige und hinreichende Bedingung für diese Risiko-
  verschiebung ist eine Gruppendiskussion. Vgl. zur Dar-
  stellung und Begründung des risky-shift-Phänomens z.B.
  Türk, K., Gruppenentscheidungen. Sozialpsychologische
  Aspekte der Organisation kollektiver Entscheidungspro-
  zesse, in: ZfB, 43. Jg. (1973), S. 295 ff.; Meffert, H.,
  Durchsetzung, a.a.O., S. 85; Wintsch, E., a.a.O.,
  S. 221 f.; Gröne, A., a.a.O., S. 79 f.; Kupsch, P.U.,
  Das Risiko im Entscheidungsprozeß, Wiesbaden 1973,
  S. 282 ff.; Biehl, W., a.a.O., S. 115.

INDIKATOREN DES PRODUKTWIDERSTANDS (INDIKATOREN DES BUYING CENTERS)			Käufer elektronischer Speicher-schreibmaschinen versus Käufer Textsysteme		
			Mittelwert Schreib-maschine (n = 15)	Mittelwert Text-system (n = 22)	Signifi-kanz-niveau
GRÖSSE	• Anzahl der am Ent-scheidungsprozeß be-teiligten Personen	- EV - EE	3,5000 2,4615	2,8571 1,4762	n.s. n.s.
ZUSAMMENSETZUNG	• Unternehmensleitung	- EV - EE	0,8000 0,8667	0,7727 0,8182	n.s. n.s.
	• Organisations- und Verwaltungsleiter	- EV - EE	0,4000 0,2667	0,5000 0,0909	n.s. n.s.
	• EDV-Leiter	- EV - EE	0,2000 0,1333	0,2273 0,0909	n.s. n.s.
	• Fachabteilungsleiter	- EV - EE	0,7333 0,3333	0,5000 0,1818	n.s. n.s.
	• Externer Unternehmens-berater	- EV - EE	0,0000 0,0000	0,0909 0,0455	n.s. n.s.
	• Betroffene Sachbearbeiter	- EV - EE	0,4000 0,2000	0,1818 0,0455	n.s. n.s.
	• Betroffene Schreibkräfte	- EV - EE	0,6000 0,2000	0,2273 0,0455	0,027 n.s.
	• Betriebsrat	- EV - EE	0,1333 0,1333	0,2273 0,0909	n.s. n.s.

Tab. 14: Relevanz ausgewählter Indikatoren des Buying
Centers zur Ermittlung des Produktwiderstands
im Textverarbeitungsmarkt

setzung als weitere verhaltensdeterminierende Eigenschaft
angesehen[1]. Die Zusammensetzung des Buying Centers läßt

---

1 Vgl. Biehl, W., a.a.O., S. 12o. Zu den wenigen bisher vorliegenden empirischen Untersuchungen vgl.
vor allem Witte, E., Organisation für Innovations-
entscheidungen, a.a.O.; Filley, A.C., House, R.J.,
Kerr, St., Managerial Process and Organizational
Behavior, Glenview, Dallas, Oakland 1976, S.155 ff.
sowie die dort angegebene Literatur.

sich dabei durch formale Merkmale kennzeichnen, die die
hierarchische Stellung und die funktionale Einordnung
der an der Kaufentscheidung beteiligten Personen beschreiben[1]. Aus der formalen Funktion sowie der Ver-
antwortlichkeit und Kompetenz der einzelnen Aufgaben-
träger in der Abnehmerorganisation lassen sich unmittelbar eine Reihe von ihnen vertretener Interessen
und Bewertungsmaßstäbe ableiten[2]. Aus diesem Grunde kann
vermutet werden, daß der Widerstand gegen elektronische
Speicherschreibmaschinen oder Textsysteme in den Abnehmerunternehmen von der Entscheidungsbeteiligung bzw.
-nichtbeteiligung bestimmter Positionsinhaber beeinflußt
wird.

Aufgrund bisheriger Untersuchungen[3] konnte davon ausgegangen werden, daß an einem Entscheidungsprozeß bezüglich des Kaufs von Textverarbeitungsprodukten neben

- der Unternehmensleitung
- dem Organisations- und Verwaltungsleiter
- dem EDV-Leiter und
- dem Fachabteilungsleiter

als Führungskräfte auch zum Teil die betroffenen Sachbearbeiter und Schreibkräfte beteiligt sind. Daneben
sollte geprüft werden, ob die Beteiligung des Betriebs-
rats sowie externer Unternehmensberater am Kaufentscheidungsprozeß dessen Ergebnis beeinflußt.

---

1 Vgl. Gröne, A., a.a.O., S. 81.

2 Vgl. ebenda, S. 82; Robinson, P.J., Faris, C.W.,
  Wind, Y., a.a.O., S. 122 ff.; Risley, G., Modern In-
  dustrial Marketing, New York, St. Louis u.a. 1972
  S. 118 f..

3 Vgl. dazu vor allem Reuter, A., Dem Informationsvorsprung der Verkäufer hilflos ausgeliefert?, a.a.O.,
  S. 5.

Die durchgeführten Mittelwertanalysen[1] machen deutlich,
daß sowohl in der Gruppe der Käufer elektronischer
Speicherschreibmaschinen als auch der Gruppe der Käufer von Textsystemen an der endgültigen Entscheidung
vor allem die Unternehmensleitung sowie der Fachabteilungsleiter beteiligt waren, während der Betriebsrat
sowie externe Unternehmensberater relativ selten einbezogen wurden.

Signifikante Unterschiede in der Häufigkeit der Beteiligung der jeweiligen Funktionsträger am Entscheidungsprozeß in Unternehmen, die entweder elektronische Speicherschreibmaschinen oder Textsysteme einsetzen, konnten
jedoch nur im Hinblick auf den Einfluß der betroffenen
Schreibkräfte in der Phase der Entscheidungsvorbereitung
festgestellt werden. Das Ergebnis deutet darauf hin, daß
die komplexeren Textsysteme weniger gekauft werden bzw.
der Produktwiderstand gegen Textsysteme zunimmt, wenn
die betroffenen Schreibkräfte an der Entscheidungsfindung beteiligt werden. Dieser Befund steht im Einklang
mit den Erfahrungen der Praxis, daß viele Schreibkräfte als unmittelbare Benutzer der Textverarbeitung
elektronische Speicherschreibmaschinen als Arbeitsmittel
präferieren, weil bei diesen Problemlösungen der Um-
stellungsaufwand als relativ gering eingeschätzt wird.

1.25 Verknüpfung relevanter Indikatoren

Die Signifikanzprüfung mit Hilfe des T-Tests ermittelte
statistisch bedeutsame Unterschiede zwischen den Käufern

---

1 Vgl. dazu die Fragen 16 und 17 im Anhang II. Dabei
  wurde folgende Codierung vorgenommen: O = entsprechende
  Person bzw. Funktion ist am Entscheidungsprozeß nicht
  beteiligt. 1 = entsprechende Person bzw. Funktion
  ist am Entscheidungsprozeß beteiligt.

und Nichtkäufern von Textverarbeitungsprodukten sowie
zwischen Käufern von elektronischen Speicherschreibmaschinen und Käufern von Textsystemen als abhängige Variablen und einzelnen unabhängigen Variablen. Diese uni-
variaten Analysen können jedoch wegen möglicher Inter-
korrelationen zwischen den als Einflußfaktoren des Produktwiderstands identifizierten unabhängigen Variablen
zu verzerrten Ergebnissen führen[1]. Daher ist es zweckmäßig, die Unterschiede zwischen den Auswertungsgruppen
durch eine Kombination der signifikanten Indikatoren zu
überprüfen. Als statistische Methode bietet sich dazu
die schrittweise Diskriminanzanalyse an[2].

Mit der Anwendung dieses Auswertungsverfahrens sind zwei
wesentliche Vorteile verbunden. Zum einen kann durch die
Identifikation der trennscharfen Variablen die Anzahl
von Produktwiderstandsindikatoren und damit der Daten-
erhebungsaufwand ohne bedeutenden Informationsverlust u.U.
erheblich reduziert werden. Zum anderen lassen sich
durch die Ermittlung von Gewichtungsfaktoren zusätzliche
Aussagen über die relative Bedeutung der einzelnen
Produktwiderstandsindikatoren ableiten.

Tabelle 15 zeigt, daß zur Trennung von Käufern und Nichtkäufern von Textverarbeitungsprodukten von den insgesamt

---

1 Vgl. z.B. Uhlmann, L., Typen industrieller Innovations-
  prozesse, in: ifo-Schnelldienst, Nr. 33, 1978,
  S. 17.

2 Vgl. zu einer Skizzierung dieser Methode Anhang I, S. 259 ff.
  dieser Arbeit.

Käufer versus Nichtkäufer von Textverarbeitungsprodukten		Käufer elektronischer Speicherschreibmaschinen versus Käufer von Textsystemen	
Diskriminierende Variable x_i	standardisierter Diskriminanzfunktionskoeffizient $\bar{g}_i$	Diskriminierende Variable x_i	standardisierter Diskriminanzfunktionskoeffizient $\bar{g}_i$
Aktivität im Unternehmen für Textverarbeitung	0,71092	Erwartungen über zukünftige technische Weiterentwicklung der Textverarbeitung	0,51926
Hersteller bereits im Hause vertreten	0,47169	Beteiligung von Schreibkräften in der Entscheidungvorbereitung	0,51603
schnellere Bewältigung anfallender Schreibarbeiten	- 0,31832	schnellere Information über neue Technologien als Andere	0,48175
Mangel an qualifiziertem Schreibpersonal	0,39285	schnellere Bewältigung anfallender Schreibarbeiten	- 0,36660
Kenntnisse in Datenverarbeitung	- 0,29213	Anzahl Weiterbildungsveranstaltungen in der Nachrichtentechnik	- 0,34666
EDV-Leiter	0,26676		
Fachabteilungsleiter	- 0,22694		
Möglichkeit der Kombination von Text- und Datenverarbeitung	- 0,24605		
Ratgeber für Kollegen	0,21248		
Speichermöglichkeiten erleichtem Routinearbeiten	0,18191		
Wilks Lambda	0,4669 (Signifikanzniveau 0,0000)	0,6174 (Signifikanzniveau 0,0142)	
Kanonische Korrelation	0,7302	0,6186	
Erklärte Varianz	53,31 %	38,26 %	
Anteil korrekter Klassifikationen	83,76 %	81,08 %	

Tab. 15: Ergebnisse der Diskriminanzanalysen zur Ermittlung von Indikatoren des Produktwiderstands im Textverarbeitungsmarkt

17 signifikanten Ausgangsvariablen[1] lediglich 1o in die
Diskriminanzfunktion einbezogen wurden[2], während zur
Diskriminierung von Käufern elektronischer Speicherschreibmaschinen und Käufern von Textsystemen sämtliche
5 signifikanten Einflußfaktoren berücksichtigt wurden.
Die Darstellung der diskriminierenden Variablen in der
Rangfolge ihres absoluten standardisierten Bedeutungsge-
wichts[3] zeigt, daß zur <u>Unterscheidung von Käufern und</u>
<u>Nichtkäufern von Textverarbeitungsprodukten</u> das Ausmaß
der Aktivität der zentralen Entscheidungsträger für die
Textverarbeitung ($\bar{g}$ = o,71o92) als bedeutsamstes Trenn-
kriterium und damit als wichtigster Indikator des Produktwiderstands anzusehen ist. Während den Erfahrungen mit
den als Lieferanten in Frage kommenden Herstellern die
zweitgrößte Bedeutung ($\bar{g}$ = o,47169) zukommt, besitzt der
Wirtschaftlichkeitsindikator "Speichermöglichkeiten erleichtern Routinearbeiten" ($\bar{g}$ = o,18191) als am wenig-

---

1 Vgl. dazu die Tabellen 1o, 11, 12 und 14 dieser Arbeit.
  In der Analyse wurden die nominalskalierten Variablen
  (z.B. Entscheidungsbeteiligung der Schreibkräfte) in
  Dummy-Variablen mit den Werten O ("Nein") und 1 ("Ja")
  transformiert und können als spezielle Klasse von
  intervallskalierten Daten behandelt werden. Vgl. zur
  Zuverlässigkeit dieser Vorgehensweise z.B. Grønhaug, K.,
  Profiling the adopters in an organizational context, in:
  European Research, Nr. 2, 1977, S. 53; Schuchard-Ficher,
  Chr. et al., Multivariate Analysemethoden, Berlin, Hei-
  delberg 198o, S. 2o3.

2 Als überraschendes Ergebnis ist dabei anzusehen, daß
  beide Indikatoren über den Kenntnisstand in der Textverarbeitung (Kenntnisse in der Textverarbeitung, Anzahl an Weiterbildungsveranstaltungen in der Textverarbeitung) nicht in die Diskriminanzfunktion aufgenommen wurden, während die Kenntnisse in der Datenverarbeitung als trennscharfes Kriterium Berücksichtigung finden.

3 Eine Standardisierung der Gewichtungskoeffizienten erwies sich als notwendig, da die Größe der unstandardi-
  sierten Diskriminanzkoeffizienten durch die unterschiedlichen Maßeinheiten (Skalen) und Streuungen der unabhängigen Variablen verzerrt wird. Erst nach der Standardisierung können die Diskriminanzkoeffizienten mit-
  einander verglichen werden. Vgl. Schuchard-Ficher, Chr.
  et al., a.a.O., S. 164 f..

sten bedeutsame Variable nur etwa 25 % der Diskriminanz-
kraft des erstgenannten Einflußfaktors.

Demgegenüber sind die "Erwartungen über zukünftige technische Weiterentwicklungen der Textverarbeitung"
($\bar{g}$ = o,51926) sowie die "Beteiligung von Schreibkräften
in der Entscheidungsvorbereitung " ($\bar{g}$ = o,51603) als wichtigste Unterscheidungskriterien zwischen Käufern elektronischer Speicherschreibmaschinen und Käufern von Textsystemen anzusehen.

Die Größe der standardisierten Diskriminanzkoeffizienten
kennzeichnet die relative Bedeutung der einzelnen Produktwiderstandsindikatoren. Aussagen über die Wirkungs-
richtung der Indikatoren, d.h. darüber, ob eine hohe
oder geringe Skalenausprägung eine Zunahme bzw. Abnahme
des Produktwiderstands bewirkt, lassen sich aus dem
Vorzeichen der standardisierten Diskriminanzkoeffizienten in Verbindung mit dem arithmetischen Mittel der
Diskriminanzwerte Y (group centroids) in den jeweiligen
Untersuchungsgruppen ableiten[1]. Als Gruppenmittelwerte $\bar{Y}$
bzw. kritische Werte Y^+ wurden folgende Daten ermittelt:

Nichtkäufer von Textverarbeitungs- produkten (n = 43)	Käufer von Textverarbeitungs- produkten (n = 74)	Käufer elektro- nischer Spei- cherschreibma- schinen (n = 15)	Käufer von Textsystemen (n = 22)
$\bar{y}$ = 1,38733	$\bar{y}$ = -o,80755	$\bar{y}$ = o,85954	$\bar{y}$ = -o,67859
y^+ = 1,09744		y^+ = o,769o7	

---

1 Vgl. Schuchard-Ficher, Chr. et al., a.a.O., S. 165.

Erwartungsgemäß zeigen die Ergebnisse der Diskriminanzanalysen die gleichen Wirkungsrichtungen der Indikatoren
auf, wie sie bereits im Rahmen der Mittelwertanalysen ermittelt wurden. Damit lassen sich insgesamt - in der
Rangfolge ihrer relativen Bedeutung - folgende Aussagen über den Widerstand beim Kauf von Textverarbeitungsprodukten (elektronische Speicherschreibmaschinen und
Textsysteme) ableiten:

Der Widerstand gegen Produkte der Textverarbeitung ist c.p.
umso höher bzw. nimmt zu,

- je weniger sich der zentrale Entscheidungsträger aktiv
  für die Textverarbeitung im Unternehmen einsetzt,

- je weniger die als Lieferanten in Frage kommenden
  Unternehmen bereits in den Abnehmerunternehmen vertreten sind,

- je geringer die Möglichkeiten zur schnelleren Bewältigung anfallender Schreibarbeiten eingeschätzt werden,

- je weniger ein Mangel an qualifiziertem Schreibpersonal
  wahrgenommen wird,

- je höher die Kenntnisse in der elektronischen Datenverarbeitung sind,

- wenn der EDV-Leiter zu den zentralen Entscheidungsträgern gehört,

- wenn der Fachabteilungsleiter nicht zu den zentralen
  Entscheidungsträgern gehört,

- je geringer die Möglichkeiten der Kombination von
  Text- und Datenverarbeitung eingeschätzt werden,

- je weniger der zentrale Entscheidungsträger als Ratge-
  ber für Kollegen fungiert und

- je geringer die Möglichkeiten eingeschätzt werden,
  durch bestehende Speichermöglichkeiten Routinearbeiten
  zu erleichtern.

Entsprechend der Basishypothese, daß die ausschließli-
chen Anwender elektronischer Speicherschreibmaschinen
einen hohen Produktwiderstand gegen Textsysteme aufweisen, deuten die diskriminanzanalytischen Ergebnisse darauf hin, daß der Produktwiderstand gegen Textsysteme
umso größer ist bzw. zunimmt,

- je dynamischer die weitere Entwicklung im Bereich der
  Textverarbeitung eingeschätzt wird,

- wenn die betroffenen Schreibkräfte an der Entscheidungsvorbereitung beteiligt werden,

- je langsamer der zentrale Entscheidungsträger über neue
  Technologien informiert ist,

- je stärker das Kaufmotiv im Vordergrund steht, an-
  fallende Schreibarbeiten schneller zu bewältigen und

- je weniger der zentrale Entscheidungsträger an Weiterbildungsveranstaltungen in der Nachrichtentechnik teilgenommen hat.

Aufgrund der relativ hohen Verdichtung der im Rahmen
der vorliegenden Untersuchung diskriminanzanalytisch aus-
wertbaren Ausgangsdaten auf 1o (bzw. 5) Indikatoren des
Produktwiderstands stellt sich die Frage, inwieweit die
beiden Diskriminanzfunktionen geeignet sind, die Unterschiede im Kaufverhalten zu erklären. Die wichtigsten Beurteilungskriterien sind in Tabelle 15 aufgeführt.

In der Auswertungsgruppe der Käufer und Nichtkäufer von
Textverarbeitungsprodukten weist der relativ geringe
Wilks Lambda-Wert von o,4669[1] ebenso wie der hohe
kanonische Korrelationskoeffizient von o,73o2 darauf hin,
daß die Diskriminanzfunktion eine hohe Trennqualität aufweist. Der durch Wilks Lambda erzeugte Chi-Quadrat-Test
zeigt ein sehr hohes Signifikanzniveau. Auch der Anteil
der Varianz in den Diskriminanzwerten, der durch die
Gruppenzugehörigkeit erklärt wird, liegt mit über 53
Prozent relativ hoch[2].

Bei der Verwendung der diskriminierenden Variablen als
Indikatoren des Produktwiderstands ist die prognostische
Relevanz der Ergebnisse von besonderer Bedeutung. Diese
kann im Rahmen der Diskriminanzanalyse ebenfalls überprüft werden. Dabei wird die Zugehörigkeit der befragten
Unternehmen zur Gruppe der Käufer oder Nichtkäufer von Textverarbeitungsprodukten auf der Basis der jeweiligen Diskriminanzwerte prognostiziert und mit der tatsächlichen
Gruppenzugehörigkeit verglichen. Der Erfolg der Diskriminierung kann anhand des Anteils der korrekten Klassifikationen gemessen werden. Während bei einer Zufallsklas-
sifikation in zwei Gruppen lediglich 5o Prozent richtige
Gruppenzuordnungen zu erwarten sind, liegen die Fälle,
in denen die Ausprägungen der diskriminierenden Variablen bzw. die Ausprägungen der Widerstandsindikatoren zu

---

1 Durch eine Einbeziehung sämtlicher 17 signifikanter
  Variablen würde sich Wilks Lambda lediglich um
  o,0o34 auf einen Wert von o,4635 verbessern.

2 Vgl. dazu und zum folgenden Nie, N.H. et al., SPSS,
  a.a.O., S. 434 ff.; Schuchard-Ficher, Chr. et al.,
  a.a.O., S. 174 ff..

einer prognostizierten Mitgliedschaft in der "richtigen
Gruppe" führten, bei ca. 84 Prozent. Dieses Ergebnis bedeutet, daß bei ausschließlichem Vorliegen abnehmerspe-
zifischer Daten in Bezug auf die 1o herauskristallisierten Indikatoren relativ genaue Aussagen darüber getroffen werden können, ob bei einem potentiellen Abnehmer Markt-
bearbeitungsaktivitäten mit hohen Erfolgsaussichten verbunden sind.

Trotz eines deutlich geringeren Anteils erklärter Varianz besitzt die Diskriminanzfunktion zur Unterscheidung
von Käufern elektronischer Speicherschreibmaschinen und
Käufern von Textsystemen mit 81 Prozent korrekter Gruppenzuordnungen eine ähnlich hohe Prognosequalität[1].
Diese insgesamt positiven Ergebnisse[2] lassen sich vermutlich noch weiter verbessern, wenn diejenigen als Indikatoren des Produktwiderstands relevanten Variablen (z.B.
Bedarfsunsicherheit, erwartete Bedienerakzeptanzpro-
bleme), die aufgrund fehlender Datenerhebung bzw.
unzureichendem Skalenniveau nicht in den durchgeführten Diskriminanzanalysen berücksichtigt werden konnten,
zusätzlich einbezogen werden.

Vor diesem Hintergrund wird vorgeschlagen, das <u>Verfahren
der Diskriminanzanalyse zur Ermittlung der Bestimmungs-</u>

---

1 Vgl. dazu die entsprechenden Werteangaben in Tabelle 22.
2 Dabei ist einschränkend festzustellen, daß die Analyse
  einen "Stichprobenfehler" enthält, der daraus resultiert, daß für die Ermittlung der Diskriminanzfunktion
  und die nachfolgende Prognose der Gruppenzugehörigkeit (Klassifikation) die gleiche Stichprobe (befragte Unternehmen) zugrundegelegt wurde. Da die Stichprobe nicht als repräsentativ angesehen werden kann,
  wird eine andere Stichprobe u.U. zu einer Abweichung
  von der ermittelten Prozentzahl richtiger Zuordnungen
  führen. Vgl. Schuchard-Ficher, Chr. et al., a.a.O.,
  S. 168.

- 194 -

gleichung des Produktwiderstands heranzuziehen. Unter der
Voraussetzung[1], daß zur Erhebung des Produktwiderstands
gegen Textsysteme (elektronische Speicherschreibmaschinen) eine Diskriminanzfunktion zur Trennung von Käufern
und Nichtkäufern von Textsystemen (elektronische Speicherschreibmaschinen) ermittelt wurde, läßt sich der für jedes befragte Unternehmen errechnete Diskriminanzwert als
Widerstandsindex gegen Textsysteme (elektronische Speicherschreibmaschinen) interpretieren.

Tabelle 16 zeigt die grundsätzliche Vorgehensweise am
Beispiel der Teilstichprobe "Käufer elektronischer Speicherschreibmaschinen versus Käufer von Textsystemen"
auf. Je größer die für die befragten Unternehmen errechneten Diskriminanzwerte sind, umso eher werden diese zum
Kauf elektronischer Speicherschreibmaschinen tendieren
und damit einen hohen Widerstand gegen Textsysteme entwickeln. So weist z.B. die Unternehmung, für die im
vorliegenden Beispiel der höchste Diskriminanzwert von
2,14oo errechnet wurde, gleichzeitig den größten Produktwiderstand gegen Textsysteme auf und wurde mit einer
Wahrscheinlichkeit von 94,86 Prozent der Gruppe der Käufer
elektronischer Speicherschreibmaschinen zugeordnet.

Umgekehrt führt ein stark negativer Diskriminanzwert zur
Ablehnung elektronischer Speicherschreibmaschinen. So
markiert z.B. der größte negative Diskriminanzwert von
-2,641o gleichzeitig das Unternehmen mit dem höchsten
Produktwiderstandsindex gegen elektronische Speicherschreibmaschinen, was einer Kaufwahrscheinlichkeit von
lediglich 1,17 Prozent entspricht[2].

---

1 Diese Voraussetzung ist aus Gründen einer zu geringen
  Stichprobengröße in der vorliegenden empirischen Untersuchung nicht hinreichend erfüllt.
2 Vgl. dazu Nie, N.H. et al., SPSS, a.a.O., S. 466 f..

CASE SUBFILE SEQNUM	MIS VAL	SEL	ACTUAL GROUP		HIGHEST PROBABILITY GROUP P(X/G)	P(G/X)	2ND HIGHEST GROUP	P(G/X)	DISCRIMINANT SCORES
1			0	***	0 0.8424	0.7777	1	0.2223	1.0584
2			0	***	1 0.9001	0.7732	0	0.2268	-0.5531
3			0		1 0.4614	0.5711	0	0.4289	0.0580
7			0	***	0 0.8424	0.7777	1	0.2223	1.0584
10			1		0 0.7838	0.6282	1	0.3718	0.5851
16			1		0 0.4781	0.5813	0	0.4187	0.0307
20			1		1 0.7401	0.8732	0	0.1268	-1.0103
27			1		1 0.4614	0.5711	0	0.4289	-0.0580
30			1		1 0.5988	0.9028	0	0.0972	-1.2047
31			0		1 0.4433	0.8934	1	0.1066	1.6261
35			1		1 0.2922	0.9543	1	0.0457	-1.7319
37			0		0 0.9297	0.7469	1	0.2531	0.9478
44			0		1 0.7528	0.6135	1	0.3865	0.5446
46			1	***	1 0.3323	0.9484	0	0.0516	-1.6480
48			0		1 0.9604	0.7930	0	0.2070	-0.6289
52		2	1		1 0.8860	0.7683	0	0.2317	-0.5353
54			1		1 0.8660	0.7613	0	0.2387	-0.5098
55			0		1 0.4513	0.8914	1	0.1086	1.6128
56			0		1 0.8108	0.7883	1	0.2117	1.0990
63			1		1 0.8555	0.7575	0	0.2425	-0.4964
65			1		1 0.7401	0.8732	0	0.1268	-1.0103
67			0		0 0.8004	0.7917	0	0.2083	1.1123
68			0	***	1 0.7003	0.5877	1	0.4123	0.4746
69			1	***	1 0.0497	0.9883	0	0.0117	-2.6410
70			1		1 0.6137	0.8999	0	0.1001	-1.1834
71			0		0 0.8320	0.7812	1	0.2188	1.0717
74			0		0 0.8004	0.7917	0	0.2083	1.1123
75		1	1	***	1 0.7528	0.6135	1	0.3865	0.5446
76			0		1 0.1067	0.9802	0	0.0198	-2.2917
77		1	1		1 0.3904	0.9394	0	0.0606	-1.5374
78			1		1 0.1679	0.9718	0	0.0282	-2.0575
87			0		1 0.4354	0.8953	1	0.1047	1.6395
91			0	***	0 0.2004	0.9486	1	0.0514	-2.1400
96			1		1 0.7401	0.8732	0	0.1268	-1.0103
99			1		1 0.8764	0.7660	0	0.2340	1.0151
103			1		1 0.0497	0.9883	0	0.0117	-2.6410
114			1		1 0.4864	0.5863	0	0.4137	0.0174

SYMBOLS USED IN PLOTS

SYMBOL	GROUP	LABEL
1	0	NUR SPEICHENSCHM.
2	1	NUR TEXT-"SYSTEME"

Tab. 16 : Diskriminanzwerte und Gruppenzugehörigkeitswahrscheinlichkeiten in der Auswertungsgruppe "Käufer elektronischer Speicherschreibmaschinen versus Käufer von Textsystemen"

Neben der Heranziehung des komplexen mathematischen Verfahrens der Diskriminanzanalyse wird es sich in der Un-
ternehmenspraxis vielfach anbieten, den Produktwiderstand
mit Hilfe des bereits im Rahmen der Erhebung des Segmentwiderstands vorgestellten Verfahrens der Nutzwertanalyse[1]
zu ermitteln. Die Verwendung von Punktbewertungsverfahren
zur Ermittlung eines aggregierten Produktwiderstandsindexes
erweist sich vor allem dann als zweckmäßig, wenn

- die Diskriminanzanalyse als Datenauswertungsverfahren
  nicht zur Verfügung steht,

- die Anwendung komplexer, mathematischer Verfahren auf
  Akzeptanzbarrieren des Managements bzw. von Außendienst-
  mitarbeitern in den Anbieterunternehmen stößt[2] und/oder

- aufgrund der Verfügbarkeit lediglich grober (z.B.
  durch die Mitarbeiter im Außendienst abgegebener)Schätz-
  werte in Bezug auf die Ausprägungen von potentiellen
  Abnehmern auf den relevanten Widerstandsindikatoren die
  Anwendung komplexer mathematischer Verfahren kaum zu
  verbesserten Ergebnissen führen dürfte.[3]

Abbildung 18 zeigt zusammenfassend einen Vorschlag zur

---

1 Vgl. dazu S. 143 ff. dieser Arbeit.

2 Vgl. dazu auch die umfassende Diskussion im Rahmen der
  Managementakzeptanz computergestützter Marketing-In-
  formationssysteme z.B. bei Meffert, H., Computergestützte
  Marketing-Informationssysteme, Schriftenreihe Unter-
  nehmensführung und Marketing, Bd. 1, Hrsg.: Meffert,
  H., Wiesbaden 1975, S. 151 ff.; Krautter, J., Marketing-
  Modelle - Stagnation ohne Ende?, in: asw, Nr. 9, 1979,
  S. 91 ff.; Meffert, H., EDV-Anwendungen im Marketing,
  in: Wirtschaftsinformatik II, Hrsg.: Plötzeneder, H.D.,
  Stuttgart, New York 1980, S. 29 ff..

3 Die grundsätzliche Vorgehensweise, Indikatorenausprä-
  gungen zu ermitteln, mit Bedeutungsgewichten zu mul-
  tiplizieren und zu einem Gesamtindex zusammenzufassen,
  kann bei beiden Verfahren als identisch angesehen
  werden.

- 197 -

Indikator des Produktwider-stands gegen Textsysteme	Gewichtung		Ausprägung des Produktwiderstandsindikators		gewichteter Punkt-wert	
	Haupt-faktor-gewicht	Sub-faktor-gewicht	stark kauf-fördernder Einfluß 1 2 3	stark kauf-hemmender Einfluß 4	poten-tieller Abnehmer 1	poten-tieller Abnehmer 2
Kenntnisstand in der elektronischen Daten-verarbeitung		3	sehr gering	sehr hoch	6	6
Kenntnisstand in der Nachrichtentechnik		3	sehr hoch	sehr gering	12	9
Bedarfsunsicherheit		6	sehr gering	sehr hoch	18	12
Relative Investitions-höhe		6	sehr gering	sehr hoch	18	12
Erfahrungen mit poten-tiellen Lieferanten		5	sehr positiv	sehr negativ	15	5
Technische Zuver-lässigkeit	50	5	sehr hoch	sehr gering	10	15
Kosten bei möglichem Produktversagen		3	sehr gering	sehr hoch	12	9
Gefahr einer schnellen technischen Veralterung (Obsoleszenzgefahr)		6	sehr gering	sehr groß	12	12
Kombinationsmöglich-keit von EDV und Text-verarbeitung		3	leicht möglich	nicht möglich	3	6
Umfang organisato-rischer Veränderungen		5	keine	sehr große	15	15
Gefahr mangelnder Be-dienerakzeptanz		5	sehr gering	sehr groß	15	15
Erleichterung von Routinearbeiten	20	8	sehr stark	sehr gering	32	16
Mangel an qualifizier-tem Schreibpersonal zur Aufgabenabwicklung		12	voll zutref-fend	nicht zutref-fend	36	24
Informationsvorsprung bei neuen Technologien		5	voll zutref-fend	nicht zutref-fend	20	15
Ratgeberfunktion für Kollegen	15	2	voll zutref-fend	nicht zutref-fend	6	4
Grad der Aktivität im Unternehmen für Pro-duktbeschaffung		8	starke Aktivi-tät	keine Aktivi-tät	32	24
Einfluß des Fachab-teilungsleiters		5	starker Ein-fluß	kein Ein-fluß	15	5
Einfluß des EDV - Leiters	15	5	kein Ein-fluß	starker Ein-fluß	15	10
Einfluß der betroffe-nen Schreibkräfte		5	kein Ein-fluß	starker Ein-fluß	10	15
—— potentieller Abnehmer 1 ---- potentieller Abnehmer 2	100	100	Produktwiderstandsindex		302	229

Abb.18: Bewertung des Produktwiderstands gegen Textsysteme mit Hilfe von Punktbewertungsverfahren

Ermittlung des Produktwiderstands gegen Textsysteme am
Beispiel von zwei potentiellen Abnehmerunternehmen, der
aus den vorausgegangenen theoretischen und empirischen
Analysen abgeleitet wurde. Entsprechend dem Grundgedanken,
daß ein Anbieter von Textsystemen zur Überwindung des
Produktwiderstands sowohl generelle Kaufhemmnisse gegen
Textverarbeitungsprodukte als auch die durch das Marktangebot elektronischer Speicherschreibmaschinen bedingten
Hemmnisse beachten muß, wurden die in beiden Diskriminanzanalysen herauskristallisierten Indikatoren in dem Sco-
ring-Modell berücksichtigt[1]. Darüber hinaus gehen solche
Einflußfaktoren in die Bewertung ein, deren kaufhemmende
Bedeutung lediglich in einer offenen Frage erfaßt oder
in anderen empirischen Studien als relevant erachtet
worden sind. Die Frage der relativen Gewichtung der
einzelnen Produktwiderstandsindikatoren kann nur im
Zusammenhang des gesamten Indikatorensystems beantwor-
tet werden. Daher sind weiterführende empirische Untersuchungen Voraussetzung einer fundierten Bewertung.
Allerdings können die ermittelten Diskriminanzfunktions-
koeffizienten in wesentlichen Teilbereichen des Indikatorensystems wichtige Hilfestellungen bei der Festlegung der Faktorgewichtungen geben.

---

1 Auf eine Einbeziehung des einzigen in beiden Diskriminanzanalysen verwendeten Kriteriums "schnellere
Bewältigung anfallender Schreibarbeiten" wurde verzichtet, weil die Ergebnisse in Bezug auf diesen
Nutzenindikator in der Gesamtbetrachtung nicht aussagefähig sind. Ein daraufhin durchgeführter Mittelwerttest zwischen Nichtkäufern von Textverarbeitungsprodukten ($\bar{X}$ = 1,7442) und Käufern von Textsystemen
($\bar{X}$ = 1,5455) führte nicht mehr zu signifikanten Ab-
weichungen.

1.3 Messung des Herstellerwiderstands

Der Herstellerwiderstand kennzeichnet die relative
Konkurrenznachteilsposition eines Anbieters. Dabei ist
hervorzuheben, daß eventuelle Wettbewerbsnachteile immer
vom gewünschten Kundennutzen abhängig sind, wodurch
sich die Notwendigkeit ergibt, Schwächen gegenüber der
Konkurrenz im Hinblick auf konkrete Nachfrager zu definieren[1].

In der vorliegenden empirischen Untersuchung erfolgt
die Festlegung der zu untersuchenden Nachfrager durch
industrielle Käufer von Textsystemen. Als Anbieter werden lediglich zwei Unternehmen einbezogen, wobei aus
der Sicht des Anbieters A der Hersteller B als Haupt-
konkurrent auftritt[2].

Damit wird dem Grundgedanken der Portfolioplanung gefolgt, sich gegenüber dem Hauptwettbewerber zu profi-
lieren. Ist davon auszugehen, daß in einem strategischen
Marktsegment mehrere zentrale Konkurrenten auftreten,
empfiehlt sich eine speziell an dem jeweiligen Mitan-
bieter orientierte Ausgestaltung der taktischen Marketingplanung. Daher vermag die Betrachtung lediglich eines
Hauptwettbewerbers die grundsätzliche Vorgehensweise
bei der empirischen Ermittlung des Herstellerwiderstands hinreichend zu verdeutlichen.

Entsprechend dem in Abbildung 17 dargestellten Bezugsrahmen zur Operationalisierung des Kaufwiderstands[3] ist zu

---

1 Vgl. dazu auch Backhaus, K., a.a.O., S. 1o4.
2 Diese Einschätzung ergibt sich aus der Marktanteilsver-
teilung zwischen Anbieter A und B im Bereich der Textsysteme und wurde darüber hinaus durch Gespräche des
Verfassers mit dem verantwortlichen Management der
Anbieterunternehmung A bestätigt. Zum Schutz der Vertraulichkeit der erhobenen Imagedaten erwies sich eine
Anonymisierung der Anbieter als notwendig.
3 Vgl. S. 153   dieser Arbeit.

überprüfen, inwieweit die folgenden Indikatoren bzw. In-
dikatorengruppen geeignet sind, den Herstellerwiderstand zu ermitteln.

1.31 Relevanz der Herstellerbekanntheit

Die Chancen eines industriellen Anbieters, einen erfolgreichen Kaufabschluß mit einem potentiellen Abnehmer zu
tätigen, werden erheblich beeinflußt durch seine Bekanntheit als möglicher Lieferant[1]. Erfahrungsgemäß besitzt der Repräsentant einer bekannten Anbieterunternehmung einen Vorsprung vor dem Repräsentanten von weniger
bekannten Konkurrenzunternehmen. Demzufolge stellt ein
unzureichender Bekanntheitsgrad einen zentralen Wettbewerbsnachteil dar und beeinflußt damit maßgeblich die
Höhe des Herstellerwiderstands.

In der empirischen Untersuchung wurden die Bekanntheits-
grade der einbezogenen Anbieter von Textsystemen nicht
ermittelt. Die Hersteller A und B gehören zu den be-
deutendsten Unternehmen im Bereich der elektronischen
Datenverarbeitung und betreiben eine intensive Produkt-
werbung im Bereich der Textverarbeitung. Deshalb ist davon auszugehen, daß sowohl die allgemeine als auch die
produktspezifische Bekanntheit der Hersteller bei den
befragten Entscheidungsträgern außerordentlich hoch
sein dürfte und damit nicht als kaufhemmender Faktor
für einen der beiden Anbieter anzusehen ist.

---

1 Vgl. Gröne, A., a.a.O., S. 124 f.; Steffenhagen, H.,
  Markenbekanntheit als Werbeziel. Theorie und Operationalisierung, in: ZfB, 46. Jg. (1976), S. 715 ff..

In umgekehrter Richtung kann ein hoher Bekanntheitsgrad
jedoch nur dann als kauffördernder Faktor angesehen werden, wenn damit eine positive Imagevorstellung verbunden wird[1]. Als wesentliche Objektgruppen der Image- bzw.
Einstellungsbildung sind zum einen die Anbieterunternehmungen, zum anderen deren Produkte und Leistungen im
Bereich der Textsysteme als Einflußfaktoren des Herstellerwiderstands zu untersuchen.

1.32 Relevanz relativer Imageschwächen eines Herstellers

Es ist zu vermuten, daß das allgemeine Unternehmensimage
eines Herstellers das von den potentiellen Abnehmern
wahrgenommene Transaktionsrisiko[2] beeinflußt. In diesem
Sinne wird einem als zuverlässig und kompetent eingeschätzten Unternehmen am ehesten die Fähigkeit zugeschrieben, den Abnehmerbedarf bestmöglich zu befriedigen, d.h.
im vorliegenden Fall, leistungsfähige Textsysteme liefern
zu können. Umgekehrt dürfte ein Anbieter mit schlechtem
generellen Unternehmensimage einen vergleichsweise
höheren Herstellerwiderstand zu überwinden haben[3].

Im Rahmen der empirischen Untersuchung wurden die allgemeinen Unternehmensimages der Anbieter A und B anhand von
16 Einstellungsdimensionen erhoben[4]. Tabelle 17 zeigt die

---

1 Vgl. Bonoma, T.V., Mayor sales: Who really does the buying, in: HBR, May-June 1982, S. 117 f.; zu entsprechenden empirischen Ergebnissen vgl. Der Spiegel, Imagewirkung im Entscheidungsprozeß. Eine Fallstudie zum
  Beschaffungsprozeß bei Anlagen der Mittleren Datentech-
  nik, Hamburg 198o, S. 8 ff..
2 Vgl. zum Begriff des Transaktionsrisikos z.B. Håkansson,
  H., Johanson, J., Wootz, B., a.a.O., S. 321; Cardozo,
  R.N., a.a.O., S. 274.
3 Vgl. dazu auch Gröne, A., a.a.O., S. 144.
4 Der Erhebung liegt damit ein mehrdimensionales Image-
  bzw. Einstellungskonstrukt im Sinne eines "Systems
  von Eindruckswerten" zugrunde. Vgl. dazu Trommsdorff,
  V., a.a.O., S. 79.

über alle Beurteilungskriterien aggregierten Gesamt-
images[1] für die beiden Hersteller aus der Sicht der Abnehmer, die sich entweder für A oder B als Lieferant von
Textsystemen entschieden haben und macht deutlich, daß
keine signifikanten Unterschiede in der Einschätzung
der beiden Konkurrenten bestehen. Dieses Ergebnis läßt
vermuten, daß sich die befragten Käufer von Textsystemen
weniger am allgemeinen Herstellerimage, sondern eher an
textverarbeitungsspezifischen Einstellungsdimensionen
bzw. Bewertungskriterien orientieren.

	s $\bar{x}$	allgemeines Herstellerimage		
		Anbieter A	Anbieter B	
Käufer bei Anbieter A		30,66 6,64	30,71 6,14	n.s.*
Käufer bei Anbieter B		29,54 4,98	27,08 5,41	n.s.*

$\bar{x}$ = Mittelwert
s = Standardabweichung
* = Signifikanzniveau 0,05

Tab. 17 : Beurteilung der allgemeinen Anbieterimages durch
Käufer von Textsystemen bei Anbieter A und B

---

1 Vgl. dazu Frage 1 im Anhang. Die Aggregation erfolgte
durch additive Verknüpfung der einzelnen Einstellungs-
scores mit den Ausprägungen 1 = "trifft vollkommen zu" bis
4 = "trifft gar nicht zu". Ein niedriger Gesamtindex
kennzeichnet dabei ein positives Herstellerimage.

1.33 Relevanz relativer Produkt- und Angebotsschwächen eines Herstellers

Die Entscheidung für ein bestimmtes Herstellerprodukt wird wesentlich bestimmt durch die Erwartungen potentieller Abnehmer bezüglich der Fähigkeiten der möglichen Lieferanten, "ein Bündel von expliziten und impliziten Zielen zu erfüllen, die in einer konkreten Beschaffungssituation verfolgt werden."[1] Diese Erwartungen lassen sich spezifizieren durch bestimmte Entscheidungskriterien, die der Bewertung der Produkt- und Leistungsangebote potentieller Lieferanten zugrundegelegt werden[2]. Wegen der lediglich subjektiven Beurteilungsmöglichkeiten der in Frage kommenden Anbieter durch die potentiellen Abnehmer kann aus theoretischer Sicht von einer weitgehenden Identität eines Systems von Entscheidungskriterien (Bewertungsprofil) und dem mehrdimensionalen Einstellungskonstrukt ausgegangen werden[3]. Entsprechend läßt sich der Herstellerwiderstand als abhängige Variable der wahrgenommenen relativen Produkt- und Angebotsschwächen bzw. -vorteile eines betrachteten Herstellers im Vergleich zu den zentralen Konkurrenten ansehen.

Bei der Herstellerwahl im Bereich der technisch komplexen

---

1 Huppertsberg, B., Kirsch, W., a.a.O., S. 17.

2 Vgl. zu zentralen Arbeiten auf dem Gebiet der Entscheidungskriterien im Investitionsgüterbereich z.B. Lehmann, D.R., O'Shaughnessy, J., Difference in Attribute Importance for Different Industrial Products, in: JoM, Vol. 38, April 1974, S. 36 ff.; Huppertsberg, B., Kirsch, W., a.a.O., S. 1 ff.; Ozanne, U.B., Churchill, G.A., Five Dimensions of the Industrial Adoption Process, in: JoMR, Vol. 8 (1971), S. 325 f.; Choffray, J.-M., Lilien, G.L., Market Planning, a.a.O., S. 98 ff..

3 Vgl. dazu Engel, J.F., Kollat, D.T., Blackwell, R.D., a.a.O., S. 248; Zinser, W., a.a.O., S. 15 und S. 56; Parket, I.R., The Effects of Product Perception on Industrial Buying Behavior, in: IMM, Vol. 1 (1971/72), S. 339 ff..

Textsysteme ist davon auszugehen, daß die Entscheidung
aufgrund einer Vielzahl produkt- und angebotsspezifischer
Beurteilungskriterien mit unterschiedlicher Gewichtung
getroffen wird. Nach Untersuchungen von Huppertsberg
und Kirsch in mehreren Investitionsgüterbereichen lassen sich die Entscheidungskriterien jedoch auf die drei
Hauptfaktoren der

    - technischen Problemlösung,
    - kaufmännischen Konditionen sowie der
    - Seriösität des Herstellers

zurückführen[1].

Tabelle 18 zeigt die auf der Basis dieser Untersuchungen
ausgewählten und nach Überprüfung in einem Pretest in
die empirische Analyse einbezogenen 15 Entscheidungskriterien im Überblick und verdeutlicht, daß alle Faktoren
auf der zugrundegelegten 4er Skala als sehr oder ziemlich
wichtig eingestuft wurden[2].

Bei der Auswahl von Anbietern von Textsystemen stehen mit
der Anforderung nach
- qualifiziertem Kundendienst und Service,
- technisch ausgereiften und
- zukunftsorientierten Produkten sowie nach
- Softwareerstellung nach Kundenwünschen
vier Kriterien der technischen Problemlösung im Vordergrund, gefolgt von Faktoren der kaufmännischen Konditionen,
unter denen die Forderung nach
- einem günstigen Preis-Leistungsverhältnis
- günstigen Kundendienstpreisen sowie
- einer guten Anwenderschulung
dominiert. Der Seriösität des Herstellers wird in diesem
Zusammenhang eine vergleichsweise geringere Bedeutung zugewiesen.

---

1 Vgl. Huppertsberg, B., Kirsch, W., a.a.O., S. 92 ff..
2 Vgl. dazu Frage 9   im Anhang.

HAUPT-FAKTOR	SUBFAKTOR (ENTSCHEIDUNGS-KRITERIUM)	KÄUFER VON TEXTSYSTEMEN BZW. KÄUFER ELEKTRONISCHER SPEICHERSCHREIBMASCHINEN					KÄUFER VON TEXTSYSTEMEN BEI ANBIETER A BZW. ANBIETER B		
		KÄUFER VON TEXTSYSTEMEN		KÄUFER ELEKTRONISCHER SPEICHERSCHREIBMASCHINEN		ABWEICHUNG WICHTIGKEIT*	WICHTIGKEIT* ANBIETER A	WICHTIGKEIT* ANBIETER B	ABWEICHUNG WICHTIGKEIT*
		WICHTIGKEIT*	RANG	WICHTIGKEIT*	RANG				
TECHNISCHE PROBLEMLÖSUNG	QUALIFIZIERTER KUNDENDIENST UND SERVICE IM TEXTVERARBEITUNGSBEREICH	1,1	1	1,5	2	-0,4	1,3	1,1	0,2
	TECHNISCH AUSGEREIFTE PRODUKTE	1,2	2	1,1	1	0,1	1,2	1,2	±0
	ZUKUNFTSORIENTIERTE TEXTVERARBEITUNGS-PRODUKTE (AUSBAUFÄHIGKEIT, FORTSCHRITTLICHKEIT)	1,4	3	1,7	5	-0,3	1,2	1,2	±0
	SOFTWAREERSTELLUNG NACH KUNDENWÜNSCHEN	1,5	4	1,5	2	±0	1,5	1,8	-0,3
	UMFASSENDE PRODUKTLINIE (EINZELPLATZ-/MEHRPLATZSYSTEME)	1,6	8	2,5	3	-0,9	1,5	1,5	±0
	ERGONOMISCHE PRODUKTGESTALTUNG	1,6	8	2,3	12	-0,7	1,6	1,8	-0,2
	TV-PRODUKTE DES HERSTELLERS SIND MIT DER DATENVERARBEITUNG DES GLEICHEN HERSTELLERS KOMPATIBEL	1,7	10	1,8	7	-0,1	1,6	1,6	±0
	TV-PRODUKTE DES HERSTELLERS SIND MIT DER DATENVERARBEITUNG ANDERER HERSTELLER KOMPATIBEL	2,4	15	2,3	12	0,1	2,3	2,2	0,1
KAUFMÄNNISCHE KONDITIONEN	GÜNSTIGES PREIS-LEISTUNGSVERHÄLTNIS DER TEXTVERARBEITUNGSPRODUKTE	1,5	4	1,5	2	±0	1,6	1,2	0,4
	GÜNSTIGE KUNDENDIENSTPREISE	1,5	4	1,9	8	-0,4	1,4	1,3	0,1
	GUTE ANWENDERSCHULUNG FÜR TEXTVERARBEITUNG	1,5	4	1,9	8	-0,4	1,5	1,7	-0,2
	KURZE LIEFERZEITEN	1,9	11	2,3	12	-0,4	1,8	2,2	-0,4
SERIÖSITÄT DES HERSTELLERS	QUALIFIZIERTE VERKÄUFER IM AUSSENDIENST FÜR DEN TEXTVERARBEITUNGSBEREICH	1,9	11	1,9	8	±0	1,9	1,6	0,3
	GROSSES TEXTVERARBEITUNGS-INFORMATIONSANGEBOT	1,9	11	2,1	11	-0,2	1,7	1,6	0,1
	LANGJÄHRIGE ERFAHRUNG IN DER TEXTVERARBEITUNG	2,0	14	1,7	5	0,3	1,6	1,7	-0,1

* 1 = SEHR WICHTIG   4 = GAR NICHT WICHTIG

Tab. 18 : Wichtigkeit von Entscheidungskriterien beim Kauf von Textverarbeitungsprodukten

Als interessantes Ergebnis ist in diesem Zusammenhang auch anzusehen, daß die hier nicht weiter betrachteten Käufer elektronischer Speicherschreibmaschinen die Wichtigkeit der einzelnen Entscheidungskriterien - abgesehen von den Merkmalen "umfassende Produktlinie (Einzelplatz-/Mehrplatzsysteme)" und "ergonomische Produktgestaltung" - sehr ähnlich beurteilen. Auch zwischen den hier im Vordergrund stehenden Gruppen der Käufer von Textsystemen bei Anbieter A und B ergeben sich keine signifikanten Bewertungsunterschiede.

Zur Überprüfung, ob die Bewertung der Textsysteme der
Anbieter A und B anhand der zugrundegelegten Entscheidungskriterien Aussagen darüber zuläßt, warum ein Hersteller
als Lieferant bevorzugt oder abgelehnt wird, ist es
zweckmäßig, eine Informationsverdichtung vorzunehmen. Es
kann davon ausgegangen werden, daß sich das Gesamturteil
(bzw. die Gesamteinstellung) bezüglich der beiden Anbieter aus der Summe der einzelnen Beurteilungen, multipliziert mit dem entsprechenden Gewichtungsfaktor für jedes
Entscheidungskriterium zusammensetzt[1]. Diese aus dem
kognitiven Strukturmodell der Einstellungstheorie abgelei-
tete "evaluative function"[2] läßt sich durch folgende
Gleichung für Anbieter A (B) beschreiben:

$$E_{iA(B)} = \sum_{j=1}^{15} X_{ijA(B)} \quad g_{ijA(B)}$$

mit

$E_{ijA(B)}$ = Gesamturteil bzw. Einstellung des Käufers i
eines Textsystems bezüglich Anbieter A(B)

$X_{ijA(B)}$ = Ausmaß, mit dem nach Auffassung von Käufer i
Anbieter A(B) die Anforderung j erfüllt.

$g_{ijA(B)}$ = Bedeutung der Anforderung bzw. des Entscheidungskriteriums j aus der Sicht des Käufers i.

---

1 Vgl. zu einer ähnlichen Vorgehensweise mit Hilfe der
"conjoint analysis" Crow, L.E., Lindquist, J.D.,
Buyers Differ in Evaluating Supplies, in: IMM, Vol. 11,
Nr. 3, 1982, S. 2o5 ff..

2 Vgl. zu dieser Vorgehensweise Huppertsberg, B., Kirsch,
W., a.a.O., S. 47 ff.; zu den einstellungstheoretischen
Grundlagen vgl. Fishbein, M., A Behavior Theory Approach
to the Relations between Beliefs about an Object and
the Attitude toward the Object, in: Readings in Atti-
tude Theory and Measurement, Hrsg.: Fishbein, M., New
York, London, Sydney 1967, S. 389 ff.; Meffert, H.,
Marketing, a.a.O., S. 122 f..

Tabelle 19 zeigt die auf diese Weise errechneten Ge-
samturteile[1] für die Anbieter A und B als Durchschnitts-
werte der Käufer von Textsystemen beim jeweiligen Anbieter.[2] Angesichts der hohen Standardabweichungen ergeben
sich auch bei Zugrundelegung der textverarbeitungsspezifischen Anbieterimages keine signifikanten Unterschiede, die die Herstellerwahlentscheidung und damit auftretende Herstellerwiderstände erklären könnten.

Käufer bei Anbieter	s $\bar{x}$	gewichtetes textverarbeitungs-spezifisches Gesamturteil		
		Anbieter A	Anbieter B	
A	50,34 12,91		51,48 12,11	n.s.*
B	52,00 13,11		48,39 12,45	n.s.*

$\bar{x}$ = Mittelwert
s = Standardabweichung
* = Signifikanzniveau O,O5

Tab. 19 : Beurteilung der textverarbeitungsspezifischen
Anbieterimages durch Käufer von Textsystemen bei
Anbieter A und B

Wegen der durch die Anwendung dieser Methode bedingten
Verrechnung von Stärken und Schwächen der jeweiligen Anbieter stellt sich die Frage, ob nicht die Beurteilungen
auf einzelnen zentralen Bewertungsdimensionen eher Aufschluß darüber zu geben vermögen, aus welchen Gründen

1 Ein niedriger Wert markiert wiederum eine positive
  Einschätzung des jeweiligen Herstellers.
2 Vgl. dazu die Fragen 4 und 9 im Anhang.

Anbieter A (B) beim Kauf von Textsystemen bevorzugt wurde
bzw. gegen Anbieter B (A) ein Herstellerwiderstand entwickelt wurde.

Abbildung 19 zeigt die <u>relativen Angebotsstärken bzw.
-schwächen</u> der beiden Hersteller auf den 15 Bewertungsdimensionen im Urteil derjenigen Käufer, die ihr(e)
Textsystem(e) von Hersteller A bzw. Hersteller B bezogen haben. Dabei wird zunächst deutlich, daß Käufer,
die sich für einen bestimmten Anbieter entschieden haben,
diesen nicht auf allen Entscheidungskriterien besser beurteilen als das Konkurrenzunternehmen. So ist z.B. festzustellen, daß die Käufer von Textsystemen bei Anbieter
A ihren Lieferanten in Bezug auf

- die Qualität seiner Verkäufer im Außendienst,
- das Erfahrungsspektrum im Bereich der Textverarbeitung,
- die technische Reife und
- die Zukunftsorientiertheit der Produkte

schlechter einschätzen als den Konkurrenzanbieter B.
Demgegenüber weist Hersteller B größere Angebotsnachtei-
le in den Bereichen

- Preis-/Leistungsverhältnis
- Kundendienstpreise,
- Kompatibilität der Textverarbeitungsprodukte mit der
  Datenverarbeitung anderer Hersteller,
- Lieferzeiten sowie
- ergonomische Produktgestaltung

auf.

Bei der Suche nach Gründen, weshalb die Entscheidung
eines Käufers für oder gegen einen der beiden Anbieter
ausgefallen ist, erscheint es daher zweckmäßig, lediglich

	GE-WICHT*	BESSERE BEURTEILUNG VON ANBIETER A	BESSERE BEURTEILUNG VON ANBIETER B

QUALIFIZIERTE VERKÄUFER IM AUSSENDIENST FÜR DEN TEXTVERARBEITUNGSBEREICH — 1,8

+1 0,8 0,6 0,4 0,2 0 -0,2 -0,4 -0,6 -0,8 -1

LANGJÄHRIGE ERFAHRUNG IN DER TEXT-VERARBEITUNG — 1,6

TECHNISCH AUSGEREIFTE PRODUKTE — 1,2

UMFASSENDE PRODUKTLINIE (EINZELPLATZ / MEHRPLATZSYSTEME) — 1,5

GÜNSTIGES PREIS-LEISTUNGSVERHÄLTNIS DER TEXTVERARBEITUNGSPRODUKTE — 1,4

ZUKUNFTSORIENTIERTE TEXTVERARBEITUNGS-PRODUKTE (AUSBAUFÄHIGKEIT, FORT-SCHRITTLICHKEIT) — 1,2

QUALIFIZIERTER KUNDENDIENST UND SERVICE IM TEXTVERARBEITUNGSBEREICH — 1,2

GÜNSTIGE KUNDENDIENSTPREISE — 1,4

GROSSES TEXTVERARBEITUNGS-INFORMATIONS-ANGEBOT — 1,7

TV-PRODUKTE DES HERSTELLERS SIND MIT DER DATENVERARBEITUNG ANDERER HERSTELLER KOMPATIBEL — 2,3

TV-PRODUKTE DES HERSTELLERS SIND MIT DER DATENVERARBEITUNG DES GLEICHEN HERSTELLERS KOMPATIBEL — 1,6

SOFTWAREERSTELLUNG NACH KUNDENWÜNSCHEN — 1,6

GUTE ANWENDERSCHULUNG FÜR TEXTVER-ARBEITUNG — 1,6

KURZE LIEFERZEITEN — 2,0

ERGONOMISCHE PRODUKTGESTALTUNG — 1,7

———— KÄUFER VON TEXTSYSTEMEN BEI ANBIETER A

— - — KÄUFER VON TEXTSYSTEMEN BEI ANBIETER B

*   DURCHSCHNITTLICHE GEWICHTUNG DER KÄUFER VON TEXTSYSTEMEN BEI ANBIETER A UND B

ABB. 19: PRODUKT-UND ANGEBOTSSCHWÄCHEN BEI TEXTSYSTEMEN DER ANBIETER A UND B AUS DER SICHT UNTERSCHIEDLICHER KÄUFERGRUPPEN

die Unterschiede in der relativen Angebotsbewertung durch
die Käufer bei Anbieter A bzw. B zu betrachten. In diesem
Sinne zeigt Abbildung 19, daß sich nur marginale relative
Bewertungsunterschiede der Käufer bei Hersteller A oder
B bezüglich des Preis-Leistungsverhältnisses sowie der
Kompatibilität zu anderen Herstellern ergeben. Demgegenüber schätzen z.B. die Käufer bei Anbieter B ihren Lieferanten bezüglich der Zukunftsorientiertheit seiner Textverarbeitungsprodukte sowie der Qualität der Anwenderschulung positiver ein als die Käufer bei Anbieter A.

Wegen der relativ geringen Unterschiede auf den Bewer-
tungsskalen[1] wurden zunächst Signifikanztests durchgeführt und die signifikanten Beurteilungsdifferenzen in
eine schrittweise Diskriminanzanalyse[2] einbezogen. Die
in Tabelle 2o dargestellten Ergebnisse zeigen, daß lediglich vier Bewertungskriterien mit sehr ähnlicher
Trennschärfe in der Lage sind, Unterschiede zwischen
den Gruppen der Käufer bei Anbieter A und Anbieter B aufzudecken.

---

1 Der Unterschied beträgt auf der zugrundegelegten 4er
  Skala maximal o,39 Punkte.
2 Als unabhängige Variablen der Diskriminanzfunktion
  wurden die relativen Angebotsstärken bzw. -schwächen
  X_j herangezogen, die für jedes Item berechnet wurden als
  X_j = Beurteilung Anbieter B ./. Beurteilung Anbieter A.
  Vgl. zur Anwendung der Diskriminanzanalyse auf Ein-
  stellungsdaten z.B. Diller, H., Bauer, H.H., Imageanalyse mit Hilfe der multiplen Diskriminanzanalyse - dargestellt am Beispiel von Gastronomiebetrieben, in:
  DU, 28. Jg. (1974), S. 187 ff..

diskriminierende Variable X_i	standardisierter Diskriminanzfunktionskoeffizient $\bar{g}_i$
umfassende Produktlinie (Einzelplatz-/Mehrplatzsysteme)	o,6o68o
Softwareerstellung nach Kundenwünschen	o,55611
günstige Kundendienstpreise	- o,54637
langjährige Erfahrung in der Textverarbeitung	- o,46543

Wilks Lambda	o,77oo (Signifikanzniveau o,o483)
Kanonische Korrelation	o,4795
Erklärte Varianz	23,oo %
Anteil korrekter Klassifikationen	75,76 %

Tab. 2o : Ergebnisse der Diskriminanzanalyse zwischen Käufern von Textsystemen bei Anbieter A und Anbieter B zur Ermittlung von Indikatoren des Herstellerwiderstands

Dem Kriterium "Angebot einer umfassenden Produktlinie (Einzelplatz-/Mehrplatzsysteme)" kommt mit einem standardisierten Diskriminanzkoeffizienten von o,6o68o die größte Bedeutung zu. In Verbindung mit dem Vorzeichen des Koeffizienten und den Gruppenmittelwerten läßt sich dieser Indikator dahingehend interpretieren, daß der Widerstand gegen Textsysteme eines Herstellers umso größer ist, je

Käufer von Textsystemen bei Anbieter A	$\bar{y}$ = 0,427o3	y^+ = -o,45ooo
Käufer von Textsystemen bei Anbieter B	$\bar{y}$ = - o,65697	

enger seine Produktpalette im Bereich der Textsysteme im Vergleich zum entsprechenden Problemlösungsangebot der Konkurrenz eingeschätzt wird. Speziell ist festzustellen, daß diejenigen Interessenten für Textsysteme, die die Auswahlmöglichkeiten beim Hersteller B im Vergleich zu Anbieter A als besser einstufen, den Hersteller B als Lieferanten bevorzugten.

Darüber hinaus stellen Nachteile in der Softwareerstellung nach Kundenwünschen einen zentralen Herstellerwiderstandsindikator dar, dem in der Diskriminanzanalyse ein Bedeutungsgewicht von o,55611 zugewiesen wurde. Je stärker die relativen Vorteile eines Anbieters in der Softwarequalität im Vergleich zum Hauptkonkurrenten eingeschätzt werden, umso geringer wird ceteris paribus der Herstellerwiderstand.

Interpretationsschwierigkeiten bereiten demgegenüber die als trennscharf ermittelten Entscheidungskriterien

- günstige Kundendienstpreise sowie
- langjährige Erfahrung in der Textverarbeitung.

Die Ergebnisse der Diskriminanzanalyse weisen - analog zur Abbildung 19 - darauf hin, daß die Käufer von Textsystemen bei Anbieter A

- die langjährige Erfahrung von Hersteller B in der Textverarbeitung noch höher bewerten als die Käufer bei Anbieter B und

- die Vorteile in den Kundendienstpreisen von Anbieter A als weniger stark einschätzen als die Käufer bei Hersteller B.

Versucht man, diese unerwarteten Ergebnisse, die eine Verwendung der letztgenannten Entscheidungskriterien als Erklärungsfaktoren der Herstellerwahl nicht sinnvoll erscheinen lassen, zu interpretieren, lassen sich u.a. folgende Begründungen anführen:

1. Die vergleichsweise geringeren Gewichtungsfaktoren von
   - o,54637 und - o,46543 weisen den Kriterien "günstige Kundendienstpreise" und "langjährige Erfahrung in
   der Textverarbeitung" eine eher untergeordnete Bedeutung bei der Herstellerwahlentscheidung zu, so daß
   die auf diesen Skalen festgestellten Ausprägungen das
   Kaufergebnis nicht durchschlagend beeinflußten.

2. Die Bewertungen weisen eine systematische zeitliche
   Verzerrung auf, die daraus resultiert, daß die Datenerhebung erst einige Wochen bzw. Monate nach der
   Kaufentscheidung erfolgte, so daß z.B. eine zunächst
   günstige Einschätzung der Kundendienstpreise des Herstellers B sich aufgrund gewonnener Erfahrungen mit den
   Kundendienstkosten dieses Anbieters umkehrte und damit dem nicht gewählten Konkurrenzanbieter A günstigere
   Bewertungen zugeschrieben wurden.

3. Die Verhaltensrelevanz der zugrundegelegten Einstellungsdimensionen[1] bzw. Bewertungskriterien ist als gering
   einzustufen, so daß z.B. eine überlegene Einschätzung
   der Kundendienstpreise von Hersteller A nicht zu
   einer entsprechenden Verhaltenstendenz führt.

Für eine nur bedingt gegebene Verhaltensrelevanz der berücksichtigten Entscheidungskriterien sprechen auch die Güte-
kriterien der errechneten Diskriminanzfunktion[2]. Der noch

---

1 Vgl. zum Problem der Verhaltensrelevanz von Einstellungen Andritzky, K., a.a.O., S. 233 ff.; Kaiser, A.,
  Die Identifikation von Marktsegmenten, Schriften zum
  Marketing, Bd. 8, Hrsg.: Dichtl, E., Böcker, F., Berlin
  1978, S. 115 ff.; Schönecker, H.G., Bedienerakzeptanz,
  a.a.O., S. 127 ff.; Gröne, A., a.a.O., S. 151 f.; Schnetkamp, G., Einstellungen und Involvement als Bestimmungsfaktoren des sozialen Verhaltens, Schriften zum
  Marketing, Bd. 7, Hrsg.: Meffert, H., Frankfurt,
  Bern 1982, S. 36 f..

2 Vgl. dazu Tabelle 2o, S. 211 dieser Arbeit.

relativ hohe Wilks Lambda Wert macht ebenso wie der Anteil richtiger Klassifikationen von lediglich 75,76 Prozent deutlich, daß eine klare Trennung der Gruppen der
Käufer von Textsystemen bei Anbieter A und Anbieter B
nicht erreicht werden konnte. Der kanonische Korrelationskoeffizient von o,4795 sowie der Anteil erklärter Varianz
von 23 Prozent verstärken diese Bewertung.

Angesichts der geringen Fallzahlen können Zufallsfehler
nicht ausgeschlossen werden. Deshalb müssen weitere Forschungen zusätzlichen Aufschluß über die Eignung von
Entscheidungskriterien als Indikatoren des Herstellerwiderstands liefern. In den folgenden Überlegungen sollen
daher lediglich die eindeutig interpretierbaren Bewertungskriterien als Einflußfaktoren des Herstellerwiderstands berücksichtigt werden.

1.34 Relevanz der Lieferantenbindung potentieller Ab-
nehmer an Konkurrenzunternehmen

Die Überlegenheit eines Herstellers in zentralen Ange-
botskomponenten gewährleistet nicht in jedem Falle einen
erfolgreichen Kaufabschluß, weil u.U. eine psychologisch
und/oder technologisch bedingte Lieferantentreue (source
loyality) zu einer Konkurrenzunternehmung eine dominante
Ursache des Herstellerwiderstands darstellt. Die Annahme, daß in Situationen mit hohem wahrgenommenen Kaufrisiko vor allem diejenigen Anbieter ausgewählt werden,
mit denen bereits positive Geschäftsverbindungen bestehen,
konnte in vielen empirischen Studien bestätigt werden[1].

---

1 Vgl. dazu z.B. Wind, Y., Industrial Source Loyalty, in:
  JoMR Vol. 7 (197o), S. 45o ff.; Cunningham, M.T.,
  Kettlewood, K., Source Loyalty in the Freight Transport
  Market, in: EJoM, Vol. 1o (1976), S. 6o ff.; Jarvis, L.P.,
  Wilcox, J.B., True Vendor Loyalty or Simple Repeat Purchase
  Behavior?, in: IMM, Vol.6 (1977), S.9 ff.; Hakansson, H.,
  Johanson, J., Wootz, B., a.a.O., S.321; Zinser,W.,
  a.a.O., S. 8o; Gröne, A., a.a.O., S.127 f.; Gemünden,H.G.,
  a.a.O., S.47 f. sowie die dort angegebene Literatur.

Psychologische Lieferantenbindung wird vor allem dadurch
bedingt, daß positive Erfahrungen mit einem bestehenden
Lieferanten aus der Vergangenheit in die Zukunft projiziert
werden[1] bzw. die Leistungsfähigkeit in bestimmten Produkt-
bereichen (z.B. EDV) auf neue Produkte (z.B. Textsysteme) übertragen wird. Anstelle der Wahl des "unsicheren besten
Anbieters" wird nicht selten die sicherere zweitbeste
Alternative bevorzugt und damit ein Lieferantenwechsel vermieden.

Im Falle des Erstkaufs neuer Investitionsgüter dürfte - vor
allem im Bereich der Informationstechnologie - die psychologische Lieferantentreue durch eine technologisch bedingte
Lieferantentreue verstärkt werden. Die Neigung vieler potentieller Anwender von Textsystemen, über die Konzentration der Beschaffung auf wenige, im Extremfall auf einen
Hersteller, die Integration der einzelnen Komponenten des
"Büros der Zukunft" (z.B. EDV-Anlagen, digitale Telefon-
systeme, Netzwerke, Textsysteme) zu erleichtern, hat zur
Folge, daß "jene Hersteller die größten Chancen haben,
die bereits früher aufeinander abgestimmte und zufrieden-
stellende Anlagen geliefert ... haben."[2] Je mehr Systeme
und Einzelkomponenten der integrierten Bürokommunikation
des "in suppliers"bereits in der potentiellen Abnehmer-
unternehmung arbeiten, desto höher wird der Herstellerwiderstand für einen Anbieter von Textsystemen, der bislang
nicht in der anvisierten Unternehmung vertreten ist[3].

---

1 Vgl. Huppertsberg, B., Kirsch, W., a.a.O., S. 2o und
  S. 25.

2 Kirsch, W., Lutschewitz, H., Kutschker, M., a.a.O., S.45.

3 Vgl. dazu Pfeiffer, W., Bischof, P., Produkt-Marktzyklen,
  a.a.O., S. 1o8; Braun, H., Investitionsgütermarketing -
  Ansätze und Hypothesen in der Literatur, Diss. Mann-
  heim 1974, S. 283 f.; Kirsch, W., Lutschewitz, H.,
  Kutschker, M., a.a.O., S. 45 ff.; Hannaford, W.J.,
  Systems Selling: Problems and Benefits for Buyers and
  Sellers, in: IMM, Vol. 5 (1976), S. 139 ff..

- 216 -

Potentielle Abnehmer von Textsystemen sind nicht selten
zugleich auch Kunden mehrerer Anbieter von Produkten der
integrierten Bürokommunikation (einschließlich Textsysteme) und setzen z.B. Kommunikationseinrichtungen der
Firma A und Computer der Firma B ein[1]. Demzufolge erscheint es zweckmäßig, einen Indikator der relativen
Lieferantentreue heranzuziehen[2], der folgende Struktur
aufweist:

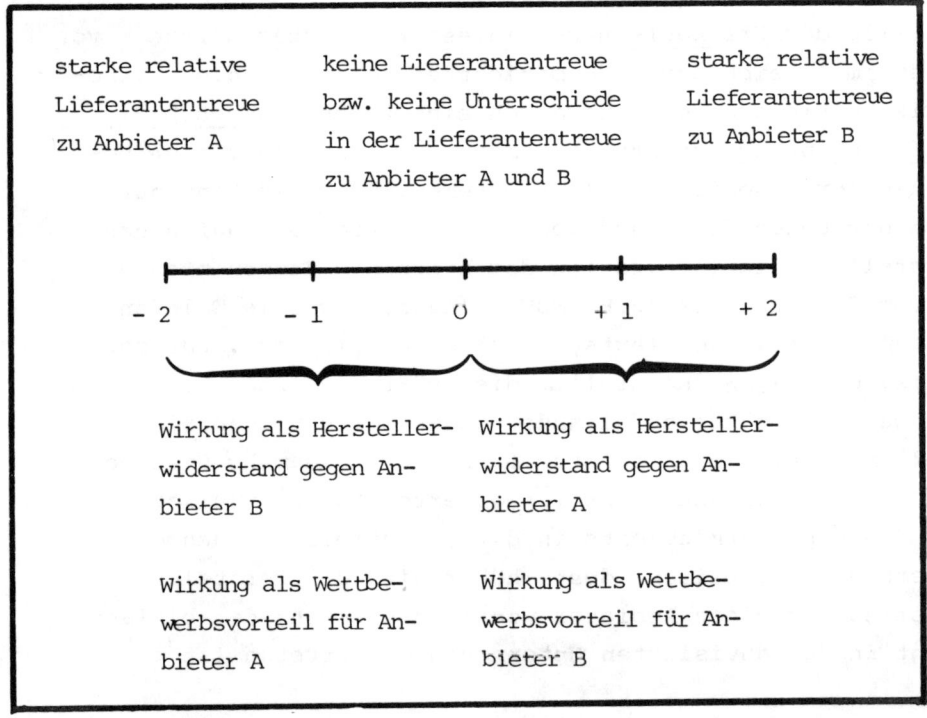

1 Vgl. dazu Mason , R.S., Multiple-sourcing and industrial market segmentation, in: European Research, Vol.
  1o, Nr. 3, 1982, S. 147 ff..

2 Dies entspricht zudem der Vorgehensweise bei der
  Ermittlung relativer Produkt- und Angebotsschwächen.

In der vorliegenden Untersuchung wurde lediglich die
Frage gestellt, wie stark der tatsächlich gewählte Anbieter in den Abnehmerunternehmen vertreten ist. Deshalb lassen die empirischen Ergebnisse keine vollständige Überprüfung der Relevanz dieses Indikators zu. Die
Bedeutung der Lieferantentreue als Indikator des Herstellerwiderstands läßt sich jedoch daraus ablesen,
daß für die Käufer bei Anbieter A ein (absoluter) Lie-
ferantenbindungsindex von 1,9o für diesen Hersteller und
für die Käufer bei Anbieter B ein Index von 1,46 in
Bezug auf ihren Lieferanten ermittelt wurde[1].

1.35 Verknüpfung relevanter Indikatoren

Bei der Verknüpfung der relevanten Indikatoren des Herstellerwiderstands zu einem Gesamtindex treten bezüglich
der Einflußfaktoren Bekanntheit und den einstellungstheo-
retisch fundierten Entscheidungskriterien Probleme auf,
die in der Literatur unter dem Begriff der "Hierarchie
der Effekte"[2] diskutiert werden. Folgt man der zugrundeliegenden Theorie, bildet sich auf einer ersten Stufe
(kognitive Sphäre) die Herstellerbekanntheit. Diese ist

---

1 Vgl. dazu Frage 2 im Anhang. Die Unterschiede in den
  Indexwerten (1 = sehr hohe Lieferantentreue; 4 = keine
  Lieferantentreue) erwiesen sich als nicht signifikant.

2 Vgl. dazu Lavidge, R.C., Steiner, G.A., A Model for
  Predictive Measurements of Advertising Effectiveness,
  in: JoM, Vol. 25, Nr. 6, 1961, S. 59 ff.; Steffenhagen,
  H., Wirkungen, a.a.O., S. 94 ff. und S. 113 ff.;
  Voss, W.-D., Modellgestützte Markenpolitik, Schriften-
  reihe Unternehmensführung und Marketing, Bd. 16,
  Hrsg.: Meffert, H., Steffenhagen, H., Freter, H.,
  Wiesbaden 1983, S. 1o6 ff..

die Voraussetzung dafür, daß sich auf der zweiten Stufe
(affektive Sphäre) Einstellungen zu einem Hersteller und
dessen Produkt- und Leistungsangebot festigen, die letztlich zu einer produktbezogenen Kaufabsicht oder zu einem
Herstellerwiderstand führen (konative Sphäre). Wenn aber
Einstellungen der Herstellerbekanntheit zeitlich nachge-
lagert und damit die Bekanntheit eines Anbieters eine
notwendige Bedingung für die Entstehung von Einstellungen
darstellt, ist es nicht möglich, einen Bekanntheitsindex
mit Ausprägungen auf relevanten Einstellungsdimensionen
zu verrechnen.

Diese Überlegungen führen dazu, den Bekanntheitsgrad
eines Herstellers nicht in ein System von Indikatoren des
Herstellerwiderstands zu integrieren. Ein unbekannter
oder nur schwach bekannter Anbieter wird in aller Regel
gar nicht erst in die Auswahlentscheidung eines potentiellen Abnehmers einbezogen. Somit wirkt diese Widerstandsursache von vornherein insofern prohibitiv, als
weitere potentiell auftretende Einflußfaktoren des Herstellerwiderstands zunächst ohne Bedeutung sind. Die
Schaffung eines hohen Bekanntheitsgrades in einem Produkt-/
Markt-Segment ist in diesem Falle als wichtigste Mar-
ketingaktivität anzusehen. Die Durchführung dieser Maß-
nahme schließt allerdings nicht aus, daß weitere Ursachen des Herstellerwiderstands die Herstellerwahlentscheidung der potentiellen Abnehmer zuungunsten des
dann bekannten Anbieters ausfallen lassen.

Demgegenüber bestehen keine methodischen Bedenken, relevante Image- sowie Produkt- und Angebotsschwächen der jeweiligen Anbieter aus der Sicht potentieller Abnehmer mit
Ausprägungen der Lieferantentreue zu verbinden, denn
zwischen beiden Ursachen(-gruppen) können Komplementa-
ritäts- bzw. Substitutionsbeziehungen vermutet werden.

Bezüglich der Berücksichtigung von Entscheidungskriterien als Indikatoren des Herstellerwiderstands ist aus
Gründen der Informationsökonomie anzustreben, lediglich
die für die Herstellerwahl in einem bestimmten Produkt-
bereich entscheidenden Bewertungsdimensionen in das Indikatorensystem zu integrieren. Welche der für das Beispiel der Textsysteme erhobenen Bewertungskriterien zu berücksichtigen sind, dürfte dabei nicht zuletzt von der
jeweils betrachteten Unternehmung sowie der Definition des
Hauptkonkurrenten abhängen. So kann vermutet werden, daß
sich z.B. im Vergleich der Anbieter Redactron und IBM als
Lieferanten von Textsystemen andere Bewertungsdimensionen
als Ursachen des Herstellerwiderstands gegen den Anbieter
Redactron als dominant erweisen als im Vergleich zu
Wang oder Triumph-Adler.

Abbildung 2o zeigt abschließend wiederum beispielhaft ein
Indikatorensystem zur Ermittlung des Herstellerwiderstands
gegen den Anbieter A im Vergleich zum Hauptwettbewerber B,
wobei sowohl die Lieferantentreue als auch die mit Hilfe
der Diskriminanzanalyse gewonnenen kaufentscheidenden Bewertungskriterien mit 5o Punkten gewichtet wurden[1]. Die
für zwei fiktive Kaufinteressenten ermittelten Gesamtpunkt-
werte machen deutlich, daß Interessent 1 einen geringeren
Herstellerwiderstand gegen Anbieter A aufweist als Interessent 2. Dies deutet darauf hin, daß die Chancen
des Anbieters A, mit dem Interessenten 1 einen Kaufver-
trag abzuschließen, erheblich günstiger zu beurteilen sind
als beim Kaufinteressenten 2.

---

1 Die Gewichtungen der einzelnen Entscheidungskriterien bzw.
  Subfaktoren in Abbildung 2o wurden entsprechend der
  Höhe der jeweiligen standardisierten Diskriminanz-
  koeffizienten festgelegt.

INDIKATOR DES HERSTELLER-WIDERSTANDS GEGEN TEXT-SYSTEME DES ANBIETERS A	GEWICHTUNG		AUSPRÄGUNG DES HERSTELLERWIDERSTANDSINDIKATORS		GEWICHTETER PUNKTWERT	
	HAUPT-FAKTOR-GEWICHT	SUB-FAKTOR-GEWICHT	STARK KAUF-FÖRDERNDER EINFLUSS / STARK KAUF-HEMMENDER EINFLUSS (-2 -1 0 1 2)		POTEN-TIELLER ABNEHMER 1	POTEN-TIELLER ABNEHMER 2
UMFASSENDE PRODUKT-LINIE (EINZELPLATZ-/MEHRPLATZSYSTEME)	50	26	BESSERE BEURTEILUNG VON ANBIETER A	BESSERE BEURTEILUNG VON ANBIETER B	-26	52
SOFTWAREERSTELLUNG NACH KUNDENWÜNSCHEN		24	BESSERE BEURTEILUNG VON ANBIETER A	BESSERE BEURTEILUNG VON ANBIETER B	24	24
LIEFERANTENTREUE	50	50	STARKE RELATIVE LIEFERANTENTREUE ZU ANBIETER A	STARKE RELATIVE LIEFERANTENTREUE ZU ANBIETER B	-50	50
	100	100	HERSTELLERWIDERSTANDSINDEX		-52	126

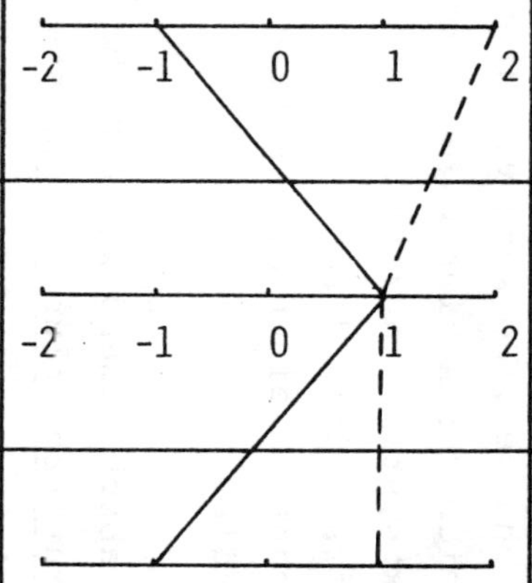

ENTSCHEIDUNGS-KRITERIEN

ABB. 2O: BEWERTUNG DES HERSTELLERWIDERSTANDS GEGEN TEXTSYSTEME DES ANBIETERS A MIT HILFE VON PUNKTBEWERTUNGSVERFAHREN

2. Der Kaufwiderstand als Kriterium der Zielgruppenfeinauswahl in einem ausgewählten Produkt-/Markt-Segment
   des Textverarbeitungsmarktes

2.1 Ansatzpunkte zur Bildung von Mikrosegmenten auf der
    Basis von Kaufwiderstandsinformationen

Die Verwendung von Kaufwiderstandsinformationen im Rahmen
der taktischen Marktsegmentierung (Mikrosegmentierung)
basiert auf der Überlegung, eine Typologisierung potentieller Abnehmer nach der Höhe ihres Kaufwiderstands vorzunehmen. Versteht man Mikrosegmentierung als Zielgruppenfeinauswahl in einem Produkt-/Markt-Segment bzw. als
Einstufung in Prioritätsklassen zur Marktbearbeitung[1], besteht die hier vorgeschlagene Form der Marktsegmentierung
darin, daß sich eine Anbieterunternehmung nach der Festlegung im strategischen Bereich, d.h. bei weitgehend
gegebenem und nur noch bedingt veränderbarem Produkt in
der Gestaltung der übrigen Instrumente des Marketing-Mix
an diejenigen potentiellen Abnehmer wendet, die einen geringen Produkt- und Herstellerwiderstand aufweisen[2]. Die
Zielsetzung liegt damit zum einen in der "Aussonderung
derjenigen Abnehmer, bei denen die Chancen für einen ge-
winnbringenden Verkauf als besonders gering erachtet
werden"[3]. Zum anderen sollte versucht werden, anstelle einer

---

1 Vgl. Steffenhagen, H., Adoptionsprozesse, a.a.O.,
  S. 122 f..

2 Vgl. zu dieser Interpretation des Segmentierungskonzepts
  auch Bauer, E., Markt-Segmentierung als Marketing-
  Strategie, a.a.O., S. 113.

3 Gröne, A., a.a.O., S. 39; vgl. dazu auch Lutschewitz,
  H., Kutschker, M., a.a.O., S. 1o4; Wind, Y., Robertson, T.S., Fraser, G., Industrial Product Diffusion
  by Market Segment, in: IMM, Vol. 11 (1982), S. 1 ff..

breitgestreuten Bearbeitung eines Produkt-/Markt-Segments
eine schwerpunktartige Nachfragestimulierung bei denjenigen potentiellen Abnehmern vorzunehmen, die für einen
Produktkauf (z.B. Kauf von Textsystemen) bei einem betrachteten Hersteller (z.B. Anbieter A) prädestiniert
sind[1].

Die Operationalisierung des Kaufwiderstands als mehrdimensionales Konstrukt läßt jedoch die Möglichkeit zu, daß
verschiedene potentielle Abnehmer einem bestimmten Produktanbieter zwar einen gleich hohen - durch einen
Kaufwiderstandsindex ausgedrückten -, aber jeweils durch
unterschiedliche Ursachen bedingten Kaufwiderstand ent-
gegenbringen[2]. Ein möglicher Ansatzpunkt zur Lösung des
Segmentierungsproblems ist daher darin zu sehen,
Mikrosegmente mit homogenen Kaufwiderstandsursachen zu
bilden. Diese Vorgehensweise führt jedoch relativ schnell
zu einer nicht mehr handhabbaren Anzahl von Mikrosegmenten. Daraus ergibt sich die Notwendigkeit, eine Beschränkung des Segmentierungsansatzes auf einzelne oder
lediglich einen dominanten Kaufwiderstandsindikator (z.B.
technischer Reifegrad des Produkts, Lieferantentreue)
vorzunehmen. Eine derartige Kaufwiderstandssegmentierung
würde allerdings weitgehend den in der Literatur bereits
ausführlich diskutierten Segmentierungskonzepten entsprechen[3].

---

1 Vgl. Bauer, E., Markt-Segmentierung als Marketing-Strategie, a.a.O., S. 61 und S. 112.

2 Vgl. Zinser, W., a.a.O., S. 1 f..

3 Vgl. zu einer Zusammenstellung von Segmentierungskriterien nach ihrem Eignungsgrad im Investitionsgüterbereich Thomas, R.J., Wind, Y., Toward Empirical Genera-
  lization On Industrial Market Segmentation, in:
  Issues in Industrial Marketing.A View to the Future,
  Hrsg.: Spekman, R.E., Wilson, D.T., Proceeding Series
  of the AMA, Chicago 1982, S. 3 ff..

Statt einer ursachenbezogenen Kaufwiderstandssegmentierung wird vielmehr vorgeschlagen, die eindimensionalen
Indexwerte des Produkt- und Herstellerwiderstands als Segmentierungsbasis heranzuziehen. Bei Verwendung dieser Subkonzepte des Kaufwiderstands als Dimension einer Klassifikationsmatrix lassen sich die potentiellen Abnehmer eines
Produkt-/Markt-Segments theoretisch vier unterschiedlichen
Mikrosegmenten zuordnen, die für das betrachtete Beispiel
eines Anbieters von Textsystemen für Industrieunternehmen
in Tabelle 21 spezifiziert wurden. Vernachlässigt man zunächst die Möglichkeiten des Abbaus der Ursachen von
Produkt- und Herstellerwiderstand, wird eine wesentliche
Zielsetzung der Zielgruppenfeinauswahl bzw. des Mikroseg-
mentierungsprozesses darin liegen, die potentiellen Abnehmer herauszuselektieren, die sowohl einen geringen
Produktwiderstand als auch einen geringen Herstellerwiderstand aufweisen und sich damit im Mikrosegment 1 der
Klassifikationsmatrix befinden.

Ein möglicher Ansatzpunkt zur Ermittlung des Mikrosegments mit geringem Kaufwiderstand ist in einer simultanen
Zusammenfassung der für die potentiellen Abnehmer des
Produkt-/Markt-Segments zu ermittelnden Indizes des Pro-
dukt- und Herstellerwiderstands zu einem Gesamtindex
des Kaufwiderstands zu sehen. Diese Vorgehensweise ist
jedoch aus theoretischer Sicht als problematisch anzusehen, denn es wird unterstellt, daß Produkt- und Herstellerwiderstand auf der gleichen hierarchischen Ebene
angesiedelt sind und ein hoher - z.B. vor allem durch
mangelnde Wirtschaftlichkeit und erwartete Bedienerakzep-
tanzprobleme bedingter - Produktwiderstand durch einen
geringen Herstellerwiderstand kompensiert werden
kann.

Hersteller-widerstand \ Produkt-wider-stand	g e r i n g	h o c h
g e r i n g	**1** potentielle Abnehmer-organisationen, die sowohl dem Kauf von Textsystemen positiv gegenüberstehen als auch das Angebot des Herstellers A im Vergleich zum Hersteller B als überlegen einschätzen	**2** potentielle Abnehmer-organisationen, die dem Kauf von Text-systemen (noch) ab-lehnend oder abwartend gegenüberstehen, im Falle eines Kaufs je-doch das Angebot des Herstellers A prä-ferieren würden
h o c h	**3** potentielle Abnehmer-organisationen, die dem Kauf von Text-systemen positiv gegen-überstehen, jedoch das Angebot des Herstellers A im Vergleich zum Kon-kurrenzanbieter B als unterlegen einstufen	**4** potentielle Abnehmer-organisationen, die so-wohl dem Kauf von Text-systemen (noch) ableh-nend oder abwartend ge-genüberstehen als auch im Falle eines Kaufs das Angebot des Herstellers A als vergleichsweise schlechter beurteilen

Tab. 21 : Klassifikation potentieller Abnehmer eines Makrosegments in Mikrosegmente unterschiedlicher Intensitäten des Produkt- und Herstellerwiderstands

- 225 -

Realistischer erscheint hingegen die Annahme, daß ein geringer Produktwiderstand - in dessen Bestimmung eine positive oder negative Beurteilung der potentiellen Lieferanten des in Frage stehenden Produkts als Indikator eingeht[1] - und damit eine insgesamt positive Bewertung eines speziellen Textverarbeitungsproduktes Voraussetzung dafür ist, daß eine Einholung von Angeboten durch die potentiellen Abnehmer überhaupt stattfindet und damit ein Auswahlprozeß zwischen unterschiedlichen Lieferanten eingeleitet wird. Eine simultane Zusammenfassung von Produkt- und Herstellerwiderstand zu einem Gesamtindex des Kaufwiderstands erweist sich daher für die Zwecke der Zielgruppenbestimmung als wenig aussagefähig.

Entsprechend der unterstellten hierarchischen Struktur von Produktwahl- und Herstellerwahlentscheidung wird eine sukzessive, zweistufige Vorgehensweise zur Ermittlung des Mikrosegments mit geringem Kaufwiderstand als problemadäquater angesehen. Abbildung 21 zeigt die grundsätzliche Vorgehensweise wiederum am Beispiel des Makrosegments Textsysteme für Industrieunternehmen in schematischer Darstellung auf. Dabei werden die nach der ersten Selektionsstufe ermittelten potentiellen Abnehmer mit geringem Produktwiderstand gegen Textsysteme in einer weiteren Stufe auf der Basis eines geringen Herstellerwiderstandsindexes gegen Anbieter A in einem Mikrosegment zusammengefaßt, das in Bezug auf die Absatzbemühungen des Anbieters A im Bereich der Textsysteme besondere Gewinnchancen erwarten läßt.

Im Rahmen der Segmentabgrenzung kommt der Bestimmung der kritischen Produkt- und Herstellerwiderstandswerte eine besondere Bedeutung zu. Diese Grenzwerte fungieren als Exklusionskriterien für die einzelnen potentiellen Abneh-

1 Vgl. dazu S. 162 f. dieser Arbeit.

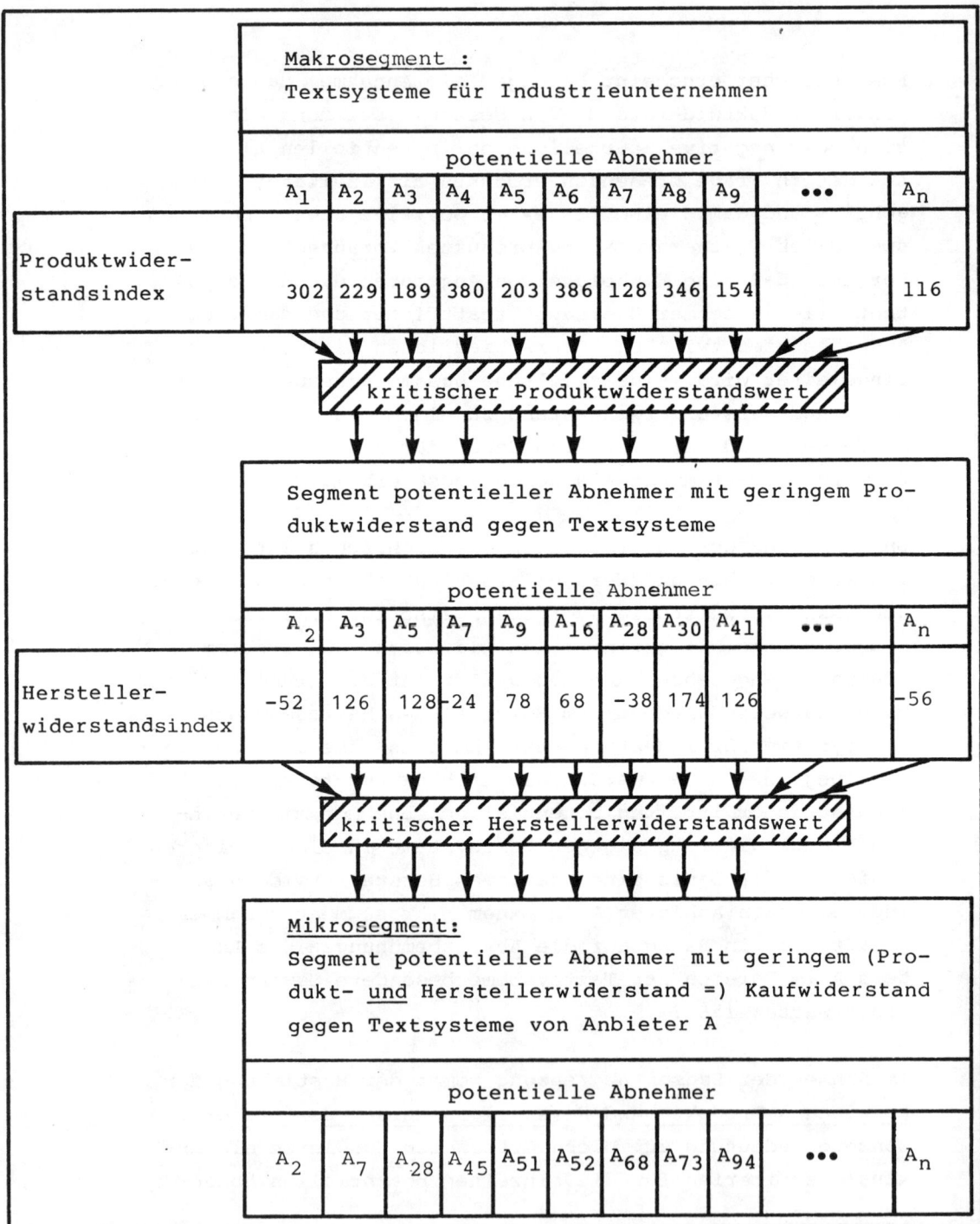

Abb. 21 : Ermittlung des Mikrosegments mit geringem Kaufwiderstand
als sukzessiver, zweistufiger Selektionsprozeß

mer und determinieren damit sowohl die Größe als auch das durchschnittliche Kaufwiderstandsniveau eines Mikroseg- ments. Dabei gilt grundsätzlich, daß sich mit zunehmender Höhe der kritischen Widerstandsindizes zwar einerseits die Segmentgröße und damit das Segmentpotential erhöht, andererseits aber das durchschnittliche Kaufwiderstands- niveau des Segments zunimmt.

Abbildung 22 verdeutlicht diesen Zusammenhang am Beispiel der Positionierung der Diskriminanzwerte (Herstellerwi- derstandsindizes), die im Rahmen der Diskriminanzanalyse zur Trennung von Käufern von Textsystemen bei Anbieter A und Anbieter B ermittelt wurden[1]. Während auf der Abszisse die empirischen Diskriminanzwerte abgetragen sind, markiert die Ordinate die Anzahl der Befragungsteilnehmer, für die ein bestimmter als Herstellerwiderstandsindex interpre- tierbarer Diskriminanzwert errechnet worden ist. Inner- halb dieses Koordinatensystems werden sowohl die Käufer von Textsystemen bei Anbieter A (Ziffer 1) als auch bei An- bieter B (Ziffer 2) dargestellt[2].

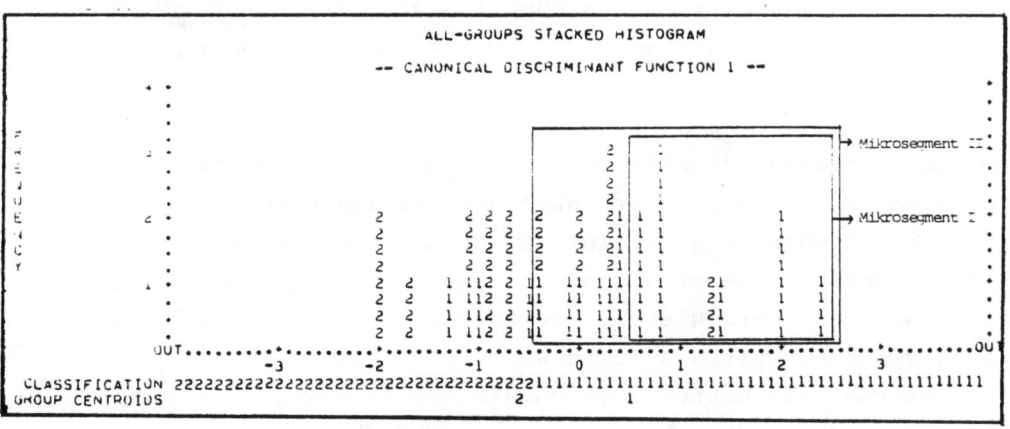

Abb. 22 : Graphische Darstellung der Diskriminanzwerte in der Auswertungsgruppe "Käufer von Textsystemen bei An- bieter A versus Käufer von Textsystemen bei An- bieter B"

---

1 Als unabhängige Variablen liegen dabei lediglich die Indi- katoren der textsystemspezifischen Produkt- und Angebots- schwächen zugrunde.
2 Vgl. Nie,N.H. et al., SPSS,a.a.O.,S.443 f. u. S.466.

Wählt man beispielsweise den durchschnittlichen Diskriminanzwert (Gruppenzentroid) der Käufer von Textsystemen bei Anbieter A ($\overline{Y}_1$ = 0,42703) als kritischen Herstellerwiderstandsindex, ergibt sich zwar ein relativ kleines Mikrosegment I, der Anteil von 90 Prozent richtiger Zuordnungen deutet jedoch darauf hin, daß Interessenten für Textsysteme mit einem Herstellerwiderstandsindex von mehr als 0,42703 Punkten mit sehr hoher Wahrscheinlichkeit Anbieter A als Lieferanten bevorzugen. Legt man den kritischen Herstellerwiderstandswert weniger restriktiv fest und wählt z.B. den durchschnittlichen Diskriminanzwert der Käufer bei Anbieter A und B (Y^+ = -0,45000), ergibt sich zwar ein größeres Mikrosegment II, allerdings führen die nunmehr zugelassenen Widerstandswerte zwischen 0,42703 und -0,45000 angesichts eines Fehlklassifikationsanteils von 23,8 Prozent zu einer nicht unerheblichen Verringerung der durchschnittlichen Erfolgswahrscheinlichkeit für Anbieter A in diesem Segment.

Angesichts dieser Interdependenzen lassen sich allgemeingültige Aussagen zur Festlegung der kritischen Widerstandswerte nicht ableiten. Die kritischen Indexwerte sind daher jeweils situationsspezifisch festzulegen, wobei die Größe des zugrundeliegenden Produkt-/Markt-Segments sowie die durchschnittliche Höhe des Produkt- und Herstellerwiderstands in diesem Makrosegment von besonderer Bedeutung sind.

Die in Abbildung 21 skizzierte Form der Mikrosegmentabgrenzung erfolgte auf der Basis der bereits dargestellten Punktbewertungsverfahren zur Ermittlung des Produkt- und Herstellerwiderstands gegen Textsysteme des Anbieters A[1]. Dabei erschien es zweckmäßig, in erster Annäherung die theoretischen Mittelwerte des Produktwiderstands von 250 Punkten und des Herstellerwiderstands von 0 Punkten als kritische Widerstandswerte heranzuziehen.

---

1 Vgl. dazu Abbildung 18, S. 197 und Abbildung 20 S. 220 dieser Arbeit.

2.2 Ansprechbarkeit und Zugänglichkeit von Mikrosegmenten mit homogenem Kaufwiderstandsniveau

Die Zugänglichkeit von Mikrosegmenten mit einem ähnlichen Kaufwiderstandsniveau ist wesentliche Voraussetzung dafür, daß ein Hersteller eines bestimmten Textverarbeitungsproduktes die selektierten Abnehmer gezielt über die Vorteilhaftigkeit seines Leistungsangebots informieren kann. Die Erfüllung dieser Voraussetzung ist dann als unproblematisch anzusehen, wenn von einer bekannten Gruppe möglicher Nachfrager in einem Produkt-/ Markt-Segment ausgegangen werden kann. Durch die Ermittlung der Indexwerte und Profile des Produkt- und Herstellerwiderstands bei diesen namentlich oder sogar persönlich bekannten Unternehmen kann zum einen eine eindeutige Zuordnung zu den in Tabelle 21 dargestellten Kaufwiderstandstypen[1] vorgenommen werden. Zum anderen besteht - insbesondere im Fall der Zugehörigkeit eines Abnehmers zum Segment geringen Kaufwiderstands - die Möglichkeit, auf der Grundlage des individuellen Widerstandsprofils die Marketinginstrumente gezielt einzusetzen[2].

Die Erfassung der Kaufwiderstandsdaten sämtlicher potentieller Abnehmer eines Produkt-/Markt-Segments durch die Außendienstorganisation eines Anbieters bzw. durch umfassende Segmentierungsstudien dürfte auch im Investitionsgütermarketing aus Kostengründen nur in Ausnahmefällen vertretbar sein. Sie ist im vorliegenden Beispiel des Makrosegments Textsysteme für Industrieunternehmen mit mehreren Tausend potentiellen Erstabnehmern[3] weder durchführbar noch ökonomisch sinnvoll. Vielmehr ist an-

---

1 Vgl. dazu S. 224 dieser Arbeit.
2 Vgl. dazu auch Pfohl, H.C., a.a.O., S. 165.
3 Vgl. dazu Der Spiegel, Entscheidungsprozeß, a.a.O., S. 5 und S. 56 f..

zustreben, auf der Basis repräsentativer Segmentierungsstudien verallgemeinerungsfähige Erkenntnisse über Unternehmen mit geringem Kaufwiderstand gegen ein neues Produktangebot eines bestimmten Herstellers (z.B. Kaufwiderstand gegen Textsysteme von Anbieter A) zu gewinnen.

Ein besonderes Problem der Kaufwiderstandssegmentierung liegt
jedoch darin, daß die Indizes des Produkt- und Herstellerwiderstands als nicht direkt beobachtbare Segmentierungs-
basen zwar die Bildung homogener Mikrosegmente ermöglichen,
jedoch die notwendige Identifikation der Segmente ohne
die zusätzliche Heranziehung von Segmentdeskriptoren
nicht möglich ist[1].

In Abhängigkeit davon, inwieweit es gelingt, das Mikrosegment mit geringem Kaufwiderstand operational zu beschreiben, lassen sich idealtypisch zwei Strategien der

---

1 Als Segmentdeskriptoren sind dabei im Idealfall solche
Kriterien zu verwenden, die sowohl mit der Segmentmit-
gliedschaft eng verbunden sind als auch relevante Hinweise auf segmentspezifische Marketingaktivitäten geben. Eine Überprüfung der Frage, ob und welche
Deskriptorvariablen zur Beschreibung von Mikrosegmenten
mit geringem Kaufwiderstand geeignet sind, muß weiteren
Forschungsarbeiten auf dem Gebiet des Marktwiderstands
vorbehalten bleiben. Es kann nur vermutet werden,
daß zur Beschreibung des Mikrosegments mit geringem
Kaufwiderstand gegen Textsysteme des Anbieters A
z.B. die Unternehmensgröße, tiefergehende Klassifikationen etc. sowie auch das Informations- und Me-
diaverhalten der zentralen Entscheidungsträger (z.B.
Nutzung von Fachmessen und Ausstellungen, Beachtung
von Anzeigen in Fachzeitschriften und Tageszeitungen)
als Deskriptorvariablen geeignet sind.
Vgl. dazu Choffray, J.-M., Lilien, G.L., Industrial
Market Segmentation by the Structure of the Purchasing
Process, a.a.O., S. 331; Wind, Y., Cardozo, R., a.a.O.,
S. 157; Wind, Y., Issues and Advances in Segmentation
Research, in: JoMR, Vol. 15 (1978), S. 319 f..

Segmentbearbeitung unterscheiden[1].

Die Verfolgung der <u>Strategie der kontrollierten Marktab-</u>
<u>deckung</u> setzt voraus,

- daß die Segmentdeskriptoren eine genaue physische Identifizierung und Lokalisierung (z.B. mit Hilfe von
  Branchenverzeichnissen, Adressbüchern, etc.) der zum
  Segment gehörigen Unternehmen ermöglichen und damit
  gezielte Besuche des Außendienstes eingeleitet werden
  können und/oder

- daß es mit Hilfe von Deskriptorvariablen gelingt, den
  Einsatz der unpersönlichen Kommunikationsinstrumente
  innerhalb der Grenzen unvermeidlicher Streuverluste auf
  die Unternehmen mit geringem Kaufwiderstand zu lenken,
  indem z.B. die Leserschaft der einzusetzenden Inser-
  tionsmedien und die zentralen Entscheidungsträger
  in den Unternehmen der Zielgruppe in Übereinstimmung
  gebracht werden[2].

Ist es jedoch aufgrund einer nur schwachen Verbindung
zwischen der Segmentierungsbasis und den Segmentdeskriptoren nicht möglich, das Mikrosegment mit geringem Kaufwiderstand hinreichend zu identifizieren, verbleibt einer
Anbieterunternehmung lediglich die Möglichkeit der
Verfolgung einer <u>Strategie der gestreuten Marktabdeckung</u>[3]
<u>bzw. der Selbstauswahl</u>[4]. Dabei kann der Anbieter bestimmte Kauf-
widerstandsniveaus nicht spezifischen potentiellen Abnehmern

---

1 Vgl. Bauer, E., Markt-Segmentierung als Marketing-Strategie, a.a.O., S. 116 ff.; Gröne, A., a.a.O., S. 4o ff.;
  Frank, R.E., Massy, W.F., Wind, Y., a.a.O., S. 6 ff..
2 Vgl. Gröne, A., a.a.O., S. 41; Scheuch, F., a.a.O., S.59.
3 Vgl. Bauer, E., Markt-Segmentierung als Marketing-
  Strategie, a.a.O., S. 116 ff..
4 Vgl. Gröne, A., a.a.O., S. 41 f..

im Produkt-/Markt-Segment zuordnen. Vielmehr muß er das
gesamte Makrosegment ansprechen und damit bewußt hohe
Streuverluste unter der Annahme akzeptieren, daß die
Kaufinteressenten "'die' von ihnen präferierte Alternative erkennen, um dann in einen näheren Kontakt zur Anbieterunternehmung zu treten"[1].

Der Nutzen einer Mikrosegmentierung nach der Höhe des
Kaufwiderstands ist jedoch im Falle der Strategie der gestreuten Marktabdeckung als sehr begrenzt anzusehen, denn
ein gezieltes Ausweichen von Kaufhemmnissen durch Vernachlässigung der Unternehmen mit hohem Kaufwiderstand ist
im Rahmen der Zielgruppenansprache nicht möglich. Ansatzpunkte für eine sinnvolle Selbstselektionsstrategie
sind lediglich dann gegeben, wenn ein bestimmtes Marke-
tingprogramm gezielt auf das Segment geringen Kaufwiderstands gerichtet wird. Eine derartige Vorgehensweise
setzt jedoch nicht nur eine weitgehende Homogenität der
Zielgruppe bezüglich der Höhe des Kaufwiderstands, sondern
auch in dessen Ursachen voraus und erfordert eine tiefergehende Segmentierung durch Bildung unterschiedlicher
Segmente mit geringem Kaufwiderstand und homogenen Kaufwiderstandsursachen. Inwieweit die Bildung solcher Segmente im Einzelfall möglich und sinnvoll ist, soll jedoch
im Rahmen der vorliegenden Arbeit nicht weiter untersucht
werden.

Insgesamt ist festzustellen, daß eine Mikrosegmentierung
auf der Basis der Höhe des Kaufwiderstands mit der Zielsetzung des Ausweichens von Kaufhemmnissen an die Möglichkeit einer hinreichenden Segmentidentifikation gebunden
ist. Geht man davon aus, daß mit der Identifikation einzelner potentieller Abnehmer bzw. des Mikrosegments
mit geringem Kaufwiderstand nicht automatisch ein Ver-
tragsabschluß mit den jeweiligen Zielgruppenelementen

---

1 Gröne, A., a.a.O., S. 42.

sichergestellt ist, sollte ein Produktanbieter versuchen, die zwar vergleichsweise geringeren, aber dennoch bestehenden Ursachen des Kaufwiderstands soweit wie möglich abzubauen.

Damit ist die Frage angesprochen, inwieweit die <u>Ursachen des Kaufwiderstands</u> Hinweise auf eine <u>Verbesserung bestehender Marketingprogramme</u> geben können. Im Rahmen einer generellen Beantwortung dieser Frage ist es dabei unerheblich, ob den Betrachtungen

- das Kaufwiderstandsprofil eines einzelnen potentiellen Abnehmers,
- das Kaufwiderstandsprofil des Mikrosegments mit geringer Kaufwiderstandshöhe oder
- bei Verzicht auf die Durchführung einer Kaufwiderstandssegmentierung das Widerstandsprofil des gesamten Produkt-/Markt-Segments zugrundegelegt wird.

3. <u>Der Kaufwiderstand als Kriterium zur Verbesserung bestehender Marketingprogramme in einem ausgewählten Produkt-/Markt-Segment des Textverarbeitungsmarktes</u>

Die Marktreaktion der bisherigen Käufer bzw. Nichtkäufer eines Textverarbeitungsprodukts eines bestimmten Herstellers kann als Auslöser betrachtet werden, um ein bestehendes Angebot zu vervollkommnen bzw. in bestimmten Elementen und Eigenschaften zu verändern[1]. Dabei ist zu erwarten, daß Entscheidungen über vorzunehmende Änderungen

---

1 Vgl. Strothmann, K.-H., Investitionsgütermarketing, München 1979, S. 119.

in der Marktbearbeitung umso fundierter getroffen werden können, je differenzierter die Kaufwiderstandsanalyse
die Bestimmungsgrößen für die bisherige Verteilung von
Absatzchancen und -hemmnissen in dem betrachteten
Produkt-/Markt-Segment aufdeckt und beleuchtet[1]. Ist gewährleistet, daß die Indikatoren des Produkt- und Herstellerwiderstands die Ursachen von Kaufhemmnissen widerspiegeln, erscheint es möglich, den Kaufwiderstand
einzelner potentieller Abnehmer, einzelner Mikrosegmente
oder eines gesamten Makrosegments durch absatzpolitische
Maßnahmen abzubauen bzw. zu reduzieren[2].

Basierend auf der in Tabelle 21 dargestellten Klassifikation potentieller Abnehmer nach der Höhe ihres Produkt-
und Herstellerwiderstands[3] lassen sich unterschiedliche
Schwerpunkte des Widerstandsabbaus festlegen. In Fortführung des obigen Beispiels aus dem Textverarbeitungsmarkt wird ein Hersteller von Textsystemen im Falle eines
hohen Produkt-, aber vergleichsweise geringen Herstellerwiderstands vor allem versuchen, auf die Umwelttatbestände
im Entscheidungsfeld der potentiellen Abnehmer Einfluß
zu nehmen, um einen Bedarfsentstehungsprozeß zu initiieren
und bestehende Adoptionshemmnisse abzubauen[4]. Zentraler
Ansatzpunkt ist dabei die Konvertierung von Nichtadoptern
in Adopter von Textsystemen durch Schaffung der Voraussetzungen, die die Adopter zu einer positiven Investitionsentscheidung veranlaßt haben[5]. Sind bestehende Absatz-

---

1 Vgl. Gröne, A., a.a.O., S. 35; Bischof, P., a.a.O.,S. 124.

2 Vgl. Kaiser, A., Die Identifikation von Marktsegmenten,
  a.a.O., S. 2; Huppertsberg, B., Kirsch, W., a.a.O.,
  S. 91; Gröne, A., a.a.O., S. 35 und S. 159.

3 Vgl. dazu S. 224 dieser Arbeit.

4 Vgl. Pfeiffer, W., Bischof, P., Marktwiderstände, a.a.O.,
  S. 63.

5 Vgl. Hayward, G., Allen, D.H., Masterson, J., Innovation
  Profiles: A New Tool for Capital Equipment Manufacturers,
  in: EJoM, Nr. 4, 1977, S. 31o.

probleme eines Anbieters von Textsystemen weniger auf
einen zu hohen Produktwiderstand, sondern in erster Linie
auf konkurrenzbedingte Kaufhemmnisse zurückzuführen, lassen sich aus den Ursachen des Herstellerwiderstands
Hinweise darauf ableiten, welche Faktoren die Schwäche
seiner bisherigen Position im Vergleich zum Hauptwettbewerber bewirken[1]. Dabei kann die Anpassung des Marketing-
programms gezielt an der objektbezogenen Bewertung einzelner Angebotsparameter ausgerichtet werden[2]. Bei hohem
Produkt- und Herstellerwiderstand sind entsprechend Maßnahmen zum Abbau beider Kaufwiderstandskategorien ein-
zuleiten.

Im Rahmen einer Analyse adäquater Marktbearbeitungsmaßnahmen zur Reduzierung bzw. zum Abbau des Kaufwiderstands
ist zunächst zu überprüfen, inwieweit die situations-
und entscheidungsfeldspezifischen Indikatoren des Produkt-
und Herstellerwiderstands Ursachen kennzeichnen, die von
einem bestimmten Produktanbieter nicht oder nur bedingt
veränderbar sind. Die Beeinflußbarkeit von Kaufwiderstandsursachen ist damit als wesentliche Voraussetzung
des erfolgreichen Abbaus von Kaufhemmnissen anzusehen.

3.1 Beeinflußbarkeit der Ursachen des Kaufwiderstands

Grundsätzlich ist davon auszugehen, daß ein Hersteller
vor allem diejenigen Kaufwiderstandsursachen reduzieren
bzw. abbauen kann, die einen engen Bezug zu den angebotenen Marktleistungen aufweisen. Demgegenüber sind Hemmnisse, die aus den Merkmalen der zentralen Entscheidungsträger (Informationsvorsprung bei neuen Technologien, Rat-
geberfunktion für Kollegen, Grad der Aktivität im Unternehmen für die Produktbeschaffung) sowie der Struktur der Entscheidungsfindung (Einfluß des Fachabteilungsleiters,

---

1 Vgl. Gröne, A., a.a.O., S. 181.
2 Vgl. ebenda, S. 182.

des EDV-Leiters sowie der betroffenen Schreibkräfte)resul-
tieren, nur bedingt oder gar nicht von Elementen außerhalb
der potentiellen Abnehmerorganisationen beeinflußbar.

Tabelle 22 zeigt die für das obige Beispiel (Kaufwiderstand
gegen Textsysteme aus der Perspektive des Anbieters A)
ermittelten Indikatoren des Kaufwiderstands nach dem
Grad ihrer Beeinflußbarkeit. Diese weitgehend subjektive
Einschätzung deutet darauf hin, daß es neben der Beeinflus-
sung der Ursachen des Herstellerwiderstands am ehesten
gelingen dürfte, auf die wahrgenommene Komplexität der Kaufentscheidung sowie die Wirtschaftlichkeitseinschätzung der
potentiellen Abnehmer Einfluß zu nehmen. Allerdings ist
davon auszugehen, daß auch innerhalb der einzelnen Ein-
flußfaktorengruppen erhebliche Unterschiede in der Beeinflußbarkeit bestehen.

So lassen sich z.B. Konkurrenznachteile in der Berücksichtigung der Kundenwünsche bei der Softwareerstellung
schneller abbauen als den Wettbewerbsnachteil einer
zu geringen Angebotspalette, die zu mangelnden Auswahlmöglichkeiten der potentiellen Abnehmer führt. Des
weiteren dürfte auch ein umfassender Abbau der Lieferantenbindung potentieller Abnehmer an den Hauptkonkurrenten nur sehr schwer möglich sein. Mangelnde Kenntnisse
in der Textverarbeitung sowie in textverarbeitungs-
nahen Bereichen (EDV,Nachrichtentechnik) bzw. hohe wahrgenommene Bedarfsunsicherheit als Ursachen des Produktwiderstands lassen sich ebenfalls einfacher beseitigen
als Hemmnisse, die aus dem wahrgenommenen Umfang organisatorischer Änderungen, den Investitionskosten sowie der
mangelnden Erfahrung mit potentiellen Lieferanten resultieren. Wird etwa ein Mangel an qualifiziertem Schreibpersonal in den potentiellen Abnehmerorganisationen nicht
wahrgenommen, ist es für einen Hersteller i.d.R. nicht
oder nur schwer möglich, die durch den Einsatz von Text-

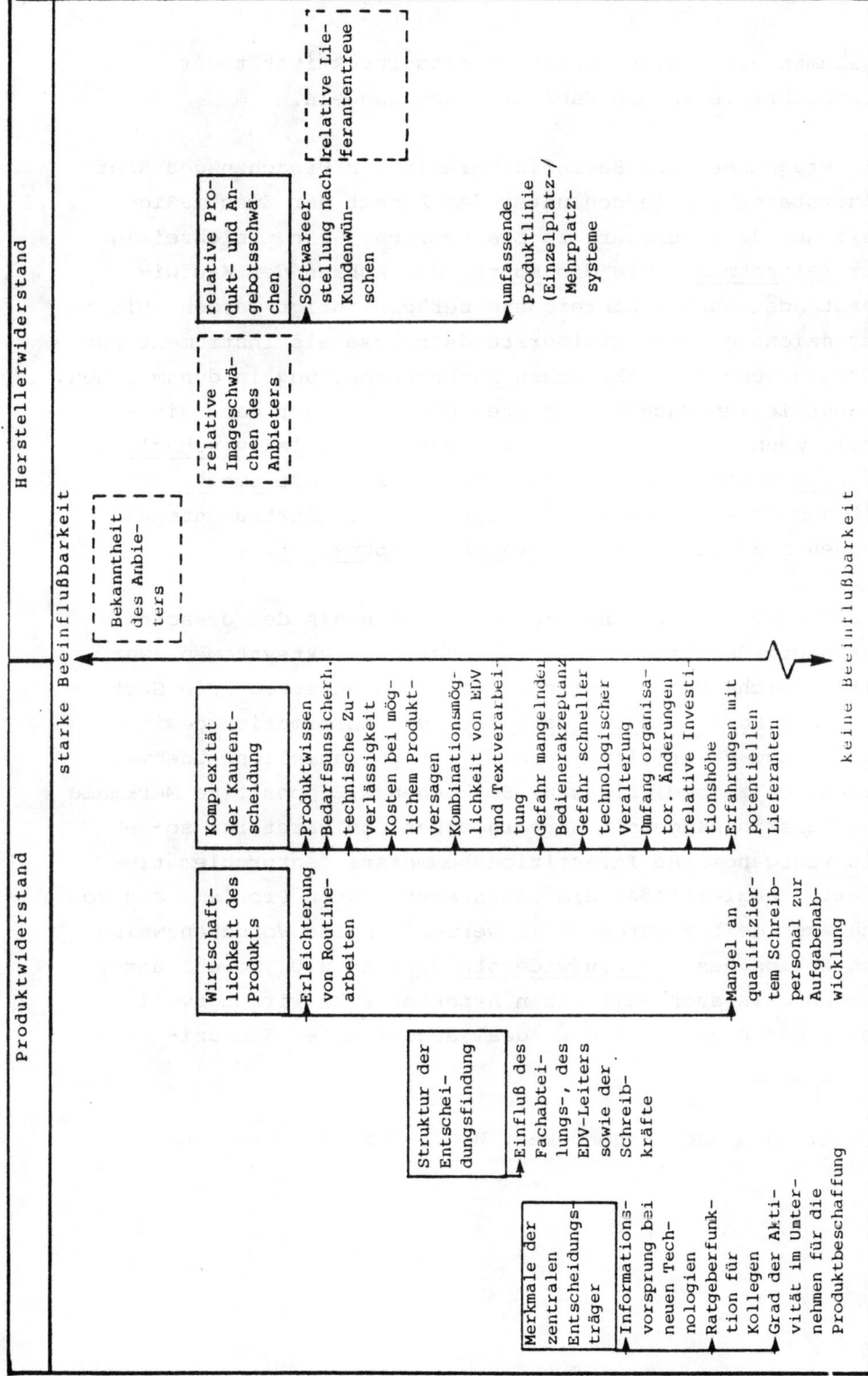

Tab. 22 : Beeinflußbarkeit relevanter Indikatoren des Kaufwiderstands gegen Textsysteme des Anbieters A

systemen erzielbare höhere Arbeitsproduktivität der
Schreibkräfte in ein Kaufmotiv umzuwandeln.

Die Frage nach der Beeinflußbarkeit der Ursachen des Kaufwiderstands ist jedoch unter dem Aspekt der Zweckmäßigkeit nur dann fundiert zu beantworten, wenn gleichzeitig
der Zeitrahmen sowie die Kosten des Abbaus der Kaufwiderstandsursachen hinreichend berücksichtigt werden. Die
Heranziehung der Kaufwiderstandsanalyse als Instrument zur
Verbesserung der taktischen Marktbearbeitung in dynamischen,
industriellen Wachstumsmärkten erscheint nur dann sinnvoll, wenn die einzuleitenden Maßnahmen relativ schnell
wirksam werden und der zusätzlich erzielbare Umsatz die
mit dem veränderten Einsatz der Marketinginstrumente verbundenen zusätzlichen Kosten überkompensiert.

Vor diesem Hintergrund bietet die Kenntnis der Ursachen
des Kaufwiderstands einem Anbieter von Textsystemen zwar
umfangreiche Möglichkeiten, über eine entsprechende Gestaltung der Kommunikationsmaßnahmen den Informationsgewinn-
nungs- und Verarbeitungsprozeß der potentiellen Abnehmer
erheblich zu beeinflussen. So können z.B. positive Merkmale
des Leistungsangebots hervorgehoben und verstärkt sowie wahrgenommene Investitionshemmnisse "entproblemati-
siert", negiert oder die dahinterstehenden Probleme als vom
Anbieter gelöst dargestellt werden[1]. Diese Vorgehensweise
des Abbaus des Erstkaufwiderstands kann u.U. sowohl unter
Kosten- als auch zeitlichen Aspekten sehr wirkungsvoll
sein. Auf Dauer kann ein ideal abgestimmtes Kommuni-

---

1 Vgl. dazu auch Schönecker, H.G., Bedienerakzeptanz,
  a.a.O., S. 251.

kationsmix produkttechnische Mängel und sonstige Angebotsschwächen nicht kompensieren[1]. Der kurzfristige Abbau des Erstkaufwiderstands wird daher vielfach nur durch
eine erhebliche Zunahme des Folgekaufwiderstands er-
kauft. Unter der Zielsetzung der langfristigen Kunden-
zufriedenheit als Voraussetzung einer dauerhaften Kunden-
beziehung erscheint es vielmehr geboten, den beeinflußbaren Ursachen des Kaufwiderstands nicht nur durch
kommunikative Maßnahmen, sondern soweit möglich auch durch
Modifikationen im Produktmix sowie den übrigen Submix-
bereichen (Konditionen, Distribution) zu begegnen.

3.2 Ansatzpunkte für Maßnahmen zum Abbau des Kaufwider-
stands

Angesichts der Vielzahl der Instrumente des Investitionsgütermarketing sowie der umfangreichen Interdependenzen
zwischen den einzelnen Instrumenten kann es nicht Aufgabe der vorliegenden Arbeit sein, ein umfassendes Marke-
tingprogramm zum Abbau des Kaufwiderstands gegen Textsysteme eines speziellen Produktanbieters zu erarbeiten.
Vielmehr soll auf der Grundlage der vorausgegangenen Untersuchung exemplarisch aufgezeigt werden, wie durch
spezifische Maßnahmen die als beeinflußbar eingeschätzten Ursachen des Produkt- und Herstellerwiderstands reduziert bzw. abgebaut werden können. Die in Abbildung 23
vorgenommene Zuordnung dieser Indikatoren zu den einzelnen Instrumentebereichen macht deutlich, daß wesentliche
Ansatzpunkte im Produkt- bzw. Leistungsmix sowie im Kon-
trahierungs- und Kommunikationsmix liegen.

---

1 Vgl. Schönecker, H.G., Bedienerakzeptanz, a.a.O.,
  S. 252.

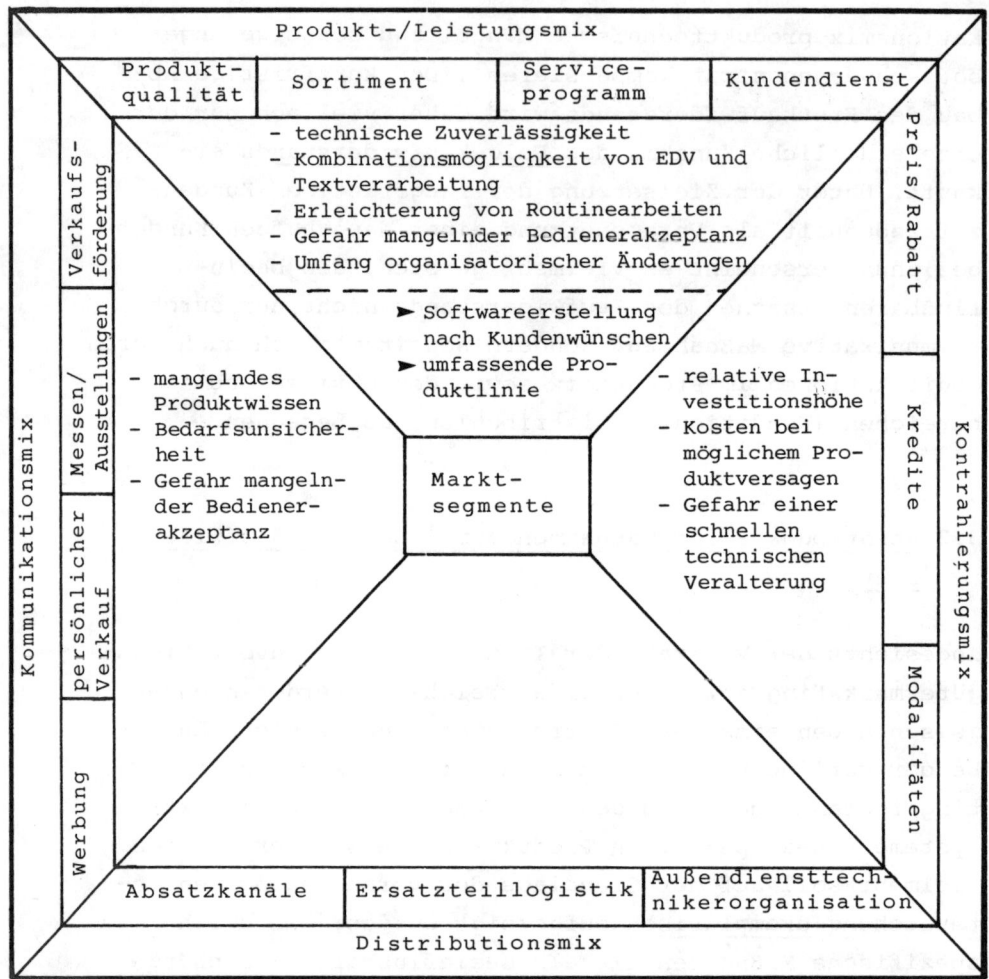

- technische Zuverlässigkeit
- Kombinationsmöglichkeit von EDV und Textverarbeitung
- Erleichterung von Routinearbeiten
- Gefahr mangelnder Bedienerakzeptanz
- Umfang organisatorischer Änderungen

► Softwareerstellung nach Kundenwünschen
► umfassende Produktlinie

- mangelndes Produktwissen
- Bedarfsunsicherheit
- Gefahr mangelnder Bedienerakzeptanz

Marktsegmente

- relative Investitionshöhe
- Kosten bei möglichem Produktversagen
- Gefahr einer schnellen technischen Veralterung

Produkt-/Leistungsmix

Produktqualität | Sortiment | Serviceprogramm | Kundendienst

Verkaufsförderung

Messen/Ausstellungen

persönlicher Verkauf

Werbung

Kommunikationsmix

Preis/Rabatt

Kredite

Modalitäten

Kontrahierungsmix

Absatzkanäle | Ersatzteillogistik | Außendiensttechnikerorganisation

Distributionsmix

- Indikator des Produktwiderstands
► Indikator des Herstellerwiderstands

Abb. 23 : Abbau von Ursachen des Produkt- und Herstellerwiderstands gegen Textsysteme des Anbieters A durch den Einsatz der Instrumente des Marketingmix (Quelle: Darstellung in Anlehnung an Meffert, H., Marketing, a.a.O., S. 82)

Ansatzpunkte im Bereich des Produkt- und Leistungsmix

Trotz intensiver Forschungs- und Entwicklungsaktivitäten
der Hersteller von Textsystemen macht die Analyse des
Produktwiderstands deutlich, daß im Hinblick auf die von
den potentiellen Abnehmern erwartete Produktqualität zum
Teil noch erhebliche Defizite zu verzeichnen sind. So
sind von den Herstellern noch erhebliche Anstrengungen zu
unternehmen, die technische Zuverlässigkeit ihrer Produkte (in Hardware und Software) zu erhöhen und die Inte-
grationsmöglichkeiten der Textsysteme mit bestehenden
EDV-Anlagen zu verbessern.

Mangelnde Bedienerakzeptanz sowie die relativ schlechte Beurteilung von Textsystemen in der Erleichterung von Routinearbeiten sind zum Teil darauf zurückzuführen, daß die
Hardware- und Softwareelemente eher nach den Regeln der
"Techniker-Logik" als nach den Anforderungen der potentiellen Abnehmer, insbesondere der Systembenutzer, konzipiert sind[1]. In entwicklungstechnischer Hinsicht kommt
daher der Benutzerschnittstelle eine entscheidende Bedeutung zu[2]. Um Verbesserungen in der Produktqualität zu
erreichen, könnten z.B. die Anweisungen auf dem Bildschirm so formuliert werden, daß sie den Benutzer persönlich ansprechen und freundlich dazu auffordern, bestimmte Bearbeitungsschritte zu veranlassen. Eine weitere
Möglichkeit besteht darin, dem Benutzer über sog. Funk-
tionsredundanzen verschiedene Handhabungsalternativen zur
Verfügung zu stellen[3].

Insbesondere für den Anbieter A ergibt sich die Notwendigkeit einer stärkeren Berücksichtigung der Kundenwünsche

---

1 Vgl. Schönecker, H.G., Akzeptanzforschung, a.a.O.,
  S. 57.
2 Vgl. dazu auch Wagner, H., Personalentwicklung, a.a.O.,
  S. 255 ff..
3 Vgl. Schönecker, H.G., Bedienerakzeptanz, a.a.O., S.197.

bei der Softwareerstellung, denn diese Leistungsschwäche
stellt eine zentrale Herstellerwiderstandsursache dar und
trägt erheblich dazu bei, daß potentielle Abnehmer an den
Hauptkonkurrenten B verloren werden.

Im Bereich der Sortimentspolitik empfiehlt es sich für den
Anbieter A, seine Produktpalette im Bereich der Textsysteme zu erweitern, um damit die Widerstandsursache
mangelnder Auswahlmöglichkeiten abzubauen. Besonders
erfolgversprechend erscheint es dabei, das bestehende Pro-
duktprogramm zu einer Systemfamilie auszubauen, die unterschiedlichen Bedarfsintensitäten (Einzelplatzsystem,
Mehrplatzsysteme mit einer Vielzahl an Arbeitsplätzen)
gerecht werden kann. Besondere Bedeutung gewinnt in
diesem Zusammenhang das Modulkonzept. Auf der Basis eines
als "Einstiegsmodell" ausgelegten Einplatzsystems könnten durch den Anschluß mehrerer Drucker und Bildschirm-
einheiten flexible Aufrüstungsmöglichkeiten zu Mehrplatz-
systemen unterschiedlicher Komplexität angeboten werden.

Um die aus der Notwendigkeit umfangreicher organisatorischer
Änderungen sowie aus Akzeptanzproblemen resultierenden
Produktwiderstandsursachen abzubauen, ist darüber hinaus
den Serviceleistungen eine erhöhte Aufmerksamkeit zu
widmen. So könnten von einem Anbieter von Textsystemen
z.B. die Durchführung von Arbeitsablauf- oder Schriftgutanalysen in den potentiellen Abnehmerorganisationen,
Beratungen bzgl. der Gestaltung der Büroorganisation
sowie intensive Schulungskurse für die Benutzer als
kostenlose oder entgeltliche Dienstleistungen angeboten
werden.

Ansatzpunkte im Bereich des Kontrahierungsmix

Hohe Investitionskosten, Kosten bei möglichem Produktversagen sowie das Risiko schneller technologischer Veralterung
der angebotenen Textsysteme sind als Ursachen des Produktwiderstands anzusehen, deren Wirkung durch Maßnahmen

des Kontrahierungsmix abgebaut bzw. abgemildert werden
können. So läßt sich z.B. das Risiko hoher Kosten bei
Ausfall oder unzureichender Effizienz des Textsystems
durch umfangreiche Garantieleistungen und/oder durch die
vertragliche Vereinbarung längerer Testphasen (Probe-
installationen) in den Anwenderorganisationen u.U. erheblich reduzieren. Des weiteren können die durch hohe Investitionskosten bedingten finanziellen Restriktionen
z.B. durch die Gewährung von Absatzkrediten abgemildert
werden[1]. In diesem Zusammenhang kommt auch dem Leasing[2]
eine wichtige Funktion im Rahmen des Produktwiderstands-
abbaus zu, denn mit diesem Marketinginstrument können
Abnehmerkreise erschlossen werden, die aus finanziellen oder steuerlichen Gründen die Beschaffung von Textsystemen durch Mietkauf bevorzugen. Dem wahrgenommenen
Risiko der schnellen technischen Veralterung der angebotenen Textsysteme kann ebenfalls wirksam begegnet werden,
indem Leasingangebote offeriert werden, in denen
der spätere Ersatz der eingesetzten Textsysteme durch
technisch verbesserte Nachfolgeanlagen bereits vertraglich
geregelt ist.

Ansatzpunkte im Bereich des Kommunikationsmix

Dem Instrumentarium der Kommunikationspolitik kommt zum
einen die Aufgabe zu, die zum Abbau der Ursachen des Pro-
dukt- und Herstellerwiderstands notwendigen Modifikationen

---

1 Vgl. dazu Ahlert, D., Die Absatzkreditpolitik der Un-
  ternehmung, Diss. Aachen 1971; Nieschlag, R., Dichtl,
  E., Hörschgen, H., Marketing, 1o. Aufl., Berlin 1979,
  S. 269 ff..

2 Das Leasing kennzeichnet eine Form der Absatz- und Be-
  schaffungsfinanzierung, bei der statt des Kaufpreises
  laufende Mietzahlungen vereinbart werden. Ein wesent-
  licher Unterschied zur reinen Vermietung besteht in der
  Möglichkeit, nach Vertragsablauf das Investitionsobjekt
  gegen ermäßigte Zahlungen weiter zu benutzen oder käuf-
  lich zu erwerben. Vgl. zum Leasing z.B. Pogodda, F.,
  Leasing als Marketinginstrument, in: Marketing-Enzyklopä-
  die, Bd. 2, München 1974, S. 265 ff.; Engelhardt, W.H.,
  Günter, B., a.a.O., S. 176 ff..

im Bereich des Produkt- und Kontrahierungsmix den potentiellen Abnehmern bekannt zu machen, um die Kaufentschei-
dungsprozesse zugunsten des betrachteten Anbieters zu
beeinflussen.

Eine eigenständige Bedeutung besitzt die Kommunikationspolitik daneben im Rahmen einer umfassenden Versorgung
der potentiellen Abnehmer mit produkt- und herstellerbe-
zogenen Informationen[1]. Mangelndes Produktwissen sowie
die wahrgenommene Bedarfsunsicherheit als Ursachen des
Produktwiderstands deuten darauf hin, daß der Bewußtma-
chungsprozeß der Problemlösungsmöglichkeiten von Textsystemen noch nicht abgeschlossen ist. Die Kommunikations-
inhalte (Art der Werbe- und Verkaufsargumente) sind dabei
insbesondere auf Produkteigenschaften und Angebotskompo-
nenten zu beziehen, die den Nutzen der Anwendung von Textsystemen besonders betonen sowie das wahrgenommene Investitionsrisiko reduzieren.

Zur Reduzierung der Bedarfsunsicherheit kann ein Anbieter
potentiellen Abnehmern z.B. die technische Veralterung
der herkömmlichen mechanischen und elektrischen Schreibmaschinen verdeutlichen und darauf hinweisen, welche Ratio-
nalisierungspotentiale - auch im Vergleich zu den elektronischen Speicherschreibmaschinen - mit dem Einsatz
von Textsystemen ausgeschöpft werden können. In diesem
Zusammenhang könnte vom Anbieter auch die Durchführung
von Wirtschaftlichkeitsrechnungen und -vergleichen über-
nommen werden. Botschaftsinhalte, die eine tatsächlich
gegebene problemlose Bedienbarkeit der Textsysteme, die
Möglichkeiten der Erleichterung von Routinearbeiten sowie
die Bedeutung von Textsystemen als Statussymbol für die

---

1 Vgl. Meffert, H., Funktionen der Werbung im industriellen Marketing, in: Technische Mitteilungen, Nr. 4,
  1972, S. 155; Strothmann, K.-H., a.a.O., S. 122.

Schreibkräfte besonders betonen, dürften zudem dazu bei-
tragen, das <u>Risiko mangelnder Bedienerakzeptanz</u> zu reduzieren[1].

Darüber hinaus erscheinen Demonstrationen der Produktan-
wendung in den Räumen des Herstellers sowie auf Messen
und Ausstellungen, Referenzen durch zufriedene Kunden sowie die Argumentation mit eventuell vorliegenden Testre-
sultaten von unabhängigen Institutionen zum Abbau des
wahrgenommenen Investitionsrisikos besonders geeignet.

Die skizzierten Beispiele aus den Bereichen der Produkt-,
Kontrahierungs- und Kommunikationspolitik vermögen lediglich ansatzweise die Ableitung absatzpolitischer Maßnahmen aus den Ergebnissen der Kaufwiderstandsanalyse auf-
zuzeigen, die für die praktische Umsetzung weiter spezifiziert werden müssen. Sie machen jedoch deutlich, daß
eine Planung von Anpassungsmaßnahmen auf der Basis von
Kaufwiderstandsinformationen die Qualität bestehender
Marketingprogramme wirkungsvoll verbessern kann.

---

1 Ein interessantes Beispiel im Bereich der Textsysteme
  liefert die Firma Triumph-Adler (Produktlinie Bitsy), deren Zielsetzung darin liegt, den potentiellen Benutzern
  (Sekretärinnen, Sachbearbeiter) die Bedienungsfreund-
  lichkeit ihrer Produkte deutlich zu machen und den
  Einfluß dieser Zielgruppe auf den Kaufentscheidungsprozeß zugunsten der Bitsy-Systeme zu nutzen.

E. Aussagewert von Marktwider- ständen für Marktwahl- und Marktbearbeitungsentscheidungen in industriellen Wachstumsmärkten

1. Bedeutung von Marktwiderstandsanalysen in Phasen dynamischer Marktentwicklungen

Die bisherigen Ausführungen haben deutlich gemacht, daß im Textverarbeitungsmarkt als Beispiel für einen indu- striellen, dynamischen Wachstumsmarkt sowohl auf der strategischen als auch der taktischen Planungsebene vielfältige Ansatzpunkte bestehen, Marktwiderständen auszuweichen sowie diese zu reduzieren bzw. abzubauen. Die Aufgabenstellungen der strategischen Geschäftsfeld- planung sowie der taktischen Zielgruppenfeinauswahl und -bearbeitung sind jedoch nicht isoliert zu betrachten, sondern stehen in einem interdependenten, dynamischen Zusammenhang. Daher ist die praktische Relevanz des ent- wickelten Marktwiderstandskonzepts nicht zuletzt danach zu beurteilen, inwieweit den damit verbundenen Problemen Rechnung getragen werden kann.

Mit der Anwendung des dreistufigen Marktwiderstands- konzepts am Beispiel des Textverarbeitungsmarktes wurde angestrebt, marktbedingten Erfolgshemmnissen durch eine hierarchische Vorgehensweise zu begegnen. Betrachtet man jedoch die untersuchten Planungsprobleme aus systemtheo- retischer Perspektive in einem kybernetischen Regelkreis[1], ergeben sich auch in umgekehrter Richtung wichtige feed- back-Informationen von der taktischen zur strategischen Planungsebene.

---

1 Vgl. zur systemtheoretischen Betrachtung von Planungs- und Kontrollprozessen z.B. Baetge, J., Betriebswirt- schaftliche Systemtheorie, Opladen 1974; Meffert, H., Marketing, a.a.O., S. 96 f..

In Kapitel D wurde davon ausgegangen, daß es einer Anbieterunternehmung gelingt, bestehenden Kaufhemmnissen
in einem Produkt-/Markt-Segment durch die Konzentration
auf potentielle Abnehmer mit geringem Produkt- und Herstellerwiderstand auszuweichen und/oder diese durch gezielte Marketingmaßnahmen soweit abzubauen, daß die segmentspezifischen Gewinnziele erreicht werden. Eine Kaufwiderstandsanalyse ist jedoch auch dann von Nutzen, wenn
diese Voraussetzungen nicht oder nicht hinreichend erfüllt
sind. In einer solchen Situation besitzt die Anbieterunternehmung fundierte Informationen darüber, daß weitere
Aktivitäten in dem betrachteten Produkt-/Markt-Segment
nicht zweckmäßig sind und ein Rückzug aus diesem Teilmarkt
angestrebt werden sollte. Ist von einer derartigen Einschätzung für alle oder zumindest viele der bearbeiteten
Makrosegmente des betrachteten Marktes auszugehen, können
die erhobenen Kaufwiderstandsinformationen sogar einen
Austritt aus dem Gesamtmarkt nahelegen, um langfristige
Verlustquellen für die Unternehmung zu vermeiden[1].

Neben der Aufgabe strategischer Marktsegmente, die in ihrer
Gesamtheit das strategische Geschäftsfeld einer Unternehmung im betrachteten Markt kennzeichnen, ergibt sich
durch dynamische Entwicklungen der Marktsituation und
der daraus resultierenden Veränderungen in den Ursachen
und Intensitäten des Markteintrittswiderstands, Segmentwiderstands sowie des Kaufwiderstands vielfach die Notwendigkeit, das bestehende Geschäftsfeld zu redefinieren
und damit die Ausprägungen der Geschäftsfelddimension zu
erweitern sowie u.U. die Abgrenzungskriterien der Geschäftsfelddimensionen zu verändern.

---

1 Bei einer eventuellen Austrittsentscheidung ist allerdings der Einfluß u.U. hoher Marktaustrittsbarrieren zu
  beachten. Vgl. dazu Meffert, H., Ohlsen, G.T., a.a.O.,
  S. 178 ff..

Nach Untersuchungen von Abell[1] lassen sich insbes. bei
einem Wechsel in der Phase des Marktlebenszyklus (z.B.
beim Übergang von der Wachstums- in die Reifephase des
Textverarbeitungsmarktes), aber auch innerhalb einzelner
Lebenszyklusphasen (z.B. innerhalb der Wachstumsphase
des Textverarbeitungsmarktes) Veränderungen in den Markt-
bedingungen feststellen, die sich in unterschiedlicher
Form auf die Geschäftsfelddimensionen potentielle Abnehmergruppen, Funktionserfüllung sowie verwendbare Technologien auswirken können (vgl. Abbildung 24).

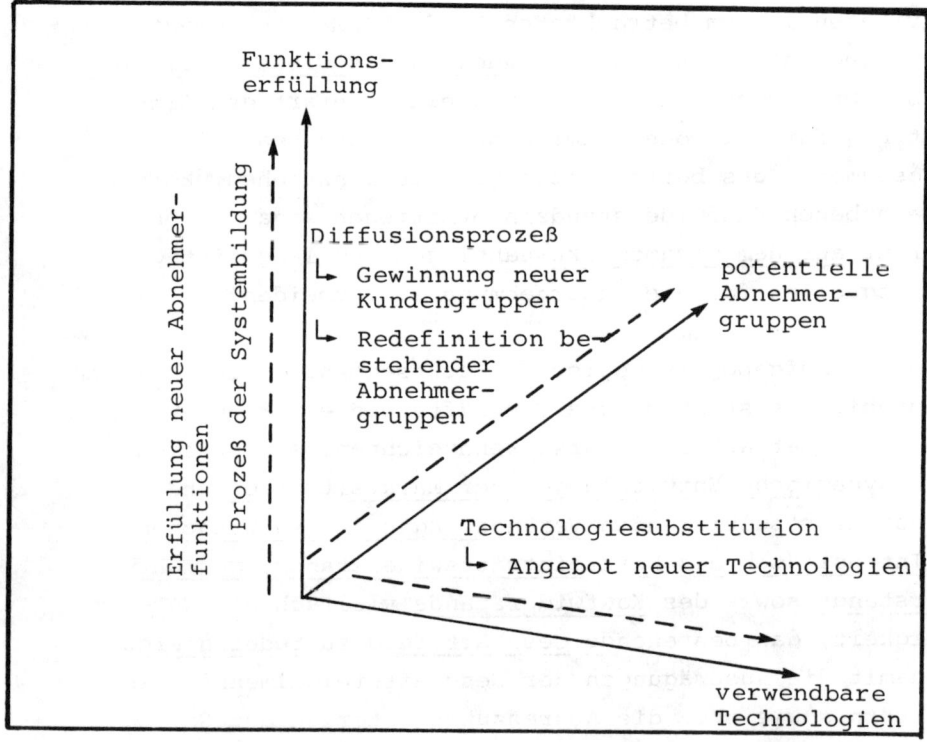

Abb. 24: Einfluß der Marktevolution auf die Dimensionen
der Geschäftsfeldplanung
Quelle: In Anlehnung an Abell, D.F., Defining
the Business, a.a.O., S. 2o7

---

1 Vgl. zu den folgenden Ausführungen Abell, D.F., Defining the Business, a.a.O., S. 2o5 ff..

Konkretisiert man diese Auswirkungen wiederum an Beispielen aus dem Textverarbeitungsmarkt, ist im Hinblick auf
die <u>Abnehmerdimension</u> davon auszugehen, daß der fort-
schreitende Diffusionsprozeß moderner Produkte der Textverarbeitung die Bearbeitung bislang vernachlässigter
Kundengruppen erleichtert, die nicht zu den Innovatoren
und Frühadoptern zu rechnen sind (z.B. Unternehmen und
Institutionen der öffentlichen Verwaltung). Daneben
legt es die mit der zunehmenden Verbreitung von Textverarbeitungsprodukten einhergehende Verringerung der Bedeutung der Erstkaufwiderstände im Vergleich zu Folgekauf-
widerständen u.U. nahe, das gewählte Makrosegmentierungs-
kriterium zu verändern und z.B. eine strategische Segmentierung auf der Basis bestehender Abnehmerbeziehungen
(z.B. Kunden bzw. Nichtkunden im Bereich der Textverarbeitung; Kunden bzw. Nichtkunden im Bereich der integrierten Bürokommunikation) vorzunehmen.

Geht man davon aus, daß sich die bestehenden Integrationstendenzen der Märkte für Text-, Datenverarbeitung und
Nachrichtentechnik in den nächsten Jahren erheblich verstärken, muß ein Anbieter von Textverarbeitungsprodukten
mit dem Marktangebot innovativer Problemlösungen durch
bisherige, aber auch durch neue Konkurrenten rechnen, die

- <u>Abnehmerfunktionen</u> der Textverarbeitung mit weiteren
  Funktionen der integrierten Bürokommunikation (Daten-,
  Sprach-, Bildverarbeitung) kombinieren und/oder

- Textverarbeitungsfunktionen entweder isoliert oder in
  Kombination mit weiteren Abnehmerfunktionen durch Entwicklung und Einsatz von <u>Substitutionstechnologien</u>
  anbieten.

Folgt man den Entwicklungsprognosen im Bereich der integrierten Bürokommunikation, werden ausgehend von den derzeitig
überwiegend angebotenen monofunktionalen[1] Geräten (z.B.
Textsysteme, die jedoch über Anschlußmöglichkeiten an
EDV-Anlagen und/oder über einen Teletexzusatz verfügen
können) zunächst Daten- und Textverarbeitung zu einer hard-
ware- und softwaremäßig integrierten Problemlösung zusam-
menwachsen; "erst in einer etwas entfernteren Zukunft
dürften dann die Bild-Verarbeitung und die Sprach-Verarbei-
tung (digital) am / im multifunktionalen Büroarbeitsplatz
(Terminal) integriert werden"[2]. Zum heutigen Zeitpunkt muß
es allerdings noch als ungeklärt angesehen werden, ob
die technologische Alternative eines Multifunktionster-
minals das zukunftsträchtigste Konzept der Systembildung
darstellt. Viele Anzeichen sprechen dafür, daß es sich
für eine Vielzahl von Anwenderunternehmungen als zweckmäßiger erweist, an den einzelnen Arbeitsplätzen Monofunk-
tionsgeräte (z.B. Textsysteme, Mikrocomputer, Teletexsta-
tionen, Telefonanlagen) oder teilintegrierte Terminals
(z.B. für Text- und Datenverarbeitung) einzusetzen und
die einzelnen Einheiten durch ein Inhouse-Netz (Local Area
Network)[3] zu verbinden[4].

Welche dieser Technologien sich letztlich durchsetzen
wird, ist von entscheidender Bedeutung für die Richtung

---

1 Die Monofunktionalität ist dabei auf sog. Makrofunktionen
  wie Textverarbeitung oder Datenverarbeitung zu beziehen.
  Vgl. dazu auch S. 67 f. dieser Arbeit.

2 Karcher, H.B., a.a.O., S. 117; vgl. auch ebenda, S.112
  sowie Musiol, A., a.a.O., S. 166; Fabeck, J., Willmann,
  D., Textverarbeitung heute - Informationsverarbeitung
  morgen, Schriftenreihe des Verbands für Textverarbeitung,
  Bd. 2, Baden-Baden, o.J., S. 3 ff..

3 Vgl. zur Technologie der lokalen Netzwerke z.B. Karcher,
  H.B., a.a.O., S. 121 ff..

4 Vgl. Munter, H., Künftige integrierte Bürokommunikation.
  Welche Folgen lassen sich bereits übersehen?, a.a.O.,
  S. 13.

der Geschäftsfeldredefinition heutiger Anbieter im
Textverarbeitungsmarkt. Während im Falle einer Integration in Richtung Multifunktionsterminal der Textverarbeitungsmarkt seine Eigenständigkeit als Teilmarkt der
integrierten Bürokommunikation weitgehend verliert und
Textverarbeitungsprodukte, "die nicht über ausreichende
Kommunikationsmöglichkeiten oder eine nur ungenügende Integration von Text- und Datenverarbeitungsfunktionen verfügen, kaum noch zu vermarkten sein [werden] "[1], deutet
der entgegengesetzte Trend zur Netzwerktechnologie darauf
hin, daß das Angebot von Textverarbeitungsprodukten, die
ein breites Spektrum an Textverarbeitungsfunktionen ab-
decken, vor allem aus Kostengründen zu Kaufwiderständen
führen. In diesem Falle würden den potentiellen Abnehmern
mit Textspeicherungs-, Textausgabe- oder Rechenfunktionen
redundante Leistungen angeboten, die bereits von anderen
Elementen des Netzwerks (z.B. Datenbank, Drucker, Computer) erfüllt werden.

Erkennt ein Anbieter von Textverarbeitungsprodukten diese
Entwicklungen nicht rechtzeitig bzw. gelingt es nicht,
frühzeitig die notwendigen strategischen Anpassungsmaßnahmen zu treffen, dürfte der Kaufwiderstand der potentiellen Abnehmer gegen die von ihm angebotenen - als nicht
mehr konkurrenzfähig angesehenen - Problemlösungen so
hoch werden, daß eine Realisierung der ökonomischen Er-
folgsziele nicht mehr möglich ist.

2. Zusammenfassende Würdigung des Marktwiderstandskonzepts

Die sorgfältige Analyse des Markteintrittswiderstands, des
Segmentwiderstands sowie des Kaufwiderstands vermittelt
insgesamt ein profundes Verständnis der aktuellen und

---

1 Reuter, A., Der Arbeitsplatz wird zum elektronischen
  Schreibtisch, in: BddW v. 14.o5.1982, S. 7.

zukünftigen Markt- und Wettbewerbssituation sowie insbesondere des Kaufverhaltens unterschiedlicher Abnehmergruppen. Das entwickelte Marktwiderstandskonzept erleichtert daher eine präzise Definition des relevanten Marktes
und ermöglicht es einer Anbieterunternehmung, eine wirksame Marketingstrategie zu entwickeln. Bereits vor der
Markteinführung spezieller Problemlösungen kann festgestellt werden, ob ein Markteintritt überhaupt erfolgversprechend ist und in welchen Teilmärkten aufgrund hoher
oder geringer Segmentwiderstände besondere Erfolgschan-
cen liegen. Des weiteren liefert die Anwendung des Marktwiderstandskonzepts im taktischen Planungsbereich durch
eine Konzentration auf diejenigen Abnehmer mit geringem
Kaufwiderstand sowie durch eine Anpassung des Marketingmix
zur Reduzierung bzw. zum Abbau bestehender Kaufhemmnisse
wertvolle Entscheidungshilfen, um die unternehmerischen
Zielsetzungen über eine Erhöhung der Bedürfnisbefriedigung
spezieller Abnehmergruppen zu verwirklichen.

Im einzelnen ist der Aussagewert des entwickelten Marktwiderstandskonzepts danach zu beurteilen, inwieweit die
zugrundegelegten Anforderungen erfüllt werden[1].

Den formellen Anforderungen an eine Operationalisierung
des Marktwiderstands konnte weitgehend Rechnung getragen
werden. Für das Beispiel des Textverarbeitungsmarktes wurden eine Vielzahl von Indikatoren mit unterschiedlichem
Detaillierungsgrad diskutiert und Vorschläge zu ihrer
Messung auf Skalen entwickelt. Während die Ermittlung
und Auswahl von Indikatoren auf der strategischen Planungsebene überwiegend auf Plausibilitätsüberlegungen
basierte, wurde bei der Messung des Kaufwiderstands im
taktischen Planungsbereich eine theoretische Fundierung
durch die Adoptions- und Einstellungsforschung angestrebt.

---

1 Vgl. dazu S. 29 ff. dieser Arbeit.

Daneben ließ sich zeigen, daß eine Verknüpfung von
Marktwiderstandsindikatoren zu einem Indexwert sowohl durch
heuristische Planungstechniken (Polaritätenprofile, Punkt-
bewertungsmodelle) als auch analytische Methoden (Diskriminanzanalyse) erfolgen kann.

Im Bereich der materiellen Anforderungen wurde dem An-
spruch nach Erfassung mehrerer Planungsebenen durch eine
dreistufige, hierarchische Vorgehensweise Rechnung getragen. Inwieweit die Messung der Subkonzepte des Marktwiderstands anhand der für den Textverarbeitungsmarkt
relevanten Indikatoren ("Schlüsselfaktoren") erfolgte,
kann für den Markteintrittswiderstand sowie den Segmentwiderstand aufgrund der gewählten subjektiven Vorgehensweise nicht endgültig beurteilt werden. Demgegenüber
wurde die Relevanz der ausgewählten Indikatoren des Kaufwiderstands durch eine empirische Untersuchung überprüft.

Ein Problem der Marktwiderstandsanalyse liegt in der
Zeitstabilität der verwendeten Widerstandsindikatoren.
In technologieintensiven, dynamischen Investitionsgütermärkten mit Produktlebenszyklen von maximal 3 - 4 Jahren[1]
dürfte die zeitliche Konstanz der Ursachen des Marktein-
tritts- und Segmentwiderstands nur in begrenztem Umfang
gegeben sein. Das Auftreten neuer Wettbewerber sowie
die Entwicklung neuer Technologien verändern die Marktstruktur u.U. erheblich und erfordern eine Neubewertung
der Relevanz einzelner Widerstandsindikatoren.

Mit dem Übergang von der Wachstums- in die Reifephase
eines Produktlebenszyklus sind i.d.R. Veränderungen in
der Produktwahrnehmung und damit dem empfundenen Kaufrisiko der potentiellen Abnehmer verbunden. Zudem wird die
Bedeutung des Erstkaufwiderstands im Vergleich zu einem
erfahrungsbedingten Folgekaufwiderstand im Zeitablauf

1 Vgl. dazu Choffray, J.-M., Lilien, G.L., Market Planning,
a.a.O., S. 2.

abnehmen. Berücksichtigt man des weiteren, daß eine wesentliche Zielsetzung sämtlicher Produktanbieter darin
liegen muß, den Kaufwiderstand potentieller Abnehmer abzubauen bzw. einen Herstellerwiderstand gegen den bzw.
die Hauptwettbewerber bei den potentiellen Kunden aufzubauen, ist insgesamt auch von einer relativ geringen Zeitstabilität der Produkt- und Herstellerwiderstandsindizes
auszugehen. Dies läßt vor allem eine Verwendung des Kaufwiderstands als Segmentierungskriterium problematisch
erscheinen.

Bei der Bewertung des Mikrosegmentierungsansatzes auf
der Grundlage bestehender Kaufwiderstandsniveaus ist jedoch dessen spezifischer Einsatzbereich zu berücksichtigen: Die Mikrosegmentierung auf der Basis des Kaufwiderstands mit der Zielsetzung der Verbesserung bestehender Zielgruppenabgrenzungen setzt nämlich erst dann ein,
wenn das Produkt bereits im Markt eingeführt ist, so daß
Modifikationen am produktbezogenen Marketingkonzept (z.B.
Werbekonzeption, Preisgestaltung) relativ schnell durchgeführt werden können. Die relativ geringe Zeitkonstanz
vieler Ursachen des Kaufwiderstands dürfte daher den erfolgreichen Einsatz dieses Segmentierungsansatzes im Bereich
der taktischen Marketingplanung nicht wesentlich behindern. Allerdings ist eine Überprüfung der Vollständig-
keit und Relevanz der Indikatorensysteme des Produkt-
und Herstellerwiderstands in regelmäßigen Abständen erforderlich.

Bezüglich des Aussagewerts der Subkonzepte des Marktein-
tritts- und Kaufwiderstands für die strategische und taktische Maßnahmenplanung ergibt sich weitgehend eine positive Beurteilung. Während die Markteintrittsbarrieren
Hinweise auf die Wahl einer geeigneten Markteintrittsstrategie liefern, lassen sich aus den Ursachen des Kauf-

widerstands konkrete Ansatzpunkte für eine effektivere
Kundenakquisition ableiten.

Die Abgrenzbarkeit und Zugänglichkeit strategischer Pro-
dukt-/Markt-Segmente wirft angesichts der zugrundeliegenden direkt beobachtbaren Segmentbildungskriterien i.d.R.
keine Probleme auf. Auch die Abgrenzung von Mikrosegmenten
mit unterschiedlichem Kaufwiderstandsniveau ist mit Hilfe des entwickelten Instrumentariums durchführbar. Demgegenüber muß die Frage weitgehend offen bleiben, inwieweit es gelingt, die einzelnen Mikrosegmente als Voraussetzung einer effizienten Zielgruppenansprache anhand von
Segmentdeskriptoren zu beschreiben.

Als zentrales Bewertungskriterium für die Eignung des entwickelten Marktwiderstandskonzepts als Instrument der
Marketingplanung ist die Wirtschaftlichkeit anzusehen.
Unter Kostenaspekten handelt es sich bei dem vorgestellten Planungsansatz um ein relativ aufwendiges Verfahren.
Ein industrieller Anbieter kann nur bedingt auf bereits
vorhandenes Informationsmaterial Bezug nehmen und sollte
vor allem bei der Ermittlung des Kaufwiderstands relativ anspruchsvolle Marktuntersuchungen durchführen oder
in Auftrag geben. Dies gilt umso mehr, als die ständige
Beobachtung der Kaufwiderstandsursachen und darauf aufbauend die Bildung und Identifikation von Mikrosegmenten kontinuierliche Aufwendungen im Marktforschungs-
bereich erfordert[1].

Bei der Bewertung dieser Kosten im Informationsbereich der
Marketingplanung ist jedoch zu berücksichtigen, daß

---

1 Vgl. dazu auch Bauer, E., Markt-Segmentierung als Marketing-Strategie, a.a.O., S. 126; Meffert, H., Produk-
  tivgüter-Marketingforschung im System des Marketing,
  in: Der Markt, Nr. 49, 1974, S. 14 f..

- der Eintritt in Märkte mit geringem Markteintrittswiderstand,
- die Bearbeitung von Produkt-/Markt-Segmenten mit geringem Segmentwiderstand sowie
- die Konzentration der taktischen Marketingaktivitäten
  auf potentielle Abnehmer mit geringem Kaufwiderstand

ein vergleichsweise geringes Aktivitätsniveau in der Marktbearbeitung erfordert, so daß der Anteil erfolgreicher
Kundenkontakte relativ hoch sein wird. Somit lassen sich
u.U. erhebliche Kosteneinsparungen und/oder Umsatzsteige-
rungen im Aktionsbereich des Marketing erzielen. Die
Frage, ob diese Nutzenvorteile ausreichen, die steigenden
Informationskosten zu kompensieren, ist letztlich nur
situationsspezifisch zu beantworten[1].

Eine positive Bewertung der Kosten-/Nutzen-Relation von
Marktwiderstandsanalysen zur Vermeidung und/oder zum
Abbau von Markthemmnissen ist vor allem dann zu erwarten,
wenn die Marktwiderstandsursachen eine geringe Intensität
aufweisen und in hohem Maße beeinflußbar sind. Bei starken konkurrenzbedingten Marktwiderständen (starke Markteintrittsbarrieren, hohe Bedeutung des Herstellerwiderstands) ist zudem der Erfolg der eingeleiteten Maßnahmen
von der Art und Intensität der Konkurrenzreaktionen abhängig. Bei geringer Reaktionswahrscheinlichkeit der
zentralen Wettbewerber sind die Chancen als hoch einzuschätzen, daß den mit der Bewältigung von Marktwiderständen verbundenen Kosten überproportionale Erlösverbesse-
rungen gegenüberstehen.

---

1 Vgl. dazu auch die Diskussion zur Problematik der Effi-
  zienzmessung ausgebauter Planungssysteme z.B. bei
  Köhler, R., a.a.O., S. 287; Wittek, B.F., a.a.O.,
  S. 38 ff.; Greenley, G.E., Effectiveness in Marketing
  Planning, in: SMJ, Vol. 4, Nr. 1, 1983, S. 1 ff..

Zielsetzung der vorliegenden Untersuchungen war es, einige
zentrale Ansatzpunkte zur systematischen Berücksichtigung
von Marktwiderständen in der Marketingplanung zu entwickeln
und am Beispiel des Textverarbeitungsmarktes zu verdeutlichen. Die dabei zugrundegelegte theoretische Betrachtungsweise machte einen Differenzierungsgrad erforderlich, der
für Anwendungen des Marktwiderstandskonzepts in der
Praxis u.U. als zu hoch einzuschätzen ist. Durch eine Beschränkung des Umfangs der in den jeweiligen Subkonzepten
des Marktwiderstands berücksichtigten Indikatoren kann
das vorgestellte Instrumentarium für praktische Anwendungen jedoch relativ leicht verfügbar gemacht werden.

Aus wissenschaftlicher Perspektive ist eine weitergehende
Auseinandersetzung mit dem Phänomen des Marktwiderstands
zu fordern. In der vorliegenden Untersuchung mußten zur
Begrenzung der Problemkomplexität erhebliche Prämissen
bezüglich der unterstellten Situationsbedingungen ge-
setzt werden. Im Prozeß einer Aufhebung dieser Beschränkungen wären vor allem Marktwiderstandsuntersuchungen
wünschenswert, die die Problematik des Folgekaufwiderstands
in den Vordergrund rücken. Des weiteren erscheint eine
Analyse der Frage zweckmäßig, inwieweit die für das Beispiel des Textverarbeitungsmarktes gewonnenen Erkenntnisse
auf andere Märkte (z.B. Konsumgütermärkte) und Marktsi-
tuationen (z.B. gesättigte Märkte) übertragbar sind.

Daneben lassen sich weitere Marketingentscheidungen identifizieren, für die die Kenntnis von Marktwiderständen
ebenfalls von hoher Bedeutung sein dürfte. So wäre z.B. der
Aussagewert von Marktwiderständen zur Ermittlung des optimalen Einführungszeitpunktes eines neuen Produktes zu
untersuchen. Die angeführten Unvollkommenheiten und Mängel des entwickelten Marktwiderstandskonzepts mögen daher
als Anregungen verstanden werden, die Forschungen auf dem
Gebiet des Marktwiderstands zu intensivieren.

Anhang I:

Design der empirischen Untersuchung

Im Rahmen eines Forschungsprojektes zum Thema "Textverarbeitung aus Abnehmersicht" wurde vom Institut für Marketing in Zusammenarbeit mit dem EMNID-Institut (Bielefeld) im Februar 1982 bei Anwendern und Nichtanwendern eine mündliche Befragung bezüglich der Einschätzung ausgewählter Produkte der Textverarbeitung sowie der Beurteilung zentraler Produktanbieter durchgeführt, um Hinweise auf die Verbesserung eines Marketing für Textverarbeitungsprodukte zu gewinnen.

Der verwendete Fragebogen umfaßte insgesamt 57 Fragen[1]. Aufgrund der relativ geringen Stichprobengröße sowie des Auswahlverfahrens (Quotenstichprobe mit Adressenunterstützung) ist die Untersuchung als Pilotstudie zu bewerten und kann im statistischen Sinne nicht als repräsentativ angesehen werden. Gesprächspartner im Unternehmen waren der Geschäftsführer bzw. diejenigen Personen, die in den jeweiligen Unternehmen für die Abwicklung von Schreibarbeiten verantwortlich sind (EDV-Leiter, Organisations- und Verwaltungsleiter, Fachabteilungsleiter). Nur in Ausnahmefällen konnte auf eine sonstige Person (z.B. Einkäufer) zurückgegriffen werden. Weitere Voraussetzung für die Datenerhebung in den Anwenderorganisationen war zudem eine aktive Teilnahme des Befragten am Entscheidungsprozeß über das zu beschaffende Textverarbeitungsprodukt.

Tabelle 23 zeigt die Positionen bzw. Funktionen der Befragten sowie die organisatorischen Zuständigkeitsregelungen für die Textverarbeitung in den Unternehmen der Stichprobe auf und macht deutlich, daß es weitgehend gelungen ist, die zentralen Entscheidungsträger bzw. Schlüsselpersonen beim Kauf von Textverarbeitungsprodukten zu identifizieren.

---

1 Der Wortlaut der in der vorliegenden Arbeit berücksichtigten Fragen ist im Anhang II dieser Arbeit wiedergegeben.

- 260 -

	Position der Befragten in den Unterneh- mungen (%)	Organisatorische Zuständigkeit für die Textver- arbeitung (%)
Geschäftsführer	22,3	37,0
EDV-Leiter	19,4	19,4
Organisations- u. Verwaltungsleiter	33,0	31,5
Fachabteilungs- leiter	11,7	6,5
Sonstige	13,6	5,6

Tab. 23: Position und Funktion der Befragungsteilnehmer
in der Stichprobe

Wegen der relativ geringen Stichprobengröße von 117 Industrieunternehmen sowie der (überraschend) hohen Anzahl
von Anwendern (n = 37), die sowohl elektronische Speicherschreibmaschinen als auch Textsysteme im Unternehmen einsetzen[1], wurde darauf verzichtet, in direkter Form Käufer[2]
versus Nichtkäufer von elektronischen Speicherschreibmaschinen und Käufer versus Nichtkäufer von Textsystemen
in Bezug auf die ausgewählten Einflußfaktoren des Produktwiderstands zu vergleichen. Vielmehr erschien es ange-

1 Vgl. dazu die Fragen 1o - 15 im Anhang II.
2 Als Käufer werden dabei alle Unternehmungen der Stichprobe verstanden, die zum Untersuchungszeitpunkt (Februar 1982) Textverarbeitungsprodukte einsetzten. Dabei ist es unerheblich, ob das oder die Produkte gekauft, gemietet oder geleast wurden.

sichts des explorativen Charakters der vorliegenden Untersuchung zweckmäßiger,

- zunächst sämtliche Käufer von Textverarbeitungsprodukten
  (elektronische Speicherschreibmaschinen und Textsysteme)
  (n = 74) mit den Nichtkäufern (n = 43) zu vergleichen
  und

- in einem weiteren Schritt die Unterschiede in den Indikatoren des Produktwiderstands zwischen den Unternehmen
  herauszuarbeiten, die nur elektronische Speicherschreibmaschinen (n = 15) bzw. nur Textsysteme (n = 22)
  einsetzen.

Diese Vorgehensweise ermöglicht es, zum einen den Widerstand gegen ausgewählte Produkte der Textverarbeitung möglichst zuverlässig zu erfassen (n > 3o) sowie zum anderen
tendenzielle Aussagen über die Unterschiede in der Wahrnehmung hemmender Faktoren beim Kauf von elektronischen
Speicherschreibmaschinen gegenüber Textsystemen zu treffen, wobei gleichzeitig "Verzerrungen" durch die Anwender beider Produkttypen vermieden werden.

Die empirische Ermittlung des Herstellerwiderstands setzt
voraus, daß entscheidungsrelevante Indikatoren in Bezug
auf diejenigen Anbieter erfaßt worden sind, die von den
beurteilenden Anwendern tatsächlich als Lieferanten ausgewählt worden sind. In der vorliegenden Untersuchung
lassen Restriktionen im Stichprobenumfang lediglich eine
Analyse für Käufer von Textsystemen[1] sinnvoll erscheinen.
Von den insgesamt 35 Anwenderunternehmen bezogen dabei
2o Abnehmer Textsysteme von Hersteller A, während 13

---

1 Zur Erhöhung des Umfangs dieser Teilstichprobe wurden
  auch solche Anwender einbezogen, die neben Textsystemen
  zusätzlich elektronische Speicherschreibmaschinen
  im Unternehmen einsetzen.

Abnehmer dem Anbieter B den Vorzug gaben. Wegen einer zu
geringen Fallzahl sollen die ebenfalls erhobenen Daten
bezüglich der Anbieter C und D vernachlässigt werden[1].
Abbildung 25 zeigt die Struktur des empirischen Untersuchungsansatzes zusammenfassend auf.

Die statistische Datenauswertung wurde im Rechenzentrum der
Universität Münster durchgeführt. Dabei wurde das Compu-
terprogramm "Statistical Package for the Social Sciences"
(SPSS) in der Version 9 zugrundegelegt. Die Datenanalyse
umfaßt das methodische Instrumentarium der Mittelwert-
analyse sowie Signifikanzprüfungen mit Hilfe des T-Tests.
Als multivariates Auswertungsverfahren wurde die Diskriminanzanalyse eingesetzt.

Die Aufgabe der Diskriminanzanalyse[2] besteht darin, eine
Trennfunktion (bzw. Diskriminanzfunktion) der Form

$$Y = g_1 X_1 + g_2 X_2 + g_i X_i + \ldots + g_n X_n$$

zu ermitteln, wobei die X_i Werte (i = 1, 2, ... n) die
Ausprägungen der unabhängigen Variablen kennzeichnen,
die auf ihre Trennschärfe hin geprüft werden. Die Gewichtungskoeffizienten g_i bringen zum Ausdruck, inwieweit jede einbezogene Variable X_i zur Diskriminierung
beiträgt, während Y eine Bewertungskennzahl für einen Befragten darstellt, wobei letzterer, je nachdem, ob der

---

1 Die Hersteller A und B repräsentieren zwei bedeutende
Unternehmen im Bereich der elektronischen Datenverarbeitung sowie der Textverarbeitung und sind in Bezug
auf das strategische Marktsegment "Textsysteme für Industrieunternehmen" als zentrale Konkurrenten anzusehen. Zum Schutz der Vertraulichkeit der erhobenen Imagedaten erwies sich eine Anonymisierung der Anbieter als
notwendig.

2 Auf eine Darstellung der statistischen Vorgehensweise
bei der Diskriminanzanalyse, die von a-priori definierten Gruppen ausgeht und metrisch skalierte unabhängige
Variablen erfordert, soll hier verzichtet werden. Vgl.
dazu Dichtl, E., Die Multivariatenanalyse im Dienste
der Verhaltensforschung, in: Computergestützte Marketing-
Planung, Hrsg.: Hansen, H.R., München 1974, S. 82 ff.; Berekoven, L., Eckert, W., Ellenrieder, P., a.a.O., S.167 ff.;
Grønhaug, K., a.a.O., S. 54; Böhler, H., a.a.O.,S.173 ff..

- 263 -

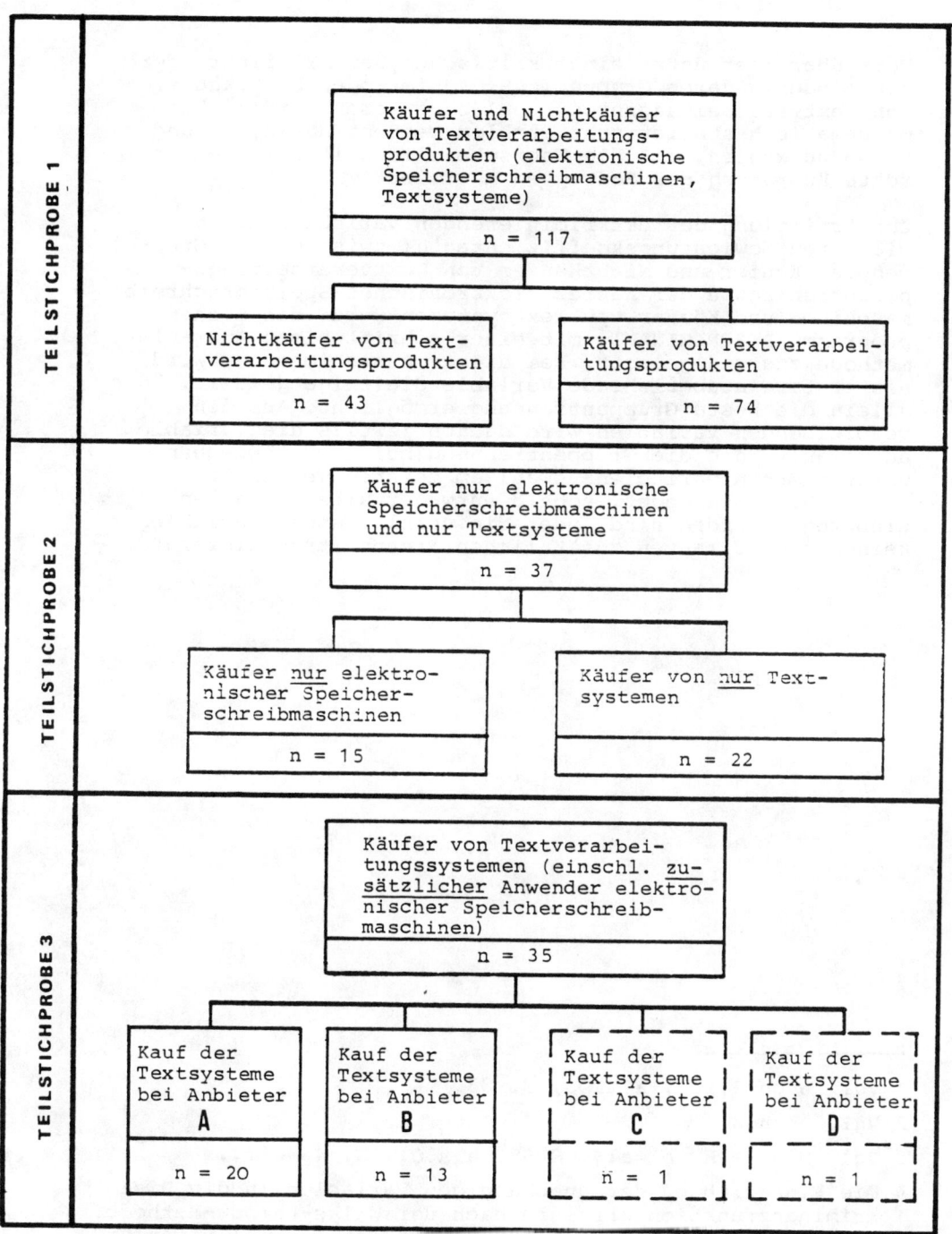

Abb. 25 : Struktur des empirischen Untersuchungsansatzes

Wert über oder unter einem kritischen Wert Y^+ liegt, der einen oder anderen Gruppe (z.B. Käufer oder Nichtkäufer von Textverarbeitungsprodukten) zugewiesen wird[1]. Das mathematisch-statistische Problem besteht darin, g_i und Y^+ so zu wählen, daß die Wahrscheinlichkeit für die korrekte Zuordnung des Befragten maximiert wird[2].

Zur Ermittlung der diskriminierenden Variablen X_i sowie deren Gewichtungskoeffizienten g_i zwischen den Gruppen der Käufer und Nichtkäufer von Textverarbeitungsprodukten sowie der Käufer elektronischer Speicherschreibmaschinen und Käufer von Textsystemen wurde das Rechenprogramm DISCRIMINANT[3] mit einer schrittweisen Auswahlmethode zugrundegelegt[4]. Bei dieser Auswahlmethode wird als erste einzubeziehende Variable diejenige gewählt, "die allein die beste Gruppentrennung ermöglicht. Aus den verbleibenden Variablen wird danach jeweils die Variable ausgewählt, die die Gruppentrennung bei der inzwischen vorgenommenen Variablenauswahl am meisten verbessert. Dieses Vorgehen endet, sobald entweder alle Variablen einbezogen worden sind, oder die verbleibenden Variablen keinen signifikanten zusätzlichen Trennbeitrag liefern"[5].

---

1 Vgl. Dichtl, E., a.a.O., S. 83.

2 Vgl. ebenda.

3 Vgl. Nie, N.H. et al., SPSS, a.a.O., S. 434 ff..

4 Die Einbeziehung der unabhängigen Variablen in die Diskriminanzfunktion erfolgte nach der Wilks-Lambda-Methode. Vgl. zur Bedeutung von Wilks-Lambda als Auswahlkriterium Schuchard-Ficher, Chr. et al., Multivariate Analysemethoden, Berlin, Heidelberg 1980, S. 174 f..

5 Ebenda, S. 179. Vgl. auch Nie, N.H. et al., SPSS, a.a.O., S. 436.

Anhang II:

Fragebogen "Textverarbeitung aus Anwendersicht" (Auszug)

(1) In unserer Umfrage zum Thema Informations- und Daten-
technik geht es zunächst um Ihre Meinung über 5 Anbieter. Bitte geben Sie an, in welchem Maße die aufgeführten Beurteilungskriterien Ihrer Meinung nach auf die
genannten Hersteller zutreffen, wobei Sie bitte an den
Hardware- und an den Software-Bereich denken wollen.

Berücksichtigen Sie dabei sowohl Ihre eigene Erfahrung als auch das, was Sie ganz allgemein über diese
Firmen wissen oder gehört haben.

- in der Forschung und Entwicklung führend

- qualifizierte Verkäufer im Außendienst

- guter Kontaktstil der Verkäufer im Außendienst

- qualifizierter Kundendienst und Service

- günstige Kundendienstpreise

- dominante Stellung im Markt

- finanzkräftiges Unternehmen

- anerkannte Produktqualität

- umfassendes Informationsangebot

- kundenorientierte Angebotsvorlage

- kundenorientierte Beratung

- gute Anwenderschulung

- kurze Lieferzeiten

- günstiges Preis-Leistungsverhältnis

- kulante Reklamationsbehandlung

- innovationsfreudig

Antwortmöglichkeiten:

1 = trifft vollkommen zu
2 = trifft ziemlich zu
3 = trifft weniger zu
4 = trifft gar nicht zu

Die Beurteilung erfolgte jeweils getrennt für fünf Anbieter von Textverarbeitungsprodukten (Anbieter A,B,C,D,E).

(2) Welche Gründe sprechen nach Ihrer Meinung <u>für</u> den Kauf und Einsatz der <u>Textverarbeitung</u> in Ihrem Unternehmen?

- schnellere Bewältigung anfallender Schreibarbeiten

- Speichermöglichkeiten erleichtern Routinearbeiten

- Mangel an qualifiziertem Schreibpersonal

- Schaffung attraktiver Arbeitsinhalte

- Freisetzung von Arbeitszeit der Mitarbeiter für qualifiziertere Tätigkeiten

- Bestrebung, in der Informationstechnologie auf dem neuesten Stand zu sein

- Freisetzung von Schreibpersonal

- Fortschrittsdenken der Unternehmen wird dokumentiert

- Hersteller ist bereits im Hause vertreten

- Kosten / Nutzen Aspekte

- Möglichkeit der Kombination von Textverarbeitung und Datenverarbeitung

Antwortmöglichkeiten:
1 = trifft vollkommen zu
2 = trifft ziemlich zu
3 = trifft weniger zu
4 = trifft gar nicht zu

(3) Welche Gründe sprechen <u>gegen</u> die Anschaffung und den Einsatz der <u>Textverarbeitung</u> in Ihrem Unternehmen?

(offene Frage ohne Antwortvorgaben)

(4) Wie beurteilen Sie die nachfolgend angeführten Anbieter für den Bereich der <u>Textverarbeitung</u>?

- qualifizierte Verkäufer im Außendienst für den Textverarbeitungsbereich

- langjährige Erfahrung in der Textverarbeitung

- technisch ausgereifte Produkte

- umfassende Produktlinie (Einzelplatz/Mehrplatz-
  systeme)

- günstiges Preis-/Leistungsverhältnis der Textverarbeitungsprodukte

- zukunftsorientierte Textverarbeitungsprodukte (Ausbaufähigkeit, fortschrittlich)

- qualifizierter Kundendienst und Service im Textverarbeitungsbereich

- günstige Kundendienstpreise

- umfassendes Textverarbeitungs-Informationsangebot

- Produkte der Textverarbeitung des Herstellers sind
  mit der Datenverarbeitung anderer Hersteller kompatibel

- Produkte der Textverarbeitung des Herstellers sind
  mit der Datenverarbeitung des gleichen Herstellers
  kompatibel

- Softwareerstellung nach Kundenwünschen

- gute Anwenderschulung für Textverarbeitung

- kurze Lieferzeiten

- ergonomische Produktgestaltung

Antwortmöglichkeiten:

1 = trifft vollkommen zu
2 = trifft ziemlich zu
3 = trifft weniger zu
4 = trifft gar nicht zu

Die Beurteilung erfolgte jeweils getrennt für fünf Anbieter von Textverarbeitungsprodukten (Anbieter A,B,C,D
und E).

(5) Was ist Ihrer Meinung nach der derzeitige Stand der
Textverarbeitung?

(6) Und wozu wird sich die Textverarbeitung Ihrer Meinung
nach künftig entwickeln?

(Fortsetzung nächste Seite)

	Frage 5 derzeitig	Frage 6 künftig
nur einfache Speicherschreibmaschinen	1	1
intelligente Speicherschreibmaschinen (Einzelplatz-Textsystem)	2	2
leistungsfähige Schreibautomaten mit mehreren Arbeitsplätzen	3	3
Bestandteil integrierter Informationstechnologien, wobei der Anteil der Datenverarbeitung überwiegt	4	4
Bestandteil integrierter Informationstechnologien, wobei der Anteil der Textverarbeitung überwiegt	5	5

(7) Man hört vielfach das Schlagwort von der "technischen Revolution" im Büro- und Verwaltungsbereich. Wie beurteilen Sie persönlich die zunehmende Technisierung im Büro, wie z.B. Fernkopierer, Teletex, Datentelefon, Textverarbeitung: sehr - ziemlich - weniger - oder gar nicht gut?

1 = sehr gut
2 = ziemlich gut
3 = weniger gut
4 = gar nicht gut

(8) Wir nennen Ihnen im folgenden einige Aussagen zur Textverarbeitung. Bitte sagen Sie uns, inwieweit diese Aussagen für Sie zutreffen !

Informationen über Textverarbeitung sind an mich von Mitarbeitern aus unserem Unternehmen herangetragen worden

Informationen über Textverarbeitung sind von Kollegen aus anderen Unternehmen an mich herangetragen worden

ich habe meine Kollegen in anderen Unternehmen über Textverarbeitung informiert

ich habe mich aktiv im Unternehmen für Textverarbeitung eingesetzt

über neue Technologien bin ich meist eher informiert als andere ich vertraue eher auf bewährte Technologien

ich warte lieber ab, wie sich neue Technologien bewähren, ehe ich sie selbst einsetze

ich werde häufig von Kollegen um fachlichen Rat gebeten

Antwortmöglichkeiten:
1 = trifft vollkommen zu
2 = trifft ziemlich zu
3 = trifft weniger zu
4 = trifft gar nicht zu

(9) Bei der Entscheidung für eine bestimmte Textverarbeitungsanlage sind unterschiedliche Gesichtspunkte zu
berücksichtigen, von denen manche mehr andere dagegen
weniger wichtig sein können. Bitte geben Sie für die
im folgenden genannten Merkmale von Textverarbeitungsanlagen jeweils an, für wie wichtig Sie das jeweilige
Merkmal aus der Sicht Ihres Unternehmens halten.

- qualifizierte Verkäufer im Außendienst für den Textverarbeitungsbereich

- langjährige Erfahrung in der Textverarbeitung

- technisch ausgereifte Produkte

- umfassende Produktlinie (Einzelplatz/Mehrplatzsysteme)

- günstiges Preis/Leistungsverhältnis der Textverarbeitungsprodukte

- zukunftsorientierte Textverarbeitungs-Produkte (Ausbaufähigkeit, fortschrittlich)

- qualifizierter Kundendienst und Service im Textverarbeitungsbereich

- günstige Kundendienstpreise

- umfassendes Textverarbeitungs-Informationsangebot

- Produkte der Textverarbeitung des Herstellers sind
  mit der Datenverarbeitung anderer Hersteller kompatibel

- Produkte der Textverarbeitung des Herstellers sind mit
  der Datenverarbeitung des gleichen Herstellers kompatibel

- Softwareerstellung nach Kundenwünschen

- gute Anwenderschulung für Textverarbeitung

- kurze Lieferzeiten

- ergonomische Produktgestaltung

Antwortmöglichkeiten:

1 = sehr wichtig
2 = ziemlich wichtig
3 = weniger wichtig
4 = gar nicht wichtig

(1o) Welche Textverarbeitung wird zur Zeit in Ihrem Unternehmen eingesetzt?

Wieviele Speicherschreibmaschinen ....Stück
ohne Bildschirm sind eingesetzt?   OO   keine

(11) Welches Fabrikat haben Sie da?   ....

(12) Wieviele Einzelplatz-Textsysteme ....Stück
mit Bildschirm sind eingesetzt?   OO   keine

(13) Welches Fabrikat haben Sie da?   ....

(14) Wieviele Mehrplatz-Textsysteme   ....Stück
mit Bildschirm sind eingesetzt?   OO   keine

(15) Welches Fabrikat haben Sie da?   ....

(16) Welche Personen haben an der Entscheidungsvorbereitung über die Anschaffung der Textverarbeitungsanlage mitgewirkt?

(mehrere Antworten möglich)

(17) Und welche haben bei der endgültigen Entscheidung mitgewirkt?

(mehrere Antworten möglich)

	Frage 16 mitgewirkt bei Entscheidungs- vorbereitung	Frage 17 endgülti- ge Ent- scheidung
Geschäftsführung/Unternehmensleitung	1	1
Organisations- bzw. Verwaltungsleiter	2	2
EDV-Leiter	3	3
Fachabteilungsleiter	4	4
externe Unternehmensberater	5	5
betroffene Sachbearbeiter	6	6
betroffene Sekretärinnen/Schreibdamen	7	7
Betriebsrat	8	8

(18) Haben Sie hier im Unternehmen eine EDV-Anlage?

      1   ja
      2   nein

(19) Welche Position haben Sie in Ihrem Unternehmen?

        1   Geschäftsführer
        2   EDV-Leiter
        3   Organisations-/Verwaltungsleiter
        4   Fachabteilungsleiter
        5   Sonstiges, was? Bitte notieren !
        ....

(2o) Wie lange sind Sie in Ihrem Beruf?

      .... Jahre

(21) Und wie lange in Ihrer jetzigen Position?

      .... Jahre

(22) Welche Berufsausbildung haben Sie?

    1   kaufmännische Lehre?
    2   technische Lehre?
    3   Fachhochschulabschluß?
    4   Hochschulabschluß?
    5   Sonstiges, was?
    ....

(23) Wie alt sind Sie?

    1   18 bis unter 25 Jahre
    2   25 bis unter 35 Jahre
    3   35 bis unter 45 Jahre
    4   45 bis unter 6o Jahre
    5   6o Jahre und älter

(24) Welche Erfahrungen bzw. Kenntnisse haben Sie mit ...

	Spezialkennt-nisse	umfassende Kenntnisse	geringe Kenntnisse
Datenverarbeitung	1	2	3
Textverarbeitung	1	2	3
Nachrichtentechnik	1	2	3

(25) Haben Sie im letzten Jahr an weiterbildenden Seminaren, Schulungen oder Fachtagungen teilgenommen? Für

	ja	nein	Anzahl
Textverarbeitung	1	2	......
Datenverarbeitung	1	2	......
Nachrichtentechnik	1	2	......

(26) Wo liegt in Ihrem Unternehmen die organisatorische Zuständigkeit für Datenverarbeitungs- und wo für Textverarbeitungsanlagen?

	Datenverarbeitung	Textverarbeitung
Geschäftsführung	1	1
EDV-Leiter	2	2

	Datenverar- beitung	Textverar- beitung
Organisations-/Verwaltungs- leiter	3	3
Fachabteilungsleiter	4	4
spezieller Textverarbeitungs- leiter	5	5
spezieller Leiter für Bürokom- munikation (gemeinsame Ver- antwortung Textverarbeitung und Datenverarbeitung)	6	6

Anmerkung:

Der Umfang und die Reihenfolge der hier aufgeführten
Fragen ist nicht mit dem Umfang und der Reihenfolge
des im Feld verwendeten Fragebogens identisch. Es
wurden lediglich diejenigen Fragen berücksichtigt,
die einen Bezug zum Kaufwiderstandsproblem aufweisen.

Literaturverzeichnis

Abell, D.F.,
Defining the Business. The Starting Point of Strategic Planning, Englewood Cliffs, N.J. 1980

Abell, D.F.,
Hammond, J.S.,
Strategic Market Planning, Englewood Cliffs, N.J. 1979

Abernathy, W.J.,
Clark, K.B.,
Kantrow, A.M.,
The new industrial competition, in: HBR, September-October 1981, S. 68-81

Ahlert, D. (Hrsg.),
Vertragliche Vertriebssysteme zwischen Industrie und Handel, Wiesbaden 1981

Ahlert, D.,
Grundzüge des Marketing, 2. Aufl., Düsseldorf 1980

Ahlert, D.,
Die Absatzkreditpolitik der Unternehmung, Diss. Aachen 1971

Ahlhauser, J.,
Compu(ter Commu)nications, in: BH, Nr. 1, 1981, S. 44-48

Allen, M.G.,
Strategic planning with a competitive focus, in: The McKinsey Quarterly, Autumn 1978, S. 2-13

Althans, J.,
Die Übertragbarkeit von Werbekonzeptionen auf internationale Märkte, Schriften zum Marketing, Bd. 2, Hrsg.: Meffert, H., Frankfurt 1982

Andritzky, K.,
Die Operationalisierbarkeit von Theorien zum Konsumentenverhalten, Berlin 1976

Ansoff, H.I.,
Management-Strategie, München 1966

Arbeitskreis "Lang-   Strategische Planung, in: Strategi-
fristige Unternehmens-   sche Unternehmungsplanung, Hrsg.:
planung" der Schmalen-   Hahn, D., Taylor, B., Würzburg,
bach Gesellschaft,   Wien 1980, S. 17-37

Backhaus, K.,   Investitionsgüter-Marketing,
                             München 1982

Baetge, J.,   Betriebswirtschaftliche Systemtheorie,
                             Opladen 1974

Bain, J.S.,   Barriers to New Competition, Cam-
                             bridge, Mass. 1956

Bauer, E.,   Markt-Segmentierung, Stuttgart 1977

Bauer, E.,   Markt-Segmentierung als Marketing-
                             Strategie, Berlin 1976

Baumberger, H.,   Ausbreitung und Übernahme von
Gmür, U.,   Neuerungen. Ein Beitrag zur Diffu-
Käser, H.,   sionsforschung, 2 Bände, Bern,
                             Stuttgart 1973

Bebié, A.,   Käuferverhalten und Marketingent-
                             scheidung, Wiesbaden 1978

Berekoven, L.,   Marktforschung, Wiesbaden 1977
Eckert, W.,
Ellenrieder, W.,

Berg, H.,   Markteintrittsbarrieren, potentiel-
                             le Konkurrenz und wirksamer Wett-
                             bewerb, in: WISU, 7. Jg., Nr. 6,
                             1978, S. 282-287

Berutz, P.,   Statt Produkte sind neue Geschäfts-
Royston, M.,   gebiete zu finden, in: IO, 46. Jg.,
                             Nr. 11, 1977, S. 466-472

Biehl, W.,

Bestimmungsgründe der Innovationsbereitschaft und des Innovationser-
folges. Eine empirische Untersuchung
von Investitionsentscheidungen mittelständischer Maschinenbauunternehmen, Berlin 1981

Biethahn, J.,
Staudt, E. u.a.
(Hrsg.),

Automation in Industrie und Verwaltung, Schriftenreihe Angewandte Inno-
vationsforschung, Hrsg.: Staudt, E.,
Bd. 2, Berlin 1981

Biggadike, E.R.,

The Risky Business of Diversification, in: HBR, May-June 1979,
S. 1o3-111

Bischof, P.,

Produktlebenszyklen im Investitionsgüterbereich, Schriftenreihe Innovative Unternehmensführung, Bd. 2,
Hrsg.: Pfeiffer, W., Göttingen 1976

Blom, G.,
Kleinert, H.,

Scoring-Modelle - Entscheidung nach
Produkten, Teil II, in: asw, Nr. 1,
1977, S. 55-57

Bodenstein, G.,

Der Annahme- und Verbreitungspro-
zeß neuer Produkte, Frankfurt-
Zürich 1972

Böhler, H.,

Methoden und Modelle der Marktsegmentierung, Stuttgart 1977

Böhnisch, W.,

Personelle Widerstände bei der
Durchsetzung von Innovationen,
Stuttgart 1979

Bonoma, T.V.,

Mayor sales: Who really does the
buying?, in: HBR, May-June 1982,
S. 111-119

Borrmann, W.A.,

Unternehmensanalyse, in: Praxis der
strategischen Unternehmensplanung,
Hrsg.: Töpfer, A., Afheldt, H.,
Frankfurt/M. 1983, S.2o6-218

- 277 -

Brandenburg, A.G. u.a., Die Innovationsentscheidung. Bestimmungsgründe für die Bereitschaft
zur Innovation in neue Technologien,
Göttingen 1975

Braun, H., Investitionsgütermarketing - Ansätze und Hypothesen in der Literatur, Diss. Mannheim 1974

Brock, G.W., The U.S. Computer Industry. A
Study of Market Power, Cambridge,
Mass. 1975

Brose, P., Planung, Bewertung und Kontrolle
technologischer Innovationen,
Berlin 1982

Bruhn, M., Das soziale Bewußtsein von Konsumenten, Schriftenreihe Unternehmensführung und Marketing, Bd. 11,
Hrsg.: Meffert, H., Steffenhagen, H.,
Wiesbaden 1978

Buzzell, R.D., Are there "natural" market structures?, in: JoM, Vol. 45, Winter
1981, S. 42-51

Cardozo, R.N., Situational Segmentation of Industrial Markets, in: EJoM, Vol. 14,
No. 5/6, 1980, S. 264-276

Caves, R.E., From Entry Barriers to Mobility
Porter, M.E., Barriers. Conjectural Decisions and
Continued Deterrence to New Compe-
tition, in: Quarterly Journal of
Economics, Vol. 91, May 1977,
S. 241-262

Choffray, J.-M., Market Planning For New Industrial
Lilien, G.L., Products, New York u.a. 1980

Choffray, J.-M., Industrial Market Segmentation by
Lilien, G.L., the Structure of the Purchasing
Process, in: IMM, Vol. 9 (1980),
S. 331-342

Cooper, R.G.,	Project New Prod: Factors in New Product Success, in: Developments in Industrial Marketing, Sonderheft des EJoM, Vol. 14, 198o, S. 277-292
Copley, T.P., Callom, F.L.,	Industrial Search Behavior and Perceived Risk, in: Proceedings of the Second Annual Conference of the Association for Consumer Research, Hrsg.: Gardner, D.M., College Park, Md. 1971, S. 2o8 ff.
Corey, E.R.,	Key options in market selection and product planning, in: HBR, September-October 1975, S. 119-128
Corey, R.E., Star, S.H.,	Organizational Strategy. A Marketing Approach, Harvard Business School 1971
Cravens, D.W.,	Strategic Marketing, Homewood, Ill. 1982
Crow, L.E., Lundquist, J.D.,	Buyers Differ in Evaluating Suppliers, in: IMM, Vol. 11, Nr. 3, 1982, S. 2o5-214
Cunningham, S.M.,	The Mayor Dimensions of Perceived Risk, in: Risk Taking and Information Handling in Consumer Behavior, Hrsg.: Ccx, D.F., Boston, Mass. 1967, S. 6o4-639
Cunningham, M.T., Kettlewood, K.,	Source Loyality in the Freight Transport Market, in: EJoM, Vol. 1o (1976), S. 6o-79
Day, G.S., Shocker, A.D., Srivastava, R.K.,	Customer-Oriented Approaches to Identifying Product-Markets, in: JoM, Nr. 4, 1979, S. 8-19
Der Spiegel (Hrsg.),	Der Entscheidungsprozeß bei Investitionsgütern, Hamburg 1982

Der Spiegel (Hrsg.),   Imagewirkung im Entscheidungsprozeß.
Eine Fallstudie zum Beschaffungspro-
zeß bei Anlagen der Mittleren Daten-
technik, Hamburg 198o

Dhalla, N.K.,   Forget the product life cycle
Yuspeh, S.,   concept!, in: HBR, January-February 1976, S. 1o2-112

Dichtl, E.,   Die Multivariatenanalyse im Dienste
der Verhaltensforschung, in:
Computergestützte Marketing-Planung,
Hrsg.: Hansen, H.R., München 1974,
S. 74-1o7

Diekhof, R.,   Mismanagement VW/Triumph-Adler.
"Wir müssen bei Null anfangen", in:
MM, Nr. 1o, 1981, S. 46-55

Diller, H.,   Nutzwertanalysen, in: Marketingplanung, Hrsg.: Diller, H., München
198o, S. 44-59

Diller, H.,   Imageanalyse mit Hilfe der multip-
Bauer, H.H.,   len Diskriminanzanalyse - dargestellt
am Beispiel von Gastronomieunter-
nehmen, in: DU, 28. Jg. (1974),
S. 187-198

Dunst, K.H.,   Portfolio Management. Konzeption
für die strategische Unternehmensplanung, Berlin, New York 1979

Engel, J.F.,   Consumer Behavior, 2. Aufl.,
Kollat, D.T.,   New York 1973
Blackwell, R.D.,

Engelhardt, W.H.,   Investitionsgüter-Marketing,
Günter, B.,   Stuttgart u.a. 1981

Fabeck, J.,   Textverarbeitung heute - Informa-
Willmann, D.,   tionsverarbeitung morgen, Schriftenreihe des Verbands für Textverar-
beitung, Bd. 2, Baden-Baden o.J.

- 28o -

Ferguson, J.M.,   Advertising and Competition.
Theory, Measurement, Fact, Cambridge,
Mass. 1974

Filley, A.C.,
House, R.J.,
Kerr, St.,   Managerial Process and Organizational
Behavior, Glenview, Dallas, Oakland
1976

Fishbein, M.,   A Behavior Theory Approach to Relations between Beliefs about an
Object and the Attitude toward the
Object, in: Readings in Attitude
Theory and Measurement, Hrsg.: Fishbein, M., New York, London, Sydney
1967, S. 389-4oo

Frank, R.E.,
Massy, W.F.,
Wind, Y.,   Market Segmentation, Englewood
Cliffs, N.J. 1972

Freter, H.,   Marktsegmentierung, Stuttgart u.a.
1983

Frohman, A.L.,   Technology as a competitive weapon,
in: HBR, January-February 1982,
S. 97-1o4

Fruhan, jr., E.W.,   "Phyrrhyc Victories in Fights for
Market Share", in: HBR, September-
October 1972, S. 1oo-1o7

Fuchs, R.,   Marktanteils- und Feldanteils-Be-
rechnungen, in: Handbuch der Marktforschung, Hrsg.: Behrens, K.Chr.,
1. Halbband, Wiesbaden 1974, S. 643-
659

Gabele, E.,   Die Einführung von Geschäftsbereichs-
organisationen, Tübingen 1981

Gälweiler, A.,   Unternehmensplanung, Frankfurt,
New York 1974

Gegenfurtner, M.,   Rechnen in der Textverarbeitung,
Schreiber, R.,   Institut für Textverarbeitung,
                         Stuttgart 1982

Gemünden, H.G.,   Innovationsmarketing. Empirische
                         Theorie der Unternehmung, Hrsg.:
                         Witte, E., Bd. 15, Tübingen 1981

Geyer, T.,   Der Prozeß der Bedarfsgestaltung
                         in industriellen Unternehmungen,
                         Berlin 197o

Gottschall, D.,   Invasion aus dem Mikrokosmos,
                         in: MM, Nr. 2, 1982, S. 81-83

Greenley, G.E.,   Effectiveness in Marketing Planning,
                         in: SMJ, Vol. 4, Nr. 1, 1983,
                         S. 1-1o

Grefermann, K. et al.,   Patentwesen und technischer Fort-
                         schritt, Teil I: Die Wirkung des
                         Patentwesens im Innovationsprozeß,
                         Schriftenreihe der Kommission für
                         wirtschaftlichen und sozialen Wan-
                         del, Bd. 1o/1., Göttingen 1974

Grochla, E.,   Das Büro als Zentrum der Informations-
                         verarbeitung im strukturellen Wandel,
                         in: Das Büro als Zentrum der Infor-
                         mationsverarbeitung - aktuelle
                         Beiträge zur bürowirtschaftlichen
                         Forschung, Schriftenreihe "Betriebs-
                         wirtschaftliche Organisation und
                         Automation", Bd. 1o, Hrsg.: Grochla,
                         E., Wiesbaden 1971, S. 11 ff.

Grochla, E. u.a.,   Handbuch der Textverarbeitung,
                         Landsberg 1981

Grochla, E.,   Datenverarbeitung in der Unternehmung,
Meller, F.,   Bd. 1, Reinbek bei Hamburg 1974

Gröne, A.,   Marktsegmentierung bei Investitions-
                         gütern, Schriftenreihe Unternehmens-
                         führung und Marketing, Bd. 9, Hrsg.:
                         Meffert, H., Wiesbaden 1977

Groh, G.,   Marktsegmentierung, in: HWA, Hrsg.:
                             Tietz, B., Stuttgart 1974, Sp. 1408-
                             1420

Grønhaug, K.,   Profiling the adopters in an organi-
                             zational context, in: European
                             Research, Nr. 2, 1977, S. 51-55

Grünwald, H.,   Marketing, 2. Aufl., Stuttgart 1980

Gutenberg, E.,   Grundlagen der Betriebswirtschafts-
                             lehre, 2. Bd.: Der Absatz, 16. Aufl.,
                             Berlin u.a. 1976

Hadaschik, M.,   Die Einsatzbedingungen organisier-
                             ter langfristiger Unternehmens-
                             planung, Diss. Berlin 1979

Haedrich, G.,   Scoring Modelle - Entscheidung nach
Kusz, A.,   Punkten, Teil I, in: asw, Nr. 12,
                             1976, S. 66-70

Hahn, D.,   Strategische Unternehmungsplanung
Taylor, B. (Hrsg.),   Stand und Entwicklungstendenzen,
                             Würzburg, Wien 1980

Hakansson, H.,   Influence Tactics in Buyer-Seller
Johanson, J.,   Processes, in: IMM, Vol. 5 (1976),
Wootz, B.,   S. 319-332

Hallbauer, A.,   Ansätze zur Verbesserung der Effi-
                             zienz von Produktinnovationsprozes-
                             sen, Zürich, Frankfurt, Thun 1978

Hannaford, W.J.,   Systems Selling: Problems and Bene-
                             fits for Buyers and Sellers, in: IMM,
                             Vol. 5 (1976), S. 139-145

Harrigan, K.R.,   Barriers to Entry and Competitive
                             Strategies, in: SMJ, Vol. 2, Nr. 4,
                             1981, S. 395-412

Harrigan, K.R.,   The Effect of Exit Barriers upon
                               Strategic Flexibility, in: SMJ, Vol. 1,
                               Nr. 1, 1980, S. 165-176

Hayward, G.,   Innovation Profiles: A New Tool for
Allen, D.H.,   Capital Equipment Manufacturers, in:
Masterson, J.,   EJoM, Nr. 4, 1977, S. 299-311

Heinen, E.,   Grundlagen betriebswirtschaftlicher
                               Entscheidungen, 2. Aufl., Wiesbaden
                               1971

Heinen, E.,   Betriebswirtschaftliche Kostenlehre,
                               3. Aufl., Wiesbaden 1970

Helmstädter, E.,   Wirtschaftstheorie, Bd. 1,
                               München 1974

Henderson, B.D.,   Die Erfahrungskurve in der Unter-
                               nehmensstrategie, Frankfurt, New
                               York 1974

Heuss, E.,   Allgemeine Markttheorie, Tübingen,
                               Zürich 1965

Hill, W.,   Umweltanalyse und Unternehmenspla-
                               nung, in: DU, 31. Jg., Nr. 4,
                               1977, S. 289-3o5

Hinterhuber, H.H.,   Wettbewerbsstrategie, Berlin,
                               New York 1982

Hinterhuber, H.H.,   Strategische Unternehmungsführung,
                               Berlin, New York 1977

Hofer, C.W.,   Toward a Contingency Theory of
                               Business Strategy, in: Strategische
                               Unternehmungsplanung- Stand und Ent-
                               wicklungstendenzen, Hrsg.: Hahn, D.,
                               Taylor, B., Würzburg, Wien 1980,
                               S. 60-84

Hoffmann, J.,   Die Konkurrenz - Erkenntnisse für
die strategische Führung und Pla-
nung, in: Praxis der strategischen
Unternehmensplanung, Hrsg.: Töpfer,
A., Afheldt, H., Frankfurt/M.
1983, S. 183-2o5

Hoffmann, K.,   Die Konkurrenzuntersuchung als Determinante der langfristigen Absatzplanung, Göttingen 1979

Hummrich, U.,   Interpersonelle Kommunikation im
Konsumgütermarketing, Schriftenreihe
Unternehmensführung und Marketing,
Bd. 8, Hrsg.: Meffert, H., Wiesba-
den 1976

Huppertsberg, B.,   Beschaffungsentscheidungen auf
Kirsch, W.,   Investitionsgütermärkten. Kriterien
der Auswahlentscheidung beim Kauf
von Investitionsgütern, München 1977

Jacobi, U. et al.,   Textverarbeitung im Büro, Schriftenreihe "Humanisierung des Ar-
beitslebens", Bd. 4, Frankfurt,
New York 198o

Jarvis, L.P.,   True Vendor Loyalty or Simple
Wilcox, J.B.,   Repeat Purchase Behavior?, in: IMM,
Vol. 6 (1977), S. 9-14

Johnston, W.J.,   Purchase Process for Capital Equip-
Bonoma, T.V.,   ment and Services, in: IMM, Vol.
1o (1981), S. 253-264

Johnston, W.J.,   The Buying-Center: Structure and
Bonoma, T.V.,   Interaction Patterns, in: JoM,
Nr. 3, 1981, S. 143-156

Kaas, K.P.,   Diffusion und Marketing. Das Konsumentenverhalten bei der Einführung
neuer Produkte, Stuttgart 1973

Kaiser, A.,   Die Identitikation von Marktsegmen-
                            ten, Schriften zum Marketing,
                            Bd. 8, Hrsg.: Böcker, F., Dichtl,
                            E., Berlin 1978

Kaiser, A.,   Die Erfolgsträchtigkeit von Märkten,
                            in: Erfolgskontrolle im Marketing,
                            Schriften zum Marketing, Bd. 1,
                            Hrsg.: Böcker, F., Dichtl, E.,
                            Berlin 1975, S. 83-1oo

Kaiser, W.,   Elektronische Textkommunikation,
Hagmeyer, H.T.,   in: Textverarbeitung und Informa-
                            tik, Fachtagung der Gesellschaft
                            für Informatik in Bayreuth vom
                            28.-3o.5.198o, Hrsg.: Wossidlo,
                            P.R., Berlin, Heidelberg, New York
                            198o, S. 185-211

Karcher, H.B.,   Büro der Zukunft. Einflußfaktoren
                            der Marktentwicklung für innovative
                            Bürokommunikations-Terminals,
                            Diss. München 1982

Katz, R.,   Informationsquellen der Konsumenten -
                            eine Analyse der Divergenzen zwi-
                            schen der Beurteilung und Nutzung,
                            Schriftenreihe Unternehmensführung
                            und Marketing, Bd. 17, Hrsg.: Mef-
                            fert, H., Steffenhagen, H., Freter, H.,
                            Wiesbaden 1983

Kinder, K.,   Bürokommunikation der Zukunft,
                            in: ZfO, Nr. 1, 1982, S. 11-19

Kirsch, W.,   Die Handhabung von Entscheidungs-
                            problemen, München 1978

Kirsch, W.,   Das Marketing von Investitionsgütern.
Kutschker, M.,   Theoretische und empirische Pers-
                            pektiven eines Interaktionsansatzes,
                            Schriftenreihe der Zeitschrift für
                            Betriebswirtschaft, Bd. 1o,
                            Hrsg.: Gutenberg, E., Wiesbaden
                            1978

Kirsch, W.,
Lutschewitz, H.,
Kutschker, M.,
Ansätze und Entwicklungstendenzen im Investitionsgütermarketing. Auf dem Wege zu einem Interaktionsansatz, München 1977

Koch, H.,
Integrierte Unternehmensplanung, Wiesbaden 1982

Koch, H.,
Aufbau der Unternehmensplanung, Wiesbaden 1977

Köhler, R.,
Grundprobleme der strategischen Marketingplanung, in: Die Führung des Betriebes, Hrsg.: Geist, M., Köhler, R., Stuttgart 1981, S. 262-291

Kollat, D.T.,
Blackwell, R.D.,
Robeson, J.F.,
Strategic Marketing, New York u.a. 1972

Kook, W.,
Einstellungen zur Universität, Frankfurt, Bern, Cirencester 1981

Kotler, P.,
Marketing Management. Analysis, Planning and Control, 4. Aufl., Englewood Cliffs, N.J. 1980

Krautter, J.,
Marketing-Modelle - Stagnation ohne Ende?, in: asw, Nr. 9, 1979, S. 91-97

Krautter, J.,
Zum Problem der optimalen Marktsegmentierung, in: ZfB, 45. Jg. (1975), Nr. 2, S. 109-128

Kreifelts, T.,
Anwenderanforderungen an ein Bürokommunikationssystem. Berichte der Gesellschaft für Mathematik und Datenverarbeitung Nr. 137, Hrsg.: Gesellschaft für Mathematik und Datenverarbeitung, München, Wien 1982

- 287 -

Kreikebaum, H.,   Strategische Unternehmensplanung,
                         Stuttgart u.a. 1981

Kreikebaum, H.,   Die Analyse strategischer Faktoren
Grimm, U.,   und ihre Bedeutung für die strate-
                         gische Planung, in: WIST, Nr. 1,
                         1983, S. 6-12

Kroeber-Riel, W.,   Konsumentenverhalten, 2. Aufl.,
                         München 1980

Kupsch, P.,   Unternehmensziele, Stuttgart,
                         New York 1979

Kupsch, P.,   Das Risiko im Entscheidungsprozeß,
                         Wiesbaden 1973

Kupsch, P.,   Wahrgenommenes Risiko und Komplexi-
Hufschmied, P.,   tät der Beurteilungssituation als
                         Determinanten der Qualitätsbeurtei-
                         lung, in: Konsumentenverhalten und
                         Information, Hrsg.: Meffert, H.,
                         Steffenhagen, H., Freter, H.,
                         Wiesbaden 1979, S. 225-257

Lange, B.,   Bestimmung strategischer Erfolgs-
                         faktoren und Grenzen ihrer empi-
                         rischen Fundierung - Dargestellt am
                         Beispiel der PIMS-Studie, in: DU,
                         36. Jg., Nr. 1, 1982, S. 27-41

Lavidge, R.G.,   A Model for Predictive Measurements
Steiner, G.A.,   of Advertising Effectiveness, in:
                         JoM, Vol. 25, Nr. 6, 1961, S. 59-62

Leckebusch, N.,   Das Büro der 8oer Jahre, Spiegel-
                         Verlagsreihe: Märkte im Wandel,
                         Bd. 1o, Hrsg.: Der Spiegel, Hamburg
                         1981

Lehmann, D.R.,   Difference in Attitude Importance
O'Shaughnessy, J.,   for Different Industrial Products,
                         in: JoM, Vol.38, April 1974, S. 36-
                         42

Leontiades, M.,   A Diagnostic Framework for Planning,
                    in: SMJ, Vol. 4, Nr. 1, 1983,
                    S. 11-26

Levitt, Th.,   Marketing Success Through Differen-
                    tiation - of Anything, in: HBR,
                    January-February 198o, S. 83-91

Levitt, Th.,   Marketing Myopia, in: HBR, July-
                    August 196o, S. 45-56

Lorenz, G.,   Automatisierung durch Mikroelek-
                    tronik - eine technisch-ökonomische
                    Herausforderung, in: Automation in
                    Wirtschaft und Verwaltung, Hrsg.:
                    Biethahn, J., Staudt, E., u.a.,
                    Schriftenreihe Angewandte Innova-
                    tionsforschung, Hrsg.: Staudt, E.,
                    Bd. 2, Berlin 1981, S. 35-54

Lutschewitz, H.,   Die Diffusion innovativer Investi-
                    tionsgüter. Ein Beitrag zu einer
                    Theorie des Investitionsgütermarke-
                    ting, Diss. Mannheim 1974

Lutschewitz, H.,   Die Diffusion von innovativen Investi-
Kutschker, M.,   tionsgütern. Theoretische Konzep-
                    tion und empirische Befunde, Mün-
                    chen 1977

Mansfield, E.,   Industrial Research and Technolo-
                    gical Innovation, New York 1968

Manz, U.,   Bedarf ist in der kleinsten Hütte,
                    in: asw, Nr. 12, 1982, S. 44-49

Martilla, J.A.,   "Word-of-Mouth Communication in
                    the Industrial Adoption Process",
                    in: JoMR, Vol. 8, May 1971,
                    S. 173-178

Mason, R.S.,   Multiple-sourcing and industrial mar-
                    ket segmentation, in: European
                    Research, Vol. 1o, Nr. 3, 1982,
                    S. 147-152

Mayer, R.-D.,
Bürokommunikation - Sachstand und Perspektiven, in: ifo-Schnelldienst, Nr. 19, 1982, S. 6-9

McTavish, R., Maitland, A.,
Industrial Marketing, London u.a. 1980

Meffert, H.,
Marketing, 6. Aufl., Wiesbaden 1982

Meffert, H.,
Perspektiven des Marketing in den 8oer Jahren - ein Überblick des Herausgebers, in: Marketing im Wandel, Hrsg.: Meffert, H., Schriftenreihe Unternehmensführung und Marketing, Bd. 13, Hrsg.: Meffert, H., Steffenhagen, H., Freter, H., Wiesbaden 1980, S. 3-35

Meffert, H.,
Strategische Planung in gesättigten, rezessiven Märkten, in: asw, Nr. 6, 1980, S. 89-97

Meffert, H.,
EDV-Anwendungen im Marketing, in: Wirtschaftsinformatik II, Hrsg.: Plötzeneder, H.D., Stuttgart, New York 1980, S. 29-56

Meffert, H.,
Marktsegmentierung und Marktwahl im internationalen Marketing, in: DBW, 37. Jg., Nr. 3, 1977, S. 433-446

Meffert, H.,
Die Durchsetzung von Innovationen in der Unternehmung und im Markt, in: ZfB, 46. Jg., Nr. 2, 1976, S. 77-100

Meffert, H.,
Computergestützte Marketing-Informationssysteme, Schriftenreihe Unternehmensführung und Marketing, Bd. 1, Hrsg.: Meffert, H., Wiesbaden 1975

Meffert, H.,   Interpretation und Aussagewert des
Lebenszyklus-Konzeptes, in: Neuere
Ansätze der Marketingtheorie, Fest-
schrift zum 7o. Geburtstag von O.R.
Schnutenhaus, Hrsg.: Hammann, P.,
u.a., Berlin 1974, S. 85-134

Meffert, H.,   Produktivgüter - Marketingforschung
im System des Marketing, in:
Der Markt, Nr. 49, 1974, S. 6-17

Meffert, H.,   Unternehmensziele, in: Jahrbuch
des Marketing, Hrsg.: Schöttle, K.M.,
Essen 1971, S. 22-34

Meffert, H.,   Funktionen der Werbung im industriellen Marketing, in: Technische Mit-
teilungen, Nr. 4, 1972, S. 155-158

Meffert, H.,
Althans, J.,   Internationales Marketing, Stuttgart u.a. 1982

Meffert, H.,
Dahlhoff, H.D.,   Kollektive Kaufentscheidungen und
Kaufwahrscheinlichkeiten, G+J
Schriftenreihe, Bd. 27, Hrsg.:
Gruner + Jahr AG & Co., Hamburg 198o

Meffert, H.,
Ohlsen, G.T.,   Was Sie beim Marktein- und -austritt
beachten müssen, in: asw, Sonder-
ausgabe 1o, 1982, S. 178-19o

Meffert, H.,
Steffenhagen, H.,   Marketing-Prognosemodelle, Stuttgart 1977

Meffert, H.,
Steffenhagen, H.,   Konsumentenverhalten und Information,
Freter, H. (Hrsg.),   Wiesbaden 1979

Meissner, H.G.,   Außenhandels-Marketing, Stuttgart
1981

Meissner, H.G.,   Marketingdurchführung (Elemente
des Marketing Mix), in: Marketing,
Hrsg.: Poth, L.G., Neuwied 1978,
Abschnitt 3.2, S. 1-21

Mertes, L.H.,   Doing your office over - electro-
                             nically, in: HBR, Vol. 59, March-April
                             1981, S. 127-135

Middelhoff, Th.,   Akzeptanz neuer Medien - eine empi-
Walters, M.,   rische Analyse aus Unternehmer-
                             sicht -, Arbeitspapier Nr. 27 des
                             Instituts für Marketing der Univer-
                             sität Münster, Hrsg.: Meffert, H.,
                             Münster 1981

More, R.A.,   Risk Factors in Accepted and Rejec-
                             ted New Industrial Products, in: IMM,
                             Vol. 11, Nr. 1, 1982, S. 9-15

Morton, M.R.,   Technology and Strategy: Creating
                             a Successful Partnership, in: BH,
                             Nr. 1, 1983, S. 44-48

Müller, G.,   Die Bewertung der Marktattraktivität.
Roventa, P.,   Ein offenes Problem der Strategi-
Lückerath, Th.,   schen Analyse, in: DU, 35. Jg.,
                             Nr. 2, 1981, S. 1o5-119

Müller, V.,   Der Innovationsprozeß in westeuro-
Schienstock, G.,   päischen Industrieländern, Berlin
                             1978

Munter, H.,   Überlegungen zur Wirtschaftlichkeit
                             und zur Rationalisierung der Text-
                             verarbeitung - ökonomische Bedin-
                             gungen für die Nutzung neuer Systeme
                             der Bürokommunikation, in: Neue
                             Systeme der Bürotechnik, Hrsg.:
                             Reichwald, R., Schriftenreihe Mensch
                             und Arbeit im technisch-organisa-
                             torischen Wandel, Hrsg.: Marr, R.,
                             Reichwald, R., Berlin 1982, S. 347-
                             364

Munter, H.,   Künftige integrierte Bürokommuni-
                             kation. Welche Folgen lassen sich
                             bereits übersehen?, in: ZfQ, Nr. 7,
                             1982, S. 37o-374

Musiol, A.,   Einheit der Büroarbeit und Vielfalt
                            der Büromaschinen - eine Analyse
                            der heutigen und eine Prognose der
                            künftigen Bürosituation, Teil 2,
                            in: ZfO, Nr. 3, 1981, S. 163-173

Naumann, C.,   Strategische Steuerung und inte-
                            grierte Unternehmensplanung, München
                            1982

Neubauer, F.F.,   Das PIMS-Programm und Portfolio-
                            Management, in: Strategische Unter-
                            nehmungsplanung - Stand und Entwick-
                            lungstendenzen, Hrsg.: Hahn, D.,
                            Taylor, B., Würzburg, Wien 198o,
                            S. 135-162

Newall, J.,   Industrial Buyer Behaviour. A Model
                            of the Implications of Risk Hand-
                            ling Behaviour for Communication
                            Policies in Industrial Marketing,
                            in: EJoM, Vol. 11 (1977), S. 166-211

Nie, N.H.,   Statistical Package for the Social
Hull, C.H.,   Sciences, 2. Aufl., New York u.a.
Jenkins, J.G.,   1975
Steinbrenner, K.,
Bent, D.H.,

Nieschlag, R.,   Marketing, 1o. Aufl., Berlin 1979
Dichtl, E.,
Hörschgen, H.,

O'Neal, C.R.,   Adoption of Innovation by Industrial
Thorelli, H.B.,   Organizations, in: IMM, Vol. 2
Utterback, J.M.,   (1973), S. 235-25o

o.V.,   Marktübersicht Textsysteme mit
                            Bildschirm, in: textautomation, Nr. 1,
                            1983, S. 1o-13

o.V.,   Word processing. Wang's game plan
                            for the office, in: Business
                            Week, 15. December 198o, S. 24

o.V.,   Wer kann das Büro 2ooo richtig ver-
                         kaufen?, in: asw, Nr. 12, 1982,
                         S. 41-42

o.V.,   Software-Pakete für Textverarbeitung,
                         in: die computer zeitung, Nr. 24,
                         1982, S. 2

o.V.,   Textverarbeitung. Daten und Text im
                         Gerätemix, in: WW, Nr. 43, 1982,
                         S. 114-117

o.V.,   Schreibmaschinen. In Zukunft elek-
                         tronisch, in: WW, Nr. 43, 1982,
                         S. 112-114

o.V.,   Unternehmensstrategien. Spiel ums
                         Überleben, in: WW, Nr. 2o, 1982,
                         S. 46-61

o.V.,   Der Markt für Textsysteme expandiert,
                         in: BddW v. 14.o6.1982, S. 1

o.V.,   Büroelektronik wird sehr viel
                         billiger, in: BddW v. 17.o5.1982,
                         S. 1

o.V.,   Zeitersparnis mit der Textverar-
                         beitung, in: BddW v. 22.o4.1982,
                         S. 7

o.V.,   Anwender zögern noch bei Textsystemen,
                         in: BddW v. 13.o4.1982, S. 5

o.V.,   Wie Rationalisierung in Schwung
                         kommt, in: Capital, Nr. 2, 1982,
                         S. 152-162

Ozanne, U.B.,   Five Dimensions of the Industrial
Churchill, G.A.,   Adoption Process, in: JoMR,
                         Vol. 8 (1971), S. 322-328

- 294 -

Pabst, H.,   Rationalisierungssysteme, oder das
                          Klagelied eines vergraulten PTV-
                          Anwenders, in: Textautomation,
                          1979, S. 1o ff.

Parket, I.R.,   The Effects of Product Perception
                          on Industrial Buying Behavior,
                          in: IMM, Vol. 1 (1971/72), S. 339-
                          345

Peters, M.P.,   Exploration of Variables Inherent
Venkatesan, M.,   in Adopting an Industrial Product,
                          in: JoMR, Vol. 1o (1973), S. 312-315

Pfeffermann, K.,   Zukünftige Bürokommunikation im
Reimann, H.,   Spiegel der Technik, in: data report,
                          Nr. 6, 1981, S. 8-9

Pfeiffer, W.,   Integrale Qualität und Absatzpolitik
                          bei hochautomatisierten Fertigungs-
                          anlagen, in: ZfB, 35. Jg., Ergän-
                          zungsheft November 1965, S. 1o9-124

Pfeiffer, W.,   Marktwiderstände beim Absatz von
Bischof, P.,   Investitionsgütern, in: DU, 28. Jg.,
                          Nr. 1, 1975, S. 57-71

Pfeiffer, W.,   Produktlebenszyklen als Basis der
Bischof, P.,   Unternehmensplanung, in: ZfB,
                          44. Jg., Nr. 1o, 1974, S. 635-666

Pfeiffer, W.,   Einflußgrößen von Produkt-Markt-
Bischof, P.,   zyklen, Arbeitspapiere des Betriebs-
                          wirtschaftlichen Instituts der
                          Friedrich-Alexander-Universität Er-
                          langen-Nürnberg, Nr. 22, Nürnberg 1974

Pfeiffer, W.,   Technologie-Portfolio zum Management
Metze, G.,   strategischer Zukunftsgeschäftsfel-
Schneider, W.,   der, Schriftenreihe Innovative
Amler, R.,   Unternehmensführung, Hrsg.:Pfeif-
                          fer, W. , Bd. 7, Göttingen 1982

Pfeiffer, S.,   Die Akzeptanz von Neuprodukten im
                                 Handel, Schriftenreihe Unternehmens-
                                 führung und Marketing, Bd. 14,
                                 Hrsg.: Meffert, H., Steffenhagen, H.,
                                 Freter, H., Wiesbaden 1981

Pfohl, H.C.,   Zur Operationalisierung des Marke-
                                 tingbegriffs, in: BFuP, 25. Jg.,
                                 Nr. 3, 1973, S. 158-167

Picot, A.,   Neue Techniken der Bürokommunika-
                                 tion in wirtschaftlicher und orga-
                                 nisatorischer Sicht, in: Dokumenta-
                                 tion des 1. Europäischen Kongresses
                                 über "Büro-Systeme und Informations-
                                 Management", München 1982, S. 1-33

Pille, R.,   Wang Laboratories. Auf Sieg fixiert,
                                 in: MM, Nr. 1o, 1981, S. 138-143

Pogodda, F.,   Leasing als Marketinginstrument,
                                 in: Marketing-Enzyklopädie, Bd. 2,
                                 München 1974, S. 265-283

Poppel, H.L.,   Who needs the office of the future?,
                                 in: HBR, Vol. 6o, November-December
                                 1982, S. 146-155

Porter, M.E.,   The Technological Dimension of
                                 Competitive Strategy, Working Paper
                                 HBS 82-19, Harvard Graduate School
                                 of Business Administration 1982

Porter, M.E.,   Competitive Strategy, New York,
                                 London 198o

Probst, H.,   Theorie des Marktaustritts, Diss.
                                 Mainz 1977

Pümpin, C .,   Management strategischer Erfolgs-
                                 positionen, Bern, Stuttgart 1982

Raffée, H.,   Marketing und Umwelt, Stuttgart 1979

Raue, K.H.,   Im Massenmarkt an Laien verkaufen,
                               in: asw, Nr. 12, 1982, S. 52-54

Reichwald, R.,   Neue Systeme der Bürotechnik und
                               Büroarbeitsgestaltung - Problemzu-
                               sammenhänge, in: Neue Systeme der
                               Bürotechnik, Hrsg.: Reichwald, R.,
                               Schriftenreihe Mensch und Arbeit
                               im technisch-organisatorischen
                               Wandel, Hrsg.: Marr, R., Reichwald,
                               R., Bd. 1, Berlin 1982, S. 11-48

Reichwald, R. (Hrsg.),   Neue Systeme der Bürotechnik,
                               Schriftenreihe Mensch und Arbeit
                               im technisch-organisatorischen Wan-
                               del, Hrsg.: Marr, R., Reichwald, R.,
                               Bd. 1, Berlin 1982

Reichwald, R.,   Zur Notwendigkeit der Akzeptanz-
                               forschung bei der Entwicklung neuer
                               Systeme der Bürotechnik, Arbeitsbe-
                               richte "Die Akzeptanz neuer
                               Bürotechnologie", Bd. 1, Hochschule
                               der Bundeswehr München, München 1978

Reichwald, R.,   Neue Systeme der Bürotechnik und das
                               Problem der Akzeptanz, in: Telcom-
                               Report, 1979, S. 3o9 ff.

Reinhard , M.,   Neue Technologien der Textverar-
Scholz, L.,   beitung. Bestimmungsgründe und Wir-
                               kungen ihres Einsatzes in einzel-
                               und gesamtwirtschaftlicher Sicht, in:
                               ifo-Schnelldienst, Nr. 1/2, 1983,
                               S. 17-26

Reinöhl, E.,   Probleme der Produkteliminierung,
                               Diss. Bonn 1981

Reuter, A.,   Der Arbeitsplatz wird zum elektro-
                               nischen Schreibtisch, in: BddW, v.
                               14.o5.1982, S. 7

Reuter, A.,   Die Bausteinverarbeitung führt zu
                               Rationalisierungsvorteilen, in:
                               BddW v.o1.o4.1982, S. 7

Reuter, A.,   Dem Informationsvorsprung der
                     Verkäufer hilflos ausgeliefert?,
                     in: BddW v.3o.o3.1982, S. 5

Reuter, A.,   Vor der Entscheidung eine praxis-
                     nahe Demonstration, in: BddW v.
                     29.o3.1982, S. 7

Reuter, A.,   Trend zur Integration von Text- und
                     Datenverarbeitungsfunktionen, in:
                     BddW v. 26.o3.1982, S. 7

Risley, G.,   Modern Industrial Marketing, New
                     York, St. Louis u.a. 1972

Robinson, P.J.,   Industrial Buying and Creative
Faris, C.W.,   Marketing, Boston 1967
Wind, Y.,

Rodgers, E.M.,   New Product Adoption and Diffusion,
                     in: JoCR, Nr. 3, 1976, S. 29o-3o1

Rodgers, E.M.,   Diffusion of Innovations, 6. Aufl.,
                     London-New York 1968

Rodgers, E.M.,   Communication of Innovations,
Shoemaker, F.F.,   New York, London 1971

Ross, I.,   Perceived Risk and Consumer Behavior.
                     A Critical Review, in: Advances in
                     Consumer Research, Hrsg.: Schlinger,
                     M.J., Vol. 2, Ann Arbor 1975,
                     S. 1-19

Royenta, P.,   Marktattraktivität- Ein dialek-
Müller, G.,   tisches Bewertungskonzept, in:
                     DU, 35. Jg., Nr. 4, 1981, S. 229-251

Rütschi, K.,   Lebenshilfe für neue Produkte, in:
Zimmerli, H.,   asw, Nr. 21/22, 1972, S. 14o-148

Rumelt, R.P.,   Strategy, Structure and Economic
                     Performance, Boston 1974

Rupp, M.,	Produkt/Markt-Strategien, Zürich 1980
Salter, M.S., Weinhold, W.A.,	Diversification through Acquisition, New York, London 1979
Shapiro, B.,	Industrial Products Policy, Marketing Science Institute, Cambridge, Mass. 1977
Spekman, R.E., Wilson, D.T. (Hrsg.),	Issues in Industrial Marketing: A View to the Future, Proceeding Series of the AMA, Chicago 1982
Sydow, J., Hattke, W., Staehle, W.H.,	Situative Analyse der Bildschirmarbeit - ein empirischer Test der Thesen der Gesellschaft für Organisation, in: ZfO, Nr. 4, 1981, S. 215-223
Szyperski, N. u.a.,	Wirtschaftliche Perspektiven der Büro- und Informationstechnikindustrie, Arbeitspapiere der Gesellschaft für Mathematik und Datenverarbeitung, Nr. 24, Bonn 1983
Szyperski, N., Winand, U.,	Grundbegriffe der Unternehmensplanung, Stuttgart 1980
Scheel, F.,	Neuere Konzepte des strategischen Portfolio-Managements in diversifizierten Unternehmen, Diss. Berlin 1981
Scheuch, F.,	Investitionsgüter-Marketing, Opladen 1975
Scheuing, E.E.,	Das Marketing neuer Produkte, Wiesbaden 1970
Schmidt-Bräkling, R.,	Zielgruppenbestimmung mit Hilfe von Einstellungsskalen. Ein Beitrag zur Marktsegmentierung, Diss. Münster 1973

Schmitt-Grohé, J.,   Produktinnovation, Schriftenreihe
                          Unternehmensführung und Marketing,
                          Bd. 3, Hrsg.: Meffert, H., Wiesba-
                          den 1972

Schnellhaas, H.,   Kommunikationstechnik und Anwender,
Schönecker, H. u.a.,   Forschungsprojekt Bürokommunikation,
                          Bd. 1, Hrsg.: Picot, A., Reichwald,
                          R., München 1983

Schnellhaas, H.,   Informationstechnologische Entwick-
Schönecker, H.G.,   lung aus Anwendersicht - Ein Mei-
                          nungsbild aus Großorganisationen -
                          Die Akzeptanz neuer Bürotechnolo-
                          gie, Arbeitsbericht Nr. 17, Hrsg.:
                          Reichwald, R., München 1982

Schnetkamp, G.,   Einstellungen und Involvement als
                          Bestimmungsfaktoren des sozialen
                          Verhaltens, Schriften zum Marketing,
                          Bd. 7, Hrsg.: Meffert, H., Frankfurt,
                          Bern 1982

Schnorbus, A.,   Für die Elektronik gilt nur noch der
                          Weltmarkt, in: FAZ, Nr. 233, o8.1o.
                          1982, S. 15

Schöffler, S.,   Impact of strategic planning on
Buzzell, R.D.,   profit performance, in: HBR, March-
Heany, D.F.,   April 1974, S. 137-145

Schönecker, H.G.,   Akzeptanzchancen von Teletex -
                          Eine Impression aus Pilotanwendungen,
                          Arbeitsberichte "Die Akzeptanz neuer
                          Bürotechnologie", Bd. 15, Hochschule
                          der Bundeswehr München, München 1982

Schönecker, H.G.,   Akzeptanzforschung als Regulativ
                          bei Entwicklung, Verbreitung und An-
                          wendung technischer Innovationen, in:
                          Neue Systeme der Bürotechnik, Hrsg.:
                          Reichwald, R., Schriftenreihe Mensch
                          und Arbeit im technisch-organisato-
                          rischen Wandel, Hrsg.: Marr, R.,
                          Reichwald, R., Bd. 1, Berlin 1982,
                          S. 49-69

Schönecker, H.G.,   Der doppelte Misfit, in: WW, Nr. 43,
                           1982, S. 68 und S. 72

Schönecker, H.G.,   Bedienerakzeptanz und technische
                           Innovationen. Akzeptanzrelevante
                           Aspekte bei der Einführung neuer
                           Bürotechniksysteme, München 198o

Schuchard-Ficher, Chr.   Multivariate Analysemethoden, Berlin,
et al.,   Heidelberg 198o

Schuh, C.F.,   Gehört dem Systemgeschäft die Zu-
                           kunft?, in: asw, Nr. 12, 1982,
                           S. 54-61

Schuh, P.,   Ungenügende Einführung schafft
                           Widerstände, in: BddW v. 15.o3.1983,
                           S. 1

Schuh, P.,   Die Arbeitsteilung nicht zu weit
                           treiben, in: BddW v. 14.o3.1983,
                           S. 1

Schulz, A.,   Methoden des Softwareentwurfs und
                           Strukturierte Programmierung,
                           Berlin, New York 1978

Schweiger, G.,   Das Modell des "erlebten Risikos"
Mazanec, J.,   ("perceived risk"), in: Der Markt,
Wiegele, O.,   Nr. 6o, 1976, S. 93-112

Steffenhagen, H.,   Wirkungen absatzpolitischer Instru-
                           mente und Messung der Marktreaktion,
                           Stuttgart 1978

Steffenhagen, H.,   Markenbekanntheit als Werbeziel.
                           Theorie und Operationalisierung, in:
                           ZfB, 46. Jg. (1976), S. 715-734

Steffenhagen, H.,   Industrielle Adoptionsprozesse als
                           Probleme der Marketingforschung,
                           in: Marketing heute und morgen. Ent-
                           wicklungstendenzen in Theorie und
                           Praxis, Hrsg.: Meffert, H., Wies-
                           baden 1975, S. 1o9 ff.

Stoff, W.-D.,   Marktposition und Unternehmensstra-
                               tegie, in: DU, 32. Jg., Nr. 1, 1978,
                               S. 1-13

Strebel, H.,   Ergebnisse einer Voruntersuchung zur
Strothmann, K.-H.,   Anwendung der Delphi-Methode auf das
von Hagen, F.,   Thema "Hemmende und fördernde
                               Faktoren im Durchsetzungsprozeß der
                               Mikroelektronik", Arbeitspapier des
                               Instituts für Markt- und Ver-
                               brauchsforschung der Freien Univer-
                               sität Berlin, Berlin 1982

Strothmann, K.-H.,   Investitionsgütermarketing, München
                               1979

Thiétart, R.A.,   An empirical investigation of success
Vivas, R.,   strategies for businesses along their
                               life cycle, Paper presented at
                               the Strategic Management Society Con-
                               ference, Montréal, October 1982

Thomas, R.J.,   Toward Empirical Generalizations
Wind, Y.,   On Industrial Market Segmentation,
                               in: Issues in Industrial Marketing.
                               A View to the Future, Hrsg.: Spek-
                               man, R.E., Wilson, D.T., Proceeding
                               Series of the AMA, Chicago 1982,
                               S. 1-18

Thorelli, H.B.,   The Nature of Product Life Cycles
Burnett, S.C.,   for Industrial Goods Businesses, in:
                               JoM, Vol. 45, Fall 1981, S. 97-1o8

Töpfer, A.,   Praxis der strategischen Unterneh-
Afheldt, H. (Hrsg.),   mensplanung, Frankfurt/M. 1983

Trommsdorff, V.,   Die Messung von Produktimages
                               für das Marketing, Köln u.a. 1975

Türk, K.,   Gruppenentscheidungen. Sozialpsycho-
                               logische Aspekte der Organisation
                               kollektiver Entscheidungsprozesse,
                               in: ZfB, 43. Jg. (1973), S. 295-322

Uhlmann, L.,   Typen industrieller Innovations-
                              prozesse, in: ifo-Schnelldienst, Nr. 33,
                              1978, S. 5-18

Ulrich, H.,   Unternehmenspolitik, Bern, Stutt-
                              gart 1978

Voss, W.-D.,   Modellgestützte Markenpolitik,
                              Schriftenreihe Unternehmensführung
                              und Marketing, Bd. 16, Hrsg.:
                              Meffert, H., Steffenhagen, H.,
                              Freter, H., Wiesbaden 1983

Waack, K.-D.,   Gegenstand, Aufgaben und Methoden
                              der Diffusionsforschung, in: Jahr-
                              buch der Absatz- und Verbrauchs-
                              forschung, Nr. 4, 1972, S. 3o1-31o

Wacker, P.A.,   Die Erfahrungskurve in der Unter-
                              nehmensplanung. Analyse und empirische
                              Überprüfung, Schriftenreihe Wissen-
                              schaftliche Forschung und Entwick-
                              lung, Bd. 66, Hrsg.: Aschoff, C.,
                              Müller-Bader, P., München 198o

Wagner, H.,   Der Einfluß der Mitbestimmung auf
                              Marketing-Entscheidungen, in:
                              Jahrbuch des Marketing 1982/83,
                              Hrsg.: Schöttle, K.M., Essen 1982,
                              S. 81-89

Wagner, H.,   Personal- und Organisationsentwick-
                              lung als Ansätze zur Handhabung des
                              Interface-Gap zwischen Systemspe-
                              zialisten und Benutzern computerge-
                              stützter Informationssysteme, in:
                              Humane Personal- und Organisations-
                              entwicklung, Festschrift für G.
                              Fischer, Hrsg.: Wunderer, R.,
                              Berlin 1979, S. 255-272

Wasson, C.R.,   The Importance of the Product Life
                              Cycle to the Industrial Marketer,
                              in: IMM, Vol. 5 (1976), S. 299-3o8

- 3o3 -

Wasson, C.R.,	Product management. Product life cycles and competitive marketing strategy, St. Charles, Ill. 1971
Webster, jr., F.E.,	Industrial Marketing Strategy, New York u.a. 1979
Webster, jr., F.E.,	New Product Adoption in Industrial Markets: A Framework for Analysis, in: JoM, Vol. 33, Nr. 3, 1969, S. 35-39
Wehrle, F.,	Strategische Marketingplanung in Warenhäusern, Schriften zum Marketing, Bd. 1, Hrsg.: Meffert, H., Frankfurt, Bern 1981
Weltz, F., Lullies, V.,	Innovation im Büro. Das Beispiel Textverarbeitung, Schriftenreihe "Humanisierung des Arbeitslebens", Bd. 38, Frankfurt, New York 1983
Wettschureck, G.,	Indikatoren und Skalen in der demoskopischen Marktforschung, in: Handbuch der Marktforschung, Hrsg.: Behrens, K.Chr., Wiesbaden 1974, S. 285-324
Widmer, E.A.,	Kommt die Integration Rechner/Textverarbeitung?, in: V+M, Nr. 3, 1983, S. 15-19
Wiersema, F.D.,	Strategic Marketing and the Product Life Cycle, Marketing Science Institute, Cambridge, Mass. 1982
Wind, Y.,	Organizational Buying Center. A Research Agenda, in: Organizational Buying Behavior, Hrsg.: Bonoma, T.V., Zaltman, G., Chicago, Ill. 1978, S. 67-76
Wind, Y.,	Issues and Advances in Segmentation Research, in: JoMR, Vol. 15 (1978), S. 317-337

- 3o4 -

Wind, Y.,

Industrial Source Loyality, in:
JoMR, Vol. 7 (197o), S. 45o-457

Wind, Y.,
Cardozo, R.,

Industrial Market Segmentation, in:
IMM, Vol. 3 (1974), S. 153-166

Wind, Y.,
Robertson, T.S.,
Fraser, C.,

Industrial Product Diffusion by
Market Segment, in: IMM, Vol. 11
(1982), S. 1-8

Wintsch, E.,

Die Analyse des Entscheidungsprozesses beim Kauf von Computern als
Grundlage für die Marktbearbeitungsmaßnahmen der Hersteller, Bd. 1,
Diss. St. Gallen 1978

Wiswede, G.,

Meinungsführung und Konsumverhalt
in: Jahrbuch der Absatz- und Verbrauchsforschung, Nr. 2, 1978,
S. 115-127

Witte, E.,

Organisation für Innovationsent-
scheidungen. Das Promotoren-Model
Göttingen 1973

Witte, E.,

Phasen-Theorem und Organisation
komplexer Entscheidungsverläufe,
in: ZfbF, 1968, S. 625 ff.

Wittek, B.F.,

Strategische Unternehmensführung
bei Diversifikation, Berlin, New
York 198o

Wolf, H.D.,

Wesen und empirische Bedeutung von
Marktzugangsbeschränkungen im Einzelhandel unter besonderer Berücksichtigung des Ladeneinzelhandels,
Diss. Frankfurt 1971

Wüstendörfer, W.,

Die Diffusion von Neuerungen -
Aspekte einer Adoptionstheorie und
deren paradigmatische Prüfung,
Diss. Nürnberg 1974

Yip, G.S.,

Diversification Entry: Internal Development versus Acquisition, in:
SMJ, Vol. 3, Nr. 4,1982,S. 331-345

Yip, G.S.,   Gateways to Entry, in: HBR, Sep-
                          tember-October 1982, S. 85-92

Yip, G.S.,   Barriers to Entry, Lexington, To-
                          ronto 1982

Zangemeister, Ch.,   Nutzwertanalyse von Projektalter-
                          nativen, in: IO, 1971, S. 161 ff.

Zinser, W.,   Der Absatz von Investitionsgütern.
                          Ein Beitrag zur Bestimmung von
                          Marktsegmenten mit Hilfe von Ein-
                          stellungsdaten, Berlin 1978